JN348370

빌레못굴, 그 끝없는 어둠 속에서

BILLEMOT CAVE, IN THE EVERLASTING DARKNESS

* 이 도서의 국립중앙도서관 출판시도서목록(CIP)은 e-CIP홈페이지(http://www.nl.go.kr/ecip)와 국가자료공동목록 시스템(http://www.nl.go.kr/kolisnet)에서 이용하실 수 있습니다. (CIP제어번호: 2013001460)

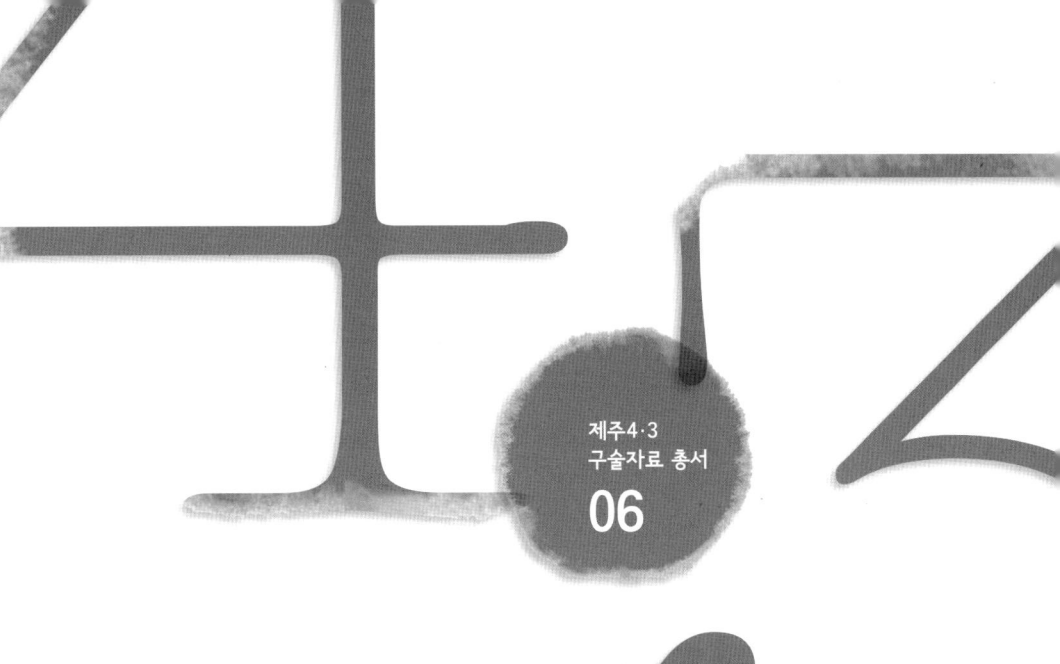

제주4·3
구술자료 총서
06

BILLEMOT CAVE,
IN THE EVERLASTING DARKNESS

빌레못굴, 그 끝없는 어둠 속에서

| 제주4·3연구소 엮음 |

한울
아카데미

* 제주4·3 구술자료 총서 5권과 6권은 제주4·3평화재단의 출판비 지원에 의해 발간되었다. 제주4·3평화재단에 감사 드린다.

제주4·3 구술자료 총서 5권과 6권을 펴내며

4·3, 65주년을 맞는다. 4·3은 한국 현대사에서 가장 큰 비극이라고 한다. 오늘날 제주 사회의 모든 질곡과 갈등의 시원도 4·3이라고 한다.

억새 숲에서, 바다에서, 한라산에서, 행방불명된 사람들이 있었다. 억울한 죽음들을 목격했고, 죽음의 문턱에서 살아나온 사람들이 있었다. 엄혹하고 한 맺힌 세월을 살아낸 사람들의 이야기를 모았다. 4·3을 직접 몸으로 살아낸 제주 사람들의 이야기를 담는다. 서리서리 맺힌 역사를 가슴에 품고 살아온 이들의 본풀이를 한 권의 책에 엮는다.

4·3 구술증언이 공식적으로 채록되어 출판된 것은 지난 1989년 '제주4·3연구소'가 창립되면서 발간된 『이제사 말햄수다』 1, 2권이 처음이었다. 그 후 조금씩 용기 있는 사람들에 의해 얼굴을 내밀던 4·3 증언은 반세기가 지나 「제주4·3사건 진상규명 및 희생자 명예회복에 관한 특별법」(이하 「4·3 특별법」)이 제정된 후 더욱 활발해졌다.

정부는 2000년 1월, 「4·3 특별법」이 공포됨에 따라 4·3 진상조사에 착수해 2003년 10월 15일 '제주4·3사건 진상규명 및 희생자 명예회복위원회'가 작성한 「제주4·3사건 진상조사 보고서」를 확정했다. 그리고 노무현 대통령은 정부의 보고서 채택에 따라 2003년 10월 31일 제주도를 방문해 국민들에게 '과거 국가 공권력의 잘못'에 대해 진심 어린 사과를 했다.

이제 4·3은 한국 현대사 속 그 숱한 질곡의 과거사에서, 정부 이름으로 발표된 공식 진상조사 보고서를 갖추고 대통령이 직접 현지를 방문해 사과한 유일한 사건이 되었다. 현재까지도 희생자와 유족의 신고가 꾸준히 이루어져 1만 3,564명은 정부 심사를 거쳐 '빨갱이'가 아닌 '4·3희생자'가 되었다. 2005년 이후부터 진행된 제주4·3연구소의 희생자 유해 발굴 작업에서는 총 시신 396구가 발굴되었다. 이 중 유골 71구는 DNA 감식으로 신원을 확인해 유족의 품으로 돌아갔다.

'제주 4·3 구술자료 총서' 발간 작업은, 그간 수행된 채록 작업의 결과물을 공개하라는 제주4·3연구소에 쏟아진 많은 사회적 요구에서 시작되었다. 그러나 무엇보다도 이 작업에는 체험자들이 점점 고령화되면서 세상을 뜨고 있는 지금, 구술을 구슬처럼 꿰어내는 작업이 시급하며 중요하다는 판단이 동시에 작용했다.

구술자료 발간사업은 먼저, 지난 2005년에서 2008년까지 5년 동안 연구소가 수행한 '제주4·3 1,000인 증언채록 사업' 과정에서 진행된 1,028명 증언 채록의 결과물을 엮어내는 작업으로 시작되었다. 그 첫걸음으로 2010년과 2011년에 각각 두 권씩 발간되었고, 해마다 이어지고 있다. 이 사업은 앞으로 제주시를 시작으로 행정구역별로 제주도를 한 바퀴 순례하며 진행될 계획이다.

이번 '제주4·3 구술자료 총서' 5, 6권에 수록된 애월읍 증언자들은 모두 33명이다. 우리는 이들의 입을 통해 그간 숨죽여 살아왔던 이들의 민중사를 공인된 역사의 장으로 불러낼 것이다. 이들을 만난 지 이미 7~8년이 지났기에 이 책에 실린 구술자들 가운데는 이미 풍진의 세월을 뒤로 하고 세상을 뜬 이들도 있다. 그리고 기력이 많이 쇠잔해져 기억 투쟁을 벌일 여력조차 없어진 분들도 있다. 이러한 점 때문에 구술 채록이 얼마나 중요한지를 새삼 실감할 수 있었다.

어렵게 면담에 응해주었던, 굳이 제주어로 말한다면 '남자 삼춘'과 '여자 삼춘'들, 말하고 싶지 않았던 기억을 더듬어낸 이들이 없었다면 이 역사는 꿰어낼 수 없었을 것이다. 오래된 기억이지만 4·3의 기억만큼은 지울 수 없어 흑백 필름을 돌리듯 그 시대로 다시 돌아가 아픈 사연을 더듬어주신 이 땅의 어르신들께 다시 한 번 깊이 머리를 숙인다.

구술증언에는 한계가 있기 마련이다. 그러나 우리는 1차 채록으로 모은 이야기들의 한계를 뚜렷이 인식함과 동시에 그것을 뛰어넘는 대중화 작업이 필요하다고 생각했다. 애초 우리의 작업은 기존의 역사에 편입되지 못한 역사적 사건들을 직접 경험하거나 목격한 사람들이 아직도 많이 생존해 있다는 관점에서 시작되었다. 그런 만큼 그 분들의 기억이 더 흐려지기 전에 그들의 목소리를 담아낼 수 있었다는 점은 다행스러운 일이라 생각한다.

또다시 도서출판 한울에 큰 신세를 지게 되었다. 한울은 지난 1989년 제주4·3연구소가 한국 구술사에서 보기 드문 4·3 증언집 『이제사 말햄수다』 1, 2권을 펴낼 때도 흔쾌히 출판해주었다. 23년 만에 다시 한울과 먼 길을 가게 되어 감회가 새롭다. 새삼스러운 인연에 감사할 뿐이다.

당시 우리는 온전히 제주어로 구술된 증언집을 출간하며 증언자들의 실명을 쓸 수 없었다. 4·3 이야기를 공개적으로 하는 것도 어려웠던 시절, 구술집을 낸다는 것만으로도 대단한 용기가 필요했다. 당시 한 판의 내림굿처럼 풀어낸 체험자들의 '날것 증언'들은 지금도 학계와 4·3 진상규명 작업에 상당한 역할을 하고 있어 다시 대장정에 나서는 길에 큰 빛으로 다가온다.

이 책이 나오는 데는 많은 분들의 도움이 있었다. 4·3 증언의 대중화 작업 필요성에 다시 공감해주신 도서출판 한울의 김종수 사장님과 고경대 님, 윤순현 님, 서성진 님, 백민선 님, 누구나 읽어내기 쉽지 않은 제주어를 하나하나 교열을 통해 바로잡아준 제주대학교 국어국문학과 박사과정의 권미소 님의 도움은 저 눈 속의 한라산을 보는 듯하다. 아울러 1,000인 증언채록 사업에 노고를 아끼지 않았던 김은희 님과 많은 팀원들, 이번 작업에 편집 실무를 맡아 고생한 최희영 님, 모두가 제주의 푸른 바다다. 그러나 무엇보다 자신의 상처를 있는 그대로 진솔히 구술해주신 경험자들에게 고마운 마음을 전한다.

제주4·3연구소 소장 김창후

차례

제주4·3 구술자료 총서 5권과 6권을 펴내며 _ 5

제1부 죄가 있든 없든 숨어야 살던 시절 13

   1. 빌레못굴, 살앙 나가는 훈련헷수다 | 양태병 15

   2. 물애기가 무슨 죄가 있어서…… 사람이면 할 수 없는 짓 | 진운경 37

   3. 죄가 있든 없든 잡으러 와서 막 데려 갔어 | 양능용 51

   4. 바람 부는 양 이레 붙고 저레 붙고 | 강한규 65

   5. 중2 때 경찰서 유치장서 6개월 살앗주 | 고승협 77

제2부 행방불명된 사람들 87

   1. 농사 짓다 잡혀가 행방불명된 아버지 | 양영호 89

   2. 신던 신발 벗어 던지고 떠난 아버지 | 장정훈 105

   3. 우리가 경찰에 압박당했으니 억울하기 짝이 없지 | 진찬민 113

   4. 어떻게 범죄자가 돼서 그렇게들 죽었는지 몰라 | 양재수 125

   5. 꽃피는 사람덜 탁탁 허여가민 | 김옥향 135

제3부 검질 매는 사름헌티 총 잇어? 147

1. 두 살에 다리 총상, 어머닌 얼굴 다쳐 평생 고생 | 김영자 149
2. 4·3 초기 습격한 사람으로 누명, 억울한 옥살이 | 강조행 161
3. 눈뜨고 못 볼 죽음들, 애꿎은 젊은이들만 다 죽었어 | 고석돈 169
4. 돈 때문에 죽은 시아버지, 하도 기막혀 잊지 못허주 | 현신생 183
5. 말 판 돈 때문에 아버지 희생됐수다 | 변태민 201
6. 남편 대신 죽겠다는 시아버지 같이 죽여 | 이만수 219

제4부 교사는 등사판 지키고 229

1. 등사판 지키는 숙직도 했어요 | 조승옥 231
2. 발령 받고 간 국민학교가 군주둔지 돼 있었어 | 홍문수 249

구술 정리를 마치며 _ 258

제주4·3연구소와 제주4·3 구술자료 총서 _ 261

주요 4·3 용어 해설 _ 269

제주시 애월읍 지도 _ 277

주요 제주어 용례 _ 278

찾아보기 _ 283

일러두기

1. 이 총서는 구술 내용의 이해에 무리가 없는 한 구술자가 사용한 제주어를 살려 정리했음.

2. 필요한 경우 괄호 안에 제주어의 표준어 표기나 그 의미를 표시함.

3. 구술과정에서 구술자가 생략한 말 중에 내용 이해를 위해 그 내용이 필요한 경우, 생략된 부분에 괄호를 넣어 생략된 말을 표기했음.

4. 구술의 이해를 위해 필요한 주요 4·3 용어는 책의 뒷부분 '주요 4·3 용어 해설'에 실었고, 그 외 개별 사항은 본문에 각주로 넣었음.

제1부

죄가 있든 없든
숨어야 살던 시절

1 빌레못굴, 살앙 나가는 훈련헷수다
2 물애기가 무슨 죄가 있다고…… 사람이면 할 수 없는 짓
3 죄가 있든 없든 잡으러 와서 막 데려 갔어
4 바람 부는 양 이레 붙고 저레 붙고
5 중2 때 경찰서 유치장서 6개월 살앗주

빌레못굴, 그 끝없는 어둠 속에서

양태병

1928년 애월읍 어음리에서 태어난 양태병은 고향에서 농사를 짓던 중 4·3을 만났다. 그는 마을 사람들과 함께 빌레못굴로 피신했으나, 1949년 1월 16일 토벌대와 민보단이 합동으로 벌인 대대적인 수색작전으로 발각되었다. 빌레못굴에 숨어 있던 어린아이, 노인 등 주민 23명은 모두 처참하게 희생되었다. 그는 굴속에 피신해 있던 사람 중 유일하게 살아남은 사람이다.

[채록일: 2005.6.17(1차), 2007.3.12(2차) | 채록 장소: 애월읍 어음리 빌레못굴 앞]

1

빌레못굴, 살앙 나가는 훈련헷수다

여기 몇 사람이 죽었느냐 하면 29명에서 30명쯤 됐을 겁니다. 한 사람은 들어갔다가 나와서 어디서 죽었는지 모르고…….[1]

어린아이를 내부쳐서 죽은 밧 말입니까? 바로 이 밧에서 아기를 돌에 내부쳐십주. 여기가 목초가 많으니까 밧은 달라도 담 하나 사이로 해서 다 잡혀가고.

낮엔 경찰 오면 시키는 대로

원래 제 고향은 어음 2리. 소개허기 전에 어음 2리에서 살았습니다. 여덟 살까지 여기서 크고, 여기서 살았어요. 원 조상 땅은 어음 1리였지요. 소개헌 후에 어음 2리로 내려갔다가 재건할 때 다시 올라왔습니다.

아, 4·3사건 닥쳐가니까, 그저 낮에는 경찰들이 와서 닦달허면서 이리

---

1 주요 4·3 용어 해설, '빌레못굴 학살사건' 참조.

로 오고, 또 밤에는 우에서 내려오고 또 "너네덜 안 나오면 죽인다" 허니까 나가고. 그렇게 하면서 양쪽으로 우리는 살았습니다. 여기서는 경찰 쪽 말 듣고…… 말 안 들으면 죽인다 허니까. 그러니 그 사람네가 허라는 일 허곡. 낮에는 경찰이 오면, 경찰들이 시키는 대로 여기서 움직이면서 살았죠. 살려고 하니까 밤엔 또 그 사람네 말 들어야 허고. 그땐 뭐 살았으니까 살았지요. 지금은 그때 살아난 사람이 별로 없습니다. 이젠 거의 죽어버렸습니다.

그때 철경대라고, 1개 연대가 와났습니다. 철경대라고 해서 경찰도 아니고 철도경찰이 왔어요. 우리 어음 2리 사람들은 엄청나게 많이 죽었습니다. 모여오면 신체나 좋은 놈덜은 다 심어단(데려다가) 나 앞에서도 때리는 거 보니까 방망이라마씀. 이만씩 헌 것덜 가지고 머리를 두들기니까 거기서도 두어 사람은 깨어져 죽지 않고 다른 데로 가다가 그대로 죽어버렸어요. 때리는 것이, 이건 사람 때리는 것이 아니라마씀. 죽게 고생허고, 결국은 집으로 돌려보내기도 허고, 아니면 한림으로 해서 어디로 간 죽였는지 그저 죽여버리니까……. 그때 죽어분 사람이 우리 어음에도 상당히 많습니다.

빌레못굴, 끝없이 험하고 넓고 긴 굴

이 굴에 대해서, 4·3사건 때 내력을 아는 사람은 거의 저밖에 없습니다. 굴 모양은 별로 특이한 게 없고. 원래는 여기 이 굴에 길이 없었어요. 일본 놈 시절, 여기 '빌레못굴'이라는 게 있다고 이름만 들었지. 여기 있는 것을 몰랐습니다.

여기 이 굴은 구멍이 원래가 사람 하나 들어가면 더 들어가지 못해요. 근데 안으로 들어가면 한정 없이 넓어요. 굴속이 상당히 험해버리니까 마음대로 뎅기지 못합니다. 한도가 없습니다. 시간으로 치면 한 여덟 시간쯤 들어갑니다. 길이 외갈래면 뒈는디, 어떤 듸(데)는 세 갈래, 네 갈래 되는 곳이라서 다 들어가지 못헙니다.

　토벌 온 때는, 그렇게 많이 들어가지 못했어요. 우리가 한번 탐험해본다고 해서 4·3사건 전에 한번 돌아봐십주. 얼마나 들어갈 수 있는가 해서 가본 겁니다. 가보니 외갈래 길로 쭉 가면 그렇게 시간이 안 걸려도 되는데, 길이 어딘지 모릅니다. 그쪽으로도 가곡 이쪽으로도 가곡 허니까. 어떤 듸는 사람 하나 들어가면 또 나가서 그렇게 되는 길이 되니까, 마음 놓고 다니질 못허니까.

　(굴 입구에 서서) 원래는 이 구멍이 사람 하나 바짝 서면 됐습니다. 경헌디 영남대학팀이 발굴 조사하면서 한 달포 여기 살면서……. 그래서 도로를 조금 넓힌 겁니다. 원래는 사람 하나 바짝 기어 들어가면 뒈엇는디.

　또 위에 가면 굴이 커요. 이 굴은 이름은 높게 났지만 소소하게 탐험 못합니다. 아까 말한 교수도 한 달 와서 살면서 탐험을 해봐도 도저히 이건 소소한 돈으로는 탐험을 못한다 해서 그랬고, 그때 일본 탐험가가 와서도 한 번 와서 보고는 다음에 또 온다고 했습니다.

　(굴이) 어디로 가느냐 방향을 어느 가닥으로 잡고 가야할 것인지 모르니까. 다른 듸 굴처럼 여기도 어디 관광굴 되었으면 벌써 될 건데, 바닥이 사람 다니기 쉽지 않으니까 (안 됐어).

　(굴쪽 입구로 가면서 입구 주위를 설명함) 이 입구가 지금 이렇게 해서 전부 메워진 겁니다. 메워진 거라마씸. 왜 이거 메워진 거냐 하면 옛날 하르방덜 말씀이, 옛날 도적들이 여기서 살았다고 헙니다. 우리가 들은 말에 의하면, 여기 단체로 살면서 쉐 같은 거 잡아먹어버리고 해 가니까 이 마을민덜이 전부 모여서 돌을 쌓아서 막았다고 합니다. 굴 안에도 가보면 저 석순이라고 있습니다.

돌랑돌랑헌 거 그런 것도 매달려 있고, 여러 가지 있긴 있는데 거기 갈 사람이 없고, 가지 못합니다. 돈 있는 사람 탐험하면 하나 좋은 것이 있을 겁니다.

납읍 소개 갔는데 민보단에 안 끼워줘

여기 오게 된 동기가 뭐냐면, 우리가 납읍 소개를 갔습니다. 어음 1리, 2리는 다 소개를 시켰어요(1948년 11월 15일경 어음리에 소개령이 내려짐). 다들 강제로 내려가야 된다고 허니까 말입니다.

그때, 우리는 우리 가족과 연관된 사람이 납읍에 있어서 납읍으로 소개를 갔습니다. 여기가 부면동인디 어음 1리에서 납읍 간 사람도 있고, 봉성도 가고, 귀덕도 가고. 각 처에 전부 삐어져서(흩어져서) 소개를 나가니까, 저희는 그때 납읍을 간 겁니다. 납읍엘 가니까 납읍도 일주일만에 또 소개시켜버렸어요. 다음엔 어딜 가는고 허니 이젠 뭐 갈 듸가 없었어요. 자기 친인척 있는 듸로 뿌리뿌리(뿔뿔이) 흩어진 겁주. 그때 저도 여기를 안 올 건디…….

납읍 가보니까 그때는 젊은 사람은 보초를 서게 했습니다. 어느 마을이든 다 했는데 제가 그때 18세쯤 될 때니까 그 연령에, 다 보초를 세우는데, 서는 보초를 안 세우는 거라마씀. 이젠 여기선 헌 일주일이 되어도 민보단에 안 끼워주길래 거길(민보단에) 찾아갔어요. 이거 눔의 대동(남과 같이 가는 것) 못허니 문제가 된다 해서, 납읍 민보단을 찾아간 겁니다. "어째서 나는 보초를 안 세워주느냐?", "날 같이 끼워주지 않느냐?" 하니까, "너는 지금 민애청이라는 데 가입이 되었으니까, 너는 감시를 받게 되었어. 민보단에 들지 않아도 돼" 그래요. 그때 제가 무식해노니까 글이 뭔지 잘 몰랐지. 그냥 민애청에 들었다는 거라마씀. 민애청이

뭣 허는 거냐 하니까, 산군, 그때 하는 말이 "너는 산군이 되니까 보초를 못 세우게 됐다" 그렇게 헙디다. '아, 그렇게 됐구나. 난 이젠 죽게 됐구나. 이젠 살지 못하겠구나.' 속으로만 그런 생각했어요. 그때 나에겐 어머니, 누이동생 하나, 동생이 있습니다. 셋이 살다가 납읍에서 애월로 소개를 가게 된 겁니다.

또 어떻게 생활했냐 하면, 그때는 소개허면서 제가 그런 생각도 안 했는데, 식량을 애월에 갈 때 가지고 갔습니다. 저는 식구도 없고 그때는 구르마 시대니까 구르마로 묶고 남을 빌려서 등짐으로 조금 식량을 지고 가고, 남은 건 혹시나 살아지면 먹어질까 해서 살았던 울타리 안에 식량을 묻어놨습니다. 그런데 결국은 한 2월 되니까 살았던 듸(데)서 우리 어머니하고 그거 찾아다 먹으면서 5~6개월 살고 여름 농사허기 전까지 먹으면서 살았습니다.

소개 당시 이야기

20일 동안 납읍에 먹을 것도 다 준비해서, 거는 왜 그러냐 허면, 제가 그해에 농사를 허니까 농사가 잘됩디다. 잘되어서 여기서는 산뒤(밭벼)라 허는데, 옛날 우리 말로 '해양디'라는 나록 산뒤가 있었습니다. 그것을 한 2,000평 농사지었어요. 그때 수확이 얼마 나왔는가 하면, 스무 섬이 나왔어요. 그것을 아래 가져갈 수 없어서, 방애(방아)해가지고 장만했습니다. 그때는 그 기계 있는 사람이 있었습니다. 돌아다니면서 그 사람 헌티 산뒤를 장만해서 푸대에 담았습니다. 나는 그해에 동짓달 초열흘날이 되면 장가를 가게 되었어요.

어떤 처녀와 언약을 했는데, 그해에 소개를 해버리니까 어쩔 수 없었지요. 이제는 돼지도 아무것도 아니지만 그때, 돼지도 잘 기르니까 돼지도 오육십 근 된 걸 길렀습니다. 그걸 기르다 장가도 못 가고……. 그때 소개를 허는데 짐 가지고 가져갈 것덜 전부 소지품을 운반해준다고 사람들이 와십디다. 내가 그때 반장을 했습니다. 그 밧에 할당된 인원을 하니까 한 호에 두 사람씩 배급해주었어요. 반장이니까 내가 나눠주다 남으니까 한 자리밖에 안 남았어요. 나 가져가도 좋고 여기 있으나 마찬가지다 해서 그때 돼지를 내버리느니 그걸 잡았어요. 그땐 나나 다른 사람이나 다 고기가 어려웠던 때라 고기 먹고 싶은 사람은 오면 준다고 지금 삶고 있으니까 오라고 할 때였어요.

그럴 때, 그 사람네가 짐을 날라준 것이 아니고 갈 때는 우리 것을 가져가버린 거라. 어차피 우리도 납읍을 간 거라. 이제는 거기서도 식량을 내버리게 된 거라마씀. 갈 데가 없어서 그 집에 가서보니까 집 담이, 상당히 높은 담이 있었습니다. 귀퉁이에, 여기 쌓아두고 내버려도 되는구나 해서 항아리나 판대기나 해서 어찌어찌 덮고 해서 내버렸지요. 그래서 소개하고 올라온 다음에는 어머니허고 그 쌀을 이용헌 거라. 그걸로 시절에 죽지 않아서 살아졌는데 기막힌 얘기주.

"팔십 넘어 죽어도 한 없고 내가 보증 해준다"

애월 사니까. 아, 애월 가도 마친가지라. 사람 참, 편한 일이 없었습니다. 폭도 새끼 왔다고 해서.

이제는 어떤 역할을 해야 될 것 아닙니까. 그래서 민보단에 가서 그때는 지금도 지서라고 헐 겁니다. 몰라도 경찰, 그때는 책임자가 경위인가? 그분네가 누구 여기 살려고 하면 누군가 보증할 사람이 있어야 될 거라고, "너가 무슨 사고가 나면 책임지겠다는 사람이 있어야 되니까 너 누구를 책임자로 헐 거냐?" 헙디다.

그때 우리 사촌이 애월에 살고 있었습니다. 당사촌이니까 가서 "형님 날 한 번 보증을 해서 나를 풀어줍서" 했어요. 그러니 "나도 죽을 판인데 너 보증 못 해준다" 허명 안헤줘마씸.

보증을 안 서주니까 와서도 걱정이 됐어요. 그래서 우리 어음에 85세쯤 되는 영감이 살았는데 그분헌테 가서마씀. "저 영감님, 미안합니다. 한 번만 저를 도와줍서" 허니까 "아 , 거 그러냐, 난 이제 팔십이 넘어가니까 죽어도 한도 없고 허니 내가 보증을 해준다" 헙디다. 그 영감이 보증을 해서 나왔어요.

애월에서도 보초 세워주지 않아

그때도 만약에 어떤 사고가 나면 죽일 걸로 해서 보초를 안 세워줬습니다. 세워달라고 해도 너는 어떤 흠이 나면 죽게 되니까 그렇게만 알고 있으라고.

그때 우리 어음 사람도 가고, 여러 호가 갔는데 거기서 민보단장이 내 이름을 부르면서 이놈은 보초 세우지 말라고 하는 겁니다. 민보단에 안 끼워줘마씀. 아, "한 번만 날 살려주려면 민보단에 끼워줍서" 허니까 이젠 보초, 낮에는 어디 가지 못허게 집에서 감금하는 정도지, 감금. 어디 나가지 못하게 감시당하면서 살아십주.

이제는 한 일주일 돼가니까. 아, 우리 어음에서 선생하는 사람이 있었어요. 공부를 허고 배운 사람이 있었는디, 아, 그분이 제일 먼저 애월 남문에, 남쪽 문에 이제 거기 정문을 지키면서 섰어요. 근데 그분을 데려가서 죽여버렸습니다. 우리 어머니가 말하는 것을 들으니, 그때는 민보단들이 모여들어서 대창이라고 있었습니다. 아무리 하찮은 목숨이지만, 한 번 죽는 거라면 못 견디지 않게 총이나 "빵" 허게 쏘아서 죽이면

쉬워실 건디(쉬웠을 것인데) 대창으로 죽이는 사람도 있고, 철창이라고 해서 그걸로 모여들어서 죽였다는 말을 조금 들었어요.

철창, 대창……. 그때는 대창으로 한두 번만 찔러도 죽이주만은, 아, 이리 쿡 찌르고, 저리 쿡 찌르고 허니까 사람 형편이 안 되었어요. 결국에 쓰러지니까, 거기서 경찰 군인이 총으로, 마지막엔 쏘더랍니다. 거기 갔다 온 사람 말이. 그래서 그 사람이 죽었다 허길래, 저도 이제는 '저런 사람처럼 죽게 되는구나.' 그렇게 생각허면서 집에 누워서 생각허니 기막혔지요. 나도 만약에 죽게 되면 아예 총 한 방 "빵" 허게 맞아 죽는 거는 큰 뭣이 아닌디 죽어지지도 않고, 살아지지도 않고 못 견딜 생각을 하니까. 큰 목숨을 바로 총으로나 쏘는 것은 좋지만은 이렇게 비참한 죽음은 안 되겠다 싶어서 어머니하고 얘길했습니다.

무슨 민보단이나 저 아까 말한 민애청은 관계가 없는 것이고. 나는 여기서도 우리 동네 사람 죽는 것 보니까 나도 저렇게 죽어가면 어머니도 마음이 괴로울 것이다 해서 어머니한테 "제가 피난을 가겠습니다" 했지요. 그러니까 "너 그래라. 너 마음대로 가라" 해서 피난을 한 겁니다.

30명 피난해도 안전하다는 굴

어떻게 이 굴에 오세 됐냐면, 한학자, 유식한 학자였던 납읍 어르신이 있었습니다. 그분이 말씀하시기를, 옛날 그 무슨 도식에 보면 소낭굴 남하에 30명 피난지라고 그 영감이 말헙디다. 그래서 어디 그런 굴이 있느냐고 찾았어요. 그 어른이 내가 어음 사니까 거기 알아지겠냐고 저한테 하길래 제가 굴을 가리켰습니다.

그 하르방 말을 들어서 저가 여기에 올라와버린 겁니다. 납읍 현○○ 부친이라고 허는데, 현○구도 그렇게 유식한 학자고, 부친, 아방도 학자랐습니다. 그 할아버지네가 도식을 보는 할아버지니까, "납읍 가도, 애월 가도, 너는 죽는다. 곱게 죽지도 못허고 기가 막힐 거다" 허니까 난 애월까지 갔다가 온 거죠. 어머니허고 누이가 하나 있으니까 애월을 갔다가 도저히 애월서 며칠 안 가서 죽을 시간 곧 됐다 하니까 하루라도 더 살아보카 해서 (빌레못굴로) 온 겁주.

어르신은 나하고 이 굴을 낮에 와서 돌아보고는, "아, 이거 살 도리가 생겼다" 하고, 그 어르신 하는 말이 "이보다 더 좋은 데는 없다. 여기가 도식에 보면은, 이 굴이 30명은 안전하다고 해서 30명 편안지기다" 허멍 말씀해마씀. 우리가 딱 30명이라, 그러니 여기 있으면 안심할 수 있다고 해요. 그 하르방 말을 들어서 저가 여길 올라온 겁주.

납읍 소개 내릴 때, 바로 여기로 왔습니다. 나는 밤에 여길 온 겁니다. 와서 그 영감네랑 같이 살면서 그 말 저 말 들으면서도, 나는 이 굴이 안심한 굴이라는 생각이 안 들었어요. 그때 납읍 사람덜, 노인네, 여자, 아이덜 거의 와서 살아십주게. 거기 땔 것들을 다 가지고 갔어요. 물도 있고 다 하니까 식량들 다 지고 들어간 겁주. 굴 안이 넓은 듸는 한 부락 닮은 듸가 있습니다. 밑바닥은 막 얽혀 있고.

어음 사람은 나하고 강규남 씨 식구밖에 없었어요. 여섯 식구, 어멍, 처자식. 규남 씨는 산에서만 살았지요. 납읍에서 이 사람은 사상에 걸린 사람이다 해서 보초를 안 세워줘버리니까.

굴 입구에서 사람 다니는 것 보여

그때 나는 일본놈 시절부터 이런 큰 굴이 있다는 거, 굴을 알고 있었는데, 4·3 그 시절부터 굴은 광이 났습니다. 그래서 여기 와서 나는 안심을 하지 못하고 있었어요. 밤에 그분들은 편안헌 모습으로 살앗는듸, 나는 도저히 믿어지지 않안마씀. 그 안에서 출입은 무슨 걸로 했느냐면 석유 해서 왕대에 기름을 길어 담아가지고 구멍은 솜이나 그때는 솜도 어려운 때니까, 옛날 갈중이라고 있었습니다. 갈중이를 입었는데 그 헌거, 새것은 아까우니까 쓰지 못허고. 댓구멍으로 기름 막아서 불을 붙여 다녀십주게. 굴에 들어와 한 달포쯤 살았어요. 시월에 들어가서 동짓달 10일 근방이니까 동짓달 한 12일경인가?

어도리 구몰동2에 산에서 내려와 마을을 막 어떻게 했다는 말이 들렸습니다. 그때는 산군들이 뭣을 했냐면 그 사람들이 밤에 동짓달 열흘경에 습격을 온 거라마씸. 나는 보지 못해도 말 들어보면 군인도 한 분인가 다쳤다고 허고, 민보단도 몇 사람 총으로 쏘니까 죽었다고 허고. 구몰동 다음에 여기가 발각이 된 거죠.3 겨울철에는 굴에서 연기가 나요. 김이 올라. 모르는 사람은 사람들이 산다고 생각해요.

그래서 경찰들이 거기 왔다가 이 굴 있는 장소를 알아냈다고 헙니다. "빌레못굴이 있다고 하는데 아느냐?" 허고 말이죠. 이 굴은 아는 사람이 많으니까 경헤서, 그 뒷날은 여기 온 거라마씸. 그게, 그 사건이 여기 들어와서 시작이 된 겁니다. 그때는 민보단, 경찰허고, 군인허고 치안을 했습니다.

거기(빌레못굴) 누워서 보면 (날이) 밝아가면 으스렁허게(으슥하게) 아침 밝은 것이 보여요. 뒷녁 아, 해가 조금 밝아올 땐데, 굴 입구로 보면 사람 들어오는 그림자가 얼망얼망(어른어른) 보였어요. 민보단이 왔어요. 그 사람덜도 경찰, 2연대 군인과 합동으로 와십디다.

---

2 1993년에 어도리는 봉성리로 바뀌었다.
3 1949년 1월 16일(음력 12월 18일). 어도리 구몰동이 무장대에 습격당한 다음 날 토벌대와 민보단이 합동으로 대대적인 수색작전을 벌이던 중 우연히 굴 밖으로 새어 나온 연기 때문에 굴이 발견되었다.

'아, 이젠 다 죽었구나' 허고 생각했습니다. 입구에서 보면 사람 다니는 걸 알 수 있어요. 조금 있으니까 사람들이 들어와요. 죽느냐 사느냐 뿐이었죠. 밖에 나가서 죽거나 안에서 죽으면 그대로 썩어불거니까 들어가고 싶은 사람 들어가고 나갈 사람은 나가라 하니까 전부 들어간 거예요. 이젠 살 곳은 없고…… 겐디 대막대기에 기름 담아서 얼마 가지 않고 다 잡힌 겁니다.

컴컴한 곳에서 굴 밖 나가는 훈련

밖에서 "다 나와라! 나와라!" 해요. 난 나오라고 해도 나가지 않았습니다. 굴이 워낙 크니까 바로 몇 미터 안 가서 저는 숨었지요. 나는 몸이 작으니까 혼자 들어갈 만한 듸(데)를 알았다가, '아, 이제는 이런 데는 한번 들어갈 수가 있구나' 해서 거길 들어갔는데, 영 누워서 보니까 경찰도, 군인도 들어왔고. '아, 이렇게덜 왔구나' 허고 좀 지나니 그 사람네 오는 것이 보였어요. 또 굴에 살았던 사람들 저리 잡혀 나가는 것도 다 보고. 잡혀가는 걸 보다가 '두 사람이 안 왔구나.' 세어보니 혹시나 그 사람네 살아 있는가 했지. (결국) 안 잡힌 사람이 두 사람뿐. 소리도 안 들려요. 밖에서 나는 소리는.

나가지 않았다가 그 사람네 와서 다 죽인 다음에는 이젠 갈 데가 없어요. 열한 시쯤 되니까 들어갔던 사람이 다 나가요. 나는 혼자 캄캄헌 곳에서 손으로 벽을 짚으며 입구로 나가는 길을 찾는 훈련을 계속했어요.

학살

굴에 들어온 가족이 여섯 사람인데, 한 사람이 산군에 들어가 선전하는 사람이라마씀. 다음 날 그 사람이 왔어요. 그 사람 아들이여, 딸이여, 아방이여, 어멍이여, 각시여 가족들을 여기 놔둔 사람입니다. 강규남 씨 가족 5명(어머니, 아내, 아들, 딸, 누이)이었어요. 또 송시영과 그의 처자덜이 있었어요. 난 미리 숨을 곳을 찾고 있었어요.

군인, 경찰, 민보단원들이 굴 안으로 들어오자 난 숨어버렸어요. 그 사람들이 "살려줄 것이니 걱정하지 말고 나와라" 해서 다들 밖으로 나갔어요. 그 사람덜이 굴 밖으로 나가자마자 굴 입구에서 바로 죽였어요. 경찰은 어린아이의 다리를 잡아 바위에 거꾸로 메쳐 죽여버렸습니다.

여기 굴 안에 있던 사람들이 굴 밖으로 나와서 죽은 건······. 그 사람네가 나간 것은 알았지만 죽인 것은 몰랐어요. 굴 안에서 총소린 멀리서 안 쏘면 이렇게 굴로 만들어져서 그런지 울리지 않습디다. 딴 사람이 가도 들리지 않습디다. 이 말도 멀리서 들리지 안허여마씸. 밖에서는 멀리 들리지만은.

굴 안에서는 소리가 안 들립니다. 건 뭐 시험을 해봐도 알아집니다. 그러니 거기 한 구석에서 어떤 사람이 아무리 소리를 질러도 한 구석에서 소리 못 들어요. 우리가 거기서 대략 짐작을 해보면, 어느 방향이냐 보면 여기서 한림 쪽 방향으로 나갔어요. 또 한쪽으론 한라산 쪽으로 나가는 굴이 있고, 또 한쪽에는 이렇게 왼쪽으로 북쪽으로 가는 굴도 있어요. 또 가다보면 이렇게 동남쪽으로 가는 데도 있고, 가나보민 전장 위로 이렇게 구멍이 있습니다. 들어가면 이 입구가 상당히 넓습니다. 지금 곧 들어가는 입구가 이 밧 면적만큼 이렇게 넓었습니다. 경헌디 어떻게 밖에서덜 죽은 걸 알았냐면.

강규남 씨, 그 사람이 가족들이 다 죽었다고 하면서 찾아보려고 들어온 겁니다. 그 사람은 처음에 나보고 같이 나가자고 했어요. 나는 알지도 못하고, 될 수 있으면 나를 숨겨달라고 했어요. 그러니 자기네 식구

허고 같이 굴에 있으면서 살펴주라고 한 겁니다. 그러니까 나도 안심허고 살 수 있을까 했었지요.

그런 강규남 씨가 자기네 식구덜, 아들 다 죽었다고 헙디다. 그 사람은 아마 각시가 들으면 대답을 할 거라 생각해선지 이름 부르면서. 두어 시간 동안 찾으려고 다녔어요. 각시허고 딸은 멀리 멀리 가는 데까지 가버리니까 어느 구멍에 간 건지 모른 겁주.

이름 부르면서, 저도 이름 부르고 딴 사람은 다 밖에서 죽엇는디 자기 처, 자기 딸은 안 죽었으니까 혹시나 살았는가 헌 거라. 이녁 혼자 뎅기다 뎅기다 힘드니까 자기도 죽을 거고 혹시나 가족이 살았을 거란 얘기도 허면서 말입니다. 이녁 식구덜 각시하고 딸허고는 그 불 들고서 가는 데까지 데리고 가서 잡혀가질 않은 겁주.

창에 찔려 죽느니 차라리 굶어 죽는 게 낫겠다

내가 굴에서 어찌해서 살아졌는가 하면, 처음에 그분(강규남)이 "너는 살아진다. 따라오라" 해요. 나는 그때 '따라가서 죽는 것보다 여기서 잠자당 죽는 게 편하지, 뭐 허려고 또 나쁜 고초를 당허면서 사느냐? 나는 여기서 죽는다.' 그렇게 결정했어요. 그리고 가만히 누워 있다가 이젠 그분이 가버려서 한 이틀 후에 생각해보니, 그래도 그 사람이 구멍이나 막지나 않았나 안 막았으면 한번 나가보려고 해서 나와봤어요. 나가보니까 돌을 안 막아십디다게. 나와보니까, 아까 말한 것처럼 그 사람이 나가면서 돌을 치워준 거라마씀. 그렇게 해서 굴을 나갈 수 있었던 게 오늘까지 살아진 겁니다.

굴에서 나온 사람덜…… 그날 다 죽었지요. 난 그날 못 나왔어요. 3일 후에 나왔어요. 굴에서 거의 일주일을 버텼는데, 사흘쯤 지나면 아무것도 안 먹어도 배고픔을 전혀 느낄 수가 없어요. 사흘쯤에 내가 나와보니 아무것도 없지 뭐. 밑에 남쪽 밧에서 다 죽었다고 해. 이제는 살 곳이 어딘가 생각뿐이야. 살아야겠다는 생각뿐. 어느 놈이 나를 잡으려고 오나 해서 피할려고만 한 거지. 그 사람들(산사람)이 낮엔 활동을 못 하고, 밤에만 하니까. 그때 길 터두고 가버리니까 이 사람네 나가면 나갈 수 있구나 해서 나온 거지요. 그래서 제가 아침 9시, 8시쯤에 나완보니까 해가 부지근헙디다. 동짓달이니까. '아, 그래서 밝은 때 나와졌구나' 해서 마씀.

이제는 살 수는 없으니까, 발 돌아가는 데까지 가다가 그냥 들키면 죽는 거고, 또 안 그러면 거기서 나오진 못헐 거고, 죽어도 그대로 죽을 거니 들어가려고 했어요. 나는 다른 듸 소개하기 전에 알던 곳이 있었는데 나만이라도 거기 가서 차츰차츰 어떻게 살아볼까 해서 빠져나갔어요. 그렇게해서 저 혼자 살았습니다. 저는 거기서 살면서 '아, 여기도 들이 닥치면 그런 대창, 철창 그런 걸로 죽는 것보다는 차라리 그대로 굶어서라도 죽는 게 낫겠다, 나는 철창 받으면서는 죽지 말아야겠다' 허는 마음이었어요. 다시 어디 살 듸(데)나 있을까 해서 뎅기단보니까 알았던 조그마한 암자가 있었습니다.

강규남 씨 가족 이야기

나중에 강규남이 각시허고 딸은 굴 발굴할 때 시체를 찾았다고 합니다. 그 사람네는 내 말을 들었는지 가는 데까지 간 겁니다. 나는 혹시 볼 수 있지 않을까 했는데 그 사람네는 경찰, 군인, 민보단이 왔을 때 잡혀가지 않고, 거기서 죽은 거라마씸.

거기 시체를 또 어떻게 알았냐고 허니까 저 영남대학 교수가 이 제주도 빌레못굴 탐험을 왔을 때(1989년) 여자하고 딸 하나 죽은 시체를 본 겁니다. 그때 그분덜이 꺼내서 그 사람 장례하고. 장례는 누가 했느냐 허니까 그 여섯 사람 식구 가족 중에 산으로 역할 나간 분이 있습니다. 그 강규남 씨 누님이 시체도 감장시켜주고 다 했습니다. 그 사람네 밧에 가서 다 감장을 허고 다시 어디 가족 공동묘지 만들어서 한 밧듸(한곳에) 묻었다고 했습니다. 가보지 않아도 지금 강규남 씨네 큰 누님은 애월 살고 있습니다. 아흔 살쯤 됐을 겁니다.

2연대 바리메로 토벌 와 귀순

이젠 난 어디로 가서 살아볼까 했습니다. 어음 이 동네 마을 저 뒷동산에 가서 가만히 앉아서 생각해보니까 갈 듸가 없었어요. 이제는 어딜 가야 살 것인가 누구한테 말할 사람도 없고 이녁 속으로만 생각허다가, 아 이거 혹시나 허면서 우리 어음 2리 사람이 생각났어요. 그 사람은 그때 농업학교면 초급대학이라고 했습니다. 그땐 대학이라고 해났습니다. 선생질헤난 그 사람이, 자기 살아난 땅에 와서 아침에 돌아보고 나갑디다게.

이분이 아는 사람이니 죽이진 않겠구나 해서 고함치고 부르니까 그 사람이 겁이 나서 그대로 들어 앚아부런마씀(앉아버렸습니다). "(놀라지 마라) 나 아무개다. 나 여기서 갈 듸는 없고 너가 아는 사람인 것 같아서 불렀다" 했어요. 그 사람은 "잘 알았다. 빨리 내려와라" 했어요. 해서 그 사람덜허고 간 곳이 어디냐 허니, 바리악이라고 있습니다. 납읍 목장인데…….

그분이 떠나가버린 후에 우리 친족 양○이가 거기 그 굴이 무슨 바리악, 바리메오름이라고 한 곳에, 그 일본 굴은 크지 않은 곳인데, 그 안에

생수가 생생 나는 듸(데)라고. '아, 이것 참, 이런 산 위에도 물이 나는 거구나' 했습니다. 그때 그걸 알아뒀다가 우리 친족허고, 그분이 거길 가서 보니 거기인 거라. 그 사람덜허고 같이 살다가 이젠 뭐 음력으로 이월 십 며칠 됐어요.

그때 농업학교 졸업한 사람이 산에 가 있었습니다. 그분이 날 찾아왔어요. "아이고, 너 오랜만에 보이는구나" 허면서 저보고 "학교는 말이 아니구나. 너도 여기 있어선 안 된다. 같이 나가 활동을 해야지, 여기 잘못하면 당해낼 문제가 나올 거니까 너도 같이 가자" 말헙디다. 그분에게 사정을 헤십주게. 나는 "학교는 너는 아는 것 있으니 하지만 나 같은 건 거기 가면 뭐 헐 거냐? 너, 나까지 나를 뭐 하려는 거냐? 너, 나를 살려줘라" 내가 하니까 그분이 나중엔 내버립디다. "경허라" 해버립디다.

나중에 그 사람덜이 산에서 하는 말을 다 들었어요. 그 사람들은 스무 날에 한 번씩은 찾아와마씸. 그러니 내력을 다 알아집디다. 그 사람네가 허는 거. 그래서 그때 2연대가 원동에 주둔할 때 왔다고 허면서 이제는 죄가 중한 사람은 잡아다가 지금 사형한 사람도 있고, 안 그런 사람은 제주시 동척회사(제주주정공장)에. 그때는 감옥 한쪽은 감옥살이 허는 집 입주게. 나 지금 잘 말 못허는데…….

수용소? 수용소가 거기 있었는데, 이제 거기 간 사람은 죽이질 않고. 그대로 뭐 헌 사람은 풀어줘서 나간 사람도 있어요. '아, 이젠 됐구나' 했지요.

이젠 2연대가 바리메(바리악)에 아침 9시에 토벌 왔어요. 아이고, 밖에 나와서 그때 한 여자가 그 굴에 살고 있었어요. 그분이 같이 가서 보겠다고 잡히면 너는 가야 된다고 하니까 알았다고 같이 왔어요. 바리악 중턱까지 왔을 때였습니다. (경찰들이) 탐문해 가길래 저가 나갔습니다. 손 들어가지고 나가니까 "너 어디 사느냐?" "여기 살았습니다" 허니 아, 그러느냐고 거기 가리켜라 해서 가리키니까 "여기 몇 사람 있느냐?", "한 열 사람 삽니다" 허니까 다 오라고 했어요. 아, 그분이 무슨 무기가 있느냐 첫 번째로 듣는 겁니다.

"뭔 무기를 지금 가져 있느냐?", "무기라는 거 전혀 없습니다. 성냥허고 나무대기허연 조그만썩 먹을 밥 만들 땔나무가 조금밖에 없습니다" 했지요. 그러니 "너 앞에 들어가라" 해서 내가 들어가십주게.

들어가서 아, 다 나가라고 하니까 다 나가는데 한 사람이 안 나갔어. 거 어디 사람이냐면 조천사람인데, 이름도 잊어버리지 않아마씸. 정ㅇ건이라고 헌 사람인데 그분은 안 나와마씸. 그 안에서도 좁은 쪽으로 파들어가면서 그 사람을 총으로 쏘아버렸어. 그 사람은 나오지 않으니까.

동척회사에서 취사당번

그러니까 제가 2연대에 귀순해서 잡혀간 것이 음력으로 2월 초순이었어요. 그때 소문 들으니까 이제는 죄 있는 사람은 죽고, 죄 없는 사람은 보내주고 헌다고 해서. 그렇게 해서 산 게 오늘까지 살아온 거지. 그래서 그 사람덜이 나를 어디로 데려갔느냐 하면, 원이라고 그 사람네 연대본부가 있었어요. 거기로 데려간 겁니다. 거기서 죄 있는 사람은 죽이고, 죄 없는 사람은 거기서 살린다고 했는데. 난 걸린 게 없으니까, 뭐 목적이 없으니까 "너랑 그러면 나가라" 해서 나는 어딜 갔느냐 하면 (그 사람들이 나를) 동척회사에 보냈죠.

애월 길에 여섯 시간, 한 여덟 시간은 길가에 앉혀놓고, 경찰들이 와서 뭐 욕도 안 허고 바른말만 허라 허고 왔다 갔다 헙디다게. 때리지도 않고. 때리지도 않으니까 아, 고맙다. '이젠 되겠구나' 생각했지요. 그때 이제는 가만히 있으니까 차에 타면 좋은 곳에 갈 거니까 이 차에 타라고. '아, 이젠 어디 가서 죽이려고 하는구나.' 죽을 것 같은 생각만 드는데 가서 보니까 동척회사에 보내줍디다.

거기 가니까 큰 죄가 없는 모양이라. 식당에 심부름꾼으로 일하라고 해서 식당으로 들어갔어요. 동척회사 식당에 들어갔습니다. 주정공장, 한 200~300명 들어가게 집이 큽니다. 그때 감옥에 든 사람덜이 그렇게 하마씸(많았습니다). 거기선 콩에 보리쌀에 쌀 섞은 밥을 했는데 주먹밥이라 해서, 나는 그걸 사람덜한테 나눠주곡. 한 1개 소대씩 이제 책임 맡아서 나눠줬어요.

그걸 나눠주고 만들어주고 그럭저럭 한 달포쯤 거기서 살앗수다. 나중엔 너도 나가라고 석방시켜줬어요. 동척회사에서 집에 가라고 하니까 이젠 어디로 가야 허나 생각해보니 어머니가 애월에 살고 있으니까 또 애월로 갔습니다.

6·25 예비검속 당시 군인 세 번 지원

이제는 6·25 사변 나니 아 또 예비검속을 당헌 겁니다. 거기 걸린 사람덜은 읍사무소 했던 창고에 전부 구속시켰습니다. 이제는 거기서도 뽑아간 사람은 거기 사람 어디서 죽인 줄도 모르고 나간 사람은 다 죽곡. 남은 사람은 살다가 그대로 이젠 너네 집에 강 살라고 해서 풀이주니까 나왔죠. 저도 거기 있다가 6·25가 끝나고 풀리니까 나왔습니다.

아, 이거 첨, 이제까지 살앗는데 거기 가서도 한 20명 데려간 죽여버렸습니다. 그런 찰나에 군인 지원 헐 사람은 허라는 거라. 그때, 지금도 키가 크지 않았는데 상당히 키가 작아났습니다. 가면 너는 신체가 약해서 안 된다고 가면 발로 차불고 헌다고. 세 번 발로 차이니까 울면서 저가 뭣이 부족해서 이럽니까 허고. 내가 군인가면 남보다 떨어지지 않게 허겠습니다 말했는디…….

세 번이나 지원해서 나서니까 "이 자식 끼워줘불라" 헙디다. 그래서 '이제는 됐구나' 헌 겁니다. 그래서 그때 군인을 갔는데, 한 달포 모슬포에서 훈련을 해서 훈련받고 갔어요. 경헌디, 나는 실력이 없어서, 학교 졸업한 것이 없어버리니까, 하루는 한 부대에서 와가지고 처음은 대학 졸업자, 대학 중퇴, 고등학교 졸업, 고 중퇴, 중학교 졸업, 졸업자 중퇴…… 아, 그러다가 초등학교 졸업자를 부릅디다게.

나는 기역 자도 모르지만 '아이, 이젠 나도 들어야겠다' 해서 그때 손을 드니까 너 몇 학년이냐고…… "저 6학년입니다" 했지요. 그때 초등학교가 6학년 했습니다. 그렇게 해서 지원해서 들어갔어요. 가서 보니까 보병대에 들어갔습니다. 가서 보니까 아, 그렇게 편안했어요. 바로 대통령 생활이라. 집에서 고생만 허다가 가니까 이거 살단보난 살 수도 있는 거구나 했지요. 거기선 여섯 해를 보병대 근무하다가 살아서 지금까지 와서 살고 있습니다.

그땐 사람 삶이 아니었다

살아질 거라는 생각 말입니까? 나도 살아질 거라고 생각은 못 했어요. 어디서 어떻게 흠이 나면 죽일 걸로만 계산해노니까 누구 말 한마디만 조금 잘못해버려도 그때 많이 죽었어요. 우리 같이 그 세월 살던 사람이 다 집에 살다가 한 몇 달 편허게 살다가도 그 사람 뭐 헌 사람이다 해버리면 다 잡아다가 죽였어요. 죄 없는 사람한테 다 죄를 만들어버리니까. 그때는 그렇게 해서 많이 죽습디다.

조금 적이 된 사람, 서로 살 때 어떻게 적이 된 사람, 살다보면 적이 된 사람덜이 많이 이십주게, 살당보면은. 그런 사람덜이 더 구속을 시켜서 잡아버린 거라마씀. 손가락질 해버리니까. 그런 사람덜이 자꾸 있으니까 군인에서나 경찰에서나 그런 거 알려고 하고 말입니다. 그런 사람덜 행적을 다 알려고, 그런 사람들이 많이 손가락질해서 우리 동네 사람들, 죽은 사람이 많은 겁니다. 그땐 사람 삶이 아니었어요.

집안에 피해 본 거? 그때는 우리 못살 때니까 우리 남의 쉐를, '병작쉐'를 길렀습니다. 근데 소개당허니까 그 쉐를 이젠 잡아가버렸어요. 그걸 찾으러 간다 해서 내가 나와서 집에 가도 죽을 거. 그러니까 이제는 쉐 임자가 자기 쉐를 내버리면 되느냐고 닦달도 해서 찾는 방향으로 해야지 했지만 어디 가서 찾아집니까. 쉐를 끌고 가버렸는데. 이제 쉐 주인헌테도 그 쉐 없는 걸로 생각하시라고 내가 다시 살게 되면 그 보상을 해드릴 거고, 살지 못허면 그 다음은 별로 헐 말 없다고 하니까 알았다고 했습니다.

저의 역사를 말해가면 한이 없습니다. 내가 이 뭐 조금만 책을 읽었으면, 책 하나 만들었으면 사람마다 봐서 눈물이 나게 될 점이 합주(많지요). 경헌디 아직 쓰지 못하고 지금까지 살고 있어요.

빌 레 못 굴 ,   그   끝 없 는   어 둠   속 에 서

진운경

진운경(秦雲京)은 1936년 납읍리 태생으로 4·3 당시 중학생이었다. 빌레못굴 학살사건 소식을 듣고 현장을 찾아가 시신을 수습했다. 당시 28세였던 외숙모와 생후 7개월 된 외조카가 빌레못굴 앞에서 처참하게 희생된 장면은 지금도 잊을 수 없는 기억으로 남아 있다.

(채록일: 2007.3.22 | 채록 장소: 애월읍 납읍리 자택)

2

물 애기가 무슨 죄가 있어서……
사람이면 할 수 없는 짓

바로 여기(납읍) 살았어. 우린 일제시대에 학교를 다녔어. 애월국민학교, 애월중학교 다녔지. 그때 4·3이 터져버렸어요. 도망가면 밑에서 올라와서 쏘아 죽여버리고. 또 저쪽 밑으로 도망가면 저기서 와서 쏘아 죽이곡.

애월중학교 시절 4·3 터져

중간에서 우린 막 못살았지. 이 중산간에 사는 사람들이 상당히 못살았어요. 내가 지금 일흔넷인데, 그때는 열네 살 때야. 당시 나는 애월중학교 학생이었지요. 그러니까 애월 가서 살았지. 거기 살면서 공부했어. 그때 납읍은 경찰관이 많아서 자꾸 산에서 와서 주목을 했어. 그래서 이레 저레 상당히 위험했지.

산에서 습격 와서 불을 붙이거나, 그런 일은 안 했고 말이지. 소까이(소개)를 해버리니까. 난 곽지로 소까이 갔어.

어음리 외할아버지 '해로불근 대로불근'

4·3사건 당시, 여기서(애월에서) 곽지로 소까이 갈 때는 음력 12월 14일 날 (양력 1949년 1월 12일) 인가, 15일 날일 거여. 그때 "이제 소까이를 해라" 허고 명령이 내려왔어. 명령을 내리니까 애월로 가는 사람은 애월 가곡, 곽지 가는 사람은 곽지로 가곡 이렇게 헷주. 우린 곽지가 가까와서 곽지로 갔어. 우리 외가 때문에 이렇게 되는 건데……

우리 외할아버지네는 어음리에 가곡. 외할아버지는 여기 살다가 소까이를 같이 가게 되었어. 콩 같은 거 그때 먹을 것을 등에 지고 가곡 헷어.

근데 아, 이튿날은 외갓집에 가보려고 했지, 여기서 190미터밖에 안 되니까 가보려고. 가다보니까 할아버지를 만났는데, 할아버지가 날보고 "너 어디 가느냐?" 그래. 그러기에 내가 "거, 뭔 말씀이우꽈? 아버지, 어머니 가는 데 갑니다게" 그러니까 할아버지 허는 말씀이 "해로불근 대로불근!" 그래. 이 말은 뭣이냐 하면, 바다하고 큰 길이 나쁘다는 뜻의 말이었어. 『정감록』[1]에 나오는 말이야. 그땐 그게 뭔 말인지 몰랐어. '해로불근 대로불근!', 중학교 다닐 때니까 뭐, 알 수 있겠어? 중학교 1학년 생인데. 아, 그렇게 해서 곽지에 소까일 갔어. 외할아버지네는 안 갔어. 나는 그때 외할아버지네를 우리 친할아버지네보다 가깝게 살 때야.

빌레못굴서 일곱 달 된 아기 돌에 내부쳐

난 어릴 때부터 어머님 얼굴을 모르는 사람이여. 어릴 때 어머니가 돌

---

[1] 『정감록』과 함께 구전되어오던 말에 따라 빌레못굴에 들어간 것으로 보인다. 즉, '난리 때는 산불근해불근(山不近 海不近)하라'든가, '30여 명이 능히 숨어살 수 있는 곳이 있다'는 말이 마을에 퍼져 있었던 것으로 보인다.

아가셨거든. 그러니까 어려서 외갓집에 살다시피 했거든. 그렇게 살앗는디 곽지에서 한 달쯤 사니까 우리 주인 아들 형제가 토벌을 갔다 왔어. 토벌 간 곳이 바로 어음 빌레못굴이야.

주인 아들 형제가 같이 토벌 갔다 와서 하는 말을 들은 거여. 내가 "거기 어떤 사람들이 갔더냐? 키가 큰 하르방은 있더냐?" 허고 물엇주. 우리 하르방이 키가 컸거든. 아, 있더라고 (그래). 그땐 '우리 외갓집이로구나' 생각이 든 거라. 바로 "어떻게, 어떻게 된 겁니까?" 허니까……

"제일 처음엔 아기 안은 여자가 나오더라" 하는 거라. 그건 우리 외삼촌이라. 애기는 한 일곱 달쯤 됐을 거라. 그 굴이 그냥 걸어 나오지 못해. 이렇게 올라와야 나오는 데라. 게난 경찰관 보고 "아일 맡아줍서" 헌 모양이라. 경찰관은 납읍 사람이여, 납읍. 그 사람이 아일 맡아가지고 애기를 돌에 내부쳐서 죽여버렸어. 그러니깐 그 꼴을 보면서 이젠 나와가지고 어멍이(엄마가) 꼭 같이 달라붙은 것 같애. 그러니깐 어멍을 개머리판으로 부숴버린 것 닮아. 이 해골 박세기가 바싹 부숴져버렸어. 거 내 추측인데, 애기는 순경이 내부쳐서 죽인 건 맞아. 돌에.

세상에, 애기를 돌에 내부쳐서 죽였다는 거라. 글쎄, 일곱 달 된 애기라. 참 애기도 잘 났데. 지금 살아시민 육십일 거여. 그 애기를 돌로 내부쳐서 죽여버렸어.

학살 소식 듣고 걱정만

그 후로는 내가 뭘 할 수가 있어야지. 걱정 근심만 했지. 이젠 뭐 거기 가서 볼 수도 없고 말이야. 근심만 하고 있는데, 이듬해 봄이 되었어. 아니, 이보다 좀 전일 거라. 이보다 전에 주인이 헌 말씀이 "새(띠) 비어나두라." 그게 무슨 말인고 허민, 소까이해서 올라가면 집을 헐어버릴 것 아니라게. 그러니 나중에 새(띠)로 초가집이라도 더끄라(덮으라)는 말씀이지.

그래서 우리 밧에 같이 가자고 헌 거여. 밧은 빌레못굴을 좀 넘어서 간 듸(데)라. 그저 좀 반 참[2]은 넘어간 듸라. 반 참 넘어가서 새(띠)를 베어 내다보니 점심 먹을 때가 되었지.

내가 주인한티 "빌레못굴이 어디우꽈?" 물으니까, "요 아래"라고 해. 그래서 부모님한테도 말씀 안 드리고, 우리 부모님한테도, 아무한티도 말씀 안 드리고 가서 보려고 내려갔어.

빌레못굴 앞 시신들 흙만 지쳐

가서 보니까 사람들을 죽여서 스물다섯 구를 죽 묻고…… 묻기는 뭐, 흙으로 묻는 형식만 헌 거지. 내가 어렸을 때지만 그쪽으로 한번 넘어가 봤어. 영(이렇게) 보니까 어떤 사람은 팔도 나와 있고. 그러니까 다 안 묻어진 거라. 어떤 사람은 얼굴이 나와 있고, 팔도 끊어 가버렸데.

까마귀가 물어갔는지, 개가 끊어 갔는지 하여튼, 팔이 이렇게 나완. 그런 형편이었어. 그러니까 내가 그걸 봐가지고 그냥 올 수도 없었어, 흙을 덮으려니 아무것도 없으니까 밧은 뭐 메밀 짓던 밧이었어. 메밀 밧. 그때, 빅세기(마가지) 벌러진 거, 그걸로 흙을 지쳤어(덮었어) 얼굴 나온 사람을. (흙을) 지쳐 두고 이렇게 서 있으니까 총을 멘 사람이 멧 번이나 나한티 죽인다고 그래.

"너, 뭐냐!"라는 거야. '하, 이제 내가 죽게 되는구나' 해서 "나는 요 근처에 새를 베러 온 아인데 여기를 건너가다보니까, 사람 죽은 것을 보니

---

[2] 참은 거리를 재는 단위로, 한 참은 약 5리(2킬로미터)이다.

참 안타까워서 흙을 더 껴수다(덮었습니다)" 그러니까, "증명 있어? 학생증 내놔!" 그래. 중학생 때니까.

그 다음엔 그 사람이 바닥을 발로 꽉 차면서 가라고. 결국은 알아보니까 경비 선 사람이야. 새 비는 듸서 경비 선 사람이야. 곽지, 금성에서 경비를 간 사람이었어.

경헨 내가 아버지 계신 곳으로, 새 베는 듸를 가니까 아버지가 생전에 없는 욕을 막 내게 허는 거라. 너 죽으려고 갔느냐고. 죽을라고 해서 간 거 사실이지. 뭣도 모른 거주게.

그땐 그 대열에서 혼자 나와서 그 빌레못굴에 가본 것이지만 이제 다시 하라고 하면 못 하지. 그땐 정신없는 두루웨(미친 사람)였지.

송장 파서 보니 문덕문덕헐 정도

그 후엔 매일 울었어. 아, 숨이 막혀서 말을 못 하겠네. 매일 이제 집에서 울었지. 우리 어머님은 돌아가셔부릿고. 다시 온 어머님한티서 내가 컸거든. 계모한티 크면서 외할아버지, 외할머니, 외삼촌네 잘 묻어드려야 헐 건데 허면서 맨날 우니까 (그 어머니가) 걱정하지 말라고. 걱정 말면 사름덜이 가서 묻을 테니까 걱정 말라고 허는 거라.

그 뒷 해 봄이 되었어. 이젠 다 연락을 해가지고, 거기서 죽은 사람들, 아는 사람들 연락을 해가지고. 우리가 구르마(마차) 끌어서 갔어. 송장을 헐 수 없이 구르마에 실어가지고. 거길 가보니까 송장이……. 파서 보니까 영 거시기, 문덕문덕헐 정도라.

사람들이 총 맞안 죽은 것인지는 잘 알 수 없지. 흙 덮어버리고, 덮은 후에 우리가 수습하러 갔을 때는 문작문작 썩어버렸으니까. 그러니까 빌레못 죽음은 소개한 한 달 뒤 12월 18일(양력 1949년 1월 16일), 딱 한 달이지.

 경허니까 빌레못 사건 나서 바로 뒷 해 봄 이야기지. 시신들 수습을 한 것은 봄 넘어서 여름 와서 했을 거라. 봄에는 가서 보고. 경비는 하여튼 곽지, 금성특공대라고 하는가? 잘 모르겠어. 청년덜, 그 사름덜이 경비를 서주니까 우리가 새를 비어온 거라. 물론 지서에서 허가를 해준 거지.

 경비 서면서 새를 비어 오라고 헌 거지. 곽지허고 금성만 새를 허레(하러) 올라간 거주. 그때는 새를 몇 해 비질 못했다 말이여 무서워서. 올라가면 경찰이 쏘아불곡, 또 산에서 쏘아불곡.

 가서 보니 총 맞고 죽었는지 철창 맞아서 죽었는지 그런 구분은 못 했지. 총으로 쏘았다고 하니까. 또 그런 말을 들었지. 곽지에서 경비 가서 같이 갔다 온 사름덜, 토벌 갔다 온 사름덜 이야기하는 것을 들으니 총으로 다 쏘았다는 거라.

 저 밑에 안○○라고. 안○○의 아버지는 도망가면서, "야, ○○이야. 날 살려 줘라!" 해서 도망가니까 "저놈부터 쏘아라!" 해가지고 죽였어. 순경 이름이 조○○이었거든. 나머지 사름덜은 어디 도망가보지도 못하고 거기서 다 죽이고…….

 그 사람은 아기랑 나오다가 사람들을 죽여가니깐 도망을 간 거라. 도망가는 사람을 경찰이 한 방 쏜 거지. 같은 마을이니까 서로 다 아는 사이겠지.

 그때 어린아이덜? 제일 어린아이가 우리 외사촌인 모양이라. 굴 밖으로 나오라고 하니까 우리 외삼촌이, 여자 삼촌이 그냥은 못 나오니까 "요 애기 맡아줍서" 헌 거라. 그런데 "이놈의 새끼!" 허면서 아기를 들어서 돌에 메다쳐서 죽여버린 거라.

 애기는 엄마 가슴에 안기게 해서 그렇게 묻어주고, 어떤 아이까지 찾아서 거기 한 켠에 같이 묻어줬어.

어쨌든 빌레못굴 앞에 누가 와서 흙을 덮었느냐 보니까 장전마을 출신, 산에 있던 사람이 있었어, 산사름이…… 그 사람네 가족이 거기 같이 있었어. 거기 가족 시신을 위해 어음까지 가서 문짝틀을 뜯어다 칠성판을 놓아가지고 흙을 지친(끼얹은) 거라. 제일 처음 지쳤어. 그걸 보고 내가 증거로 생각을 허는 거라.

그래도 어느 집 식구, 어느 집의 식구는 다 같이 조근조근 묻어줬어. 우리 아기도 아기 어멍(엄마) 구멍에 놔줬데. 아기도…… 참 기가 막혀서 말이여. 이건 사름이 허지 못헐 짓이거든. 본 마을 놈이거든, 출신이 본동. 그 놈의 새끼 죽었지만 살았으면 뭐라고 하고 싶데.

그 사람 이제 죽은 지는 오래됐어. 그 집안도 잘 안 돼. 될 리가 있는가? 그렇게 해서……. 물애기가 뭔 죄가 있어서 그걸 죽이냔 말이여. 총으로 쏘아서 죽이면 죽였지. 돌러레(돌에다가) 메다쳐 죽였으니…….

외조상들만 그렇게 당한 걸 보니 기가 막혓주

길에 그렇게 해서 놔두니 지금이야 무슨 흔적이 있을까. 그날 스물다섯 가구가 다 같이 갔지. 다른 집들도 애기 둘, 거기 내버렸다고 헷주. 7개월 된 애기를 돌더레 메쳐 죽여버리니 뭐, 그때 그 꼴 보고, 다른 묘야 찾아갔는지 어머니가 찾아갔는지 내가 알 리가 없지, 없어. 이녁 외조상들만 그렇게 당한 걸 보면서 기가 막힌 겁주. 울기만 헷주게. 별 수가 잇어사주.

그날은 현 칩(현씨 집)에서 가지 않고 우리가 갔어. 곽지서 사람을 불러가지고. 우린, 다른 사람들은 소까이해가지고 여기 사장밧에 함발 짓엇어. 함바[3] 짓엉 죽 왓는디, 우린 안 왔어. 오기가 싫어서. 곽지 살다가 오자고. 무서워서 그 꼴을 보니까 겁이 나서. 그러니 곽지 살았어. 주인네 집에 살다가 완전히 법에서 납읍 가서 살아라 허니까 왓주. 본 고향으로 돌아가라고 하니까 그때 올라온 거지. 나머지 사람들도 사장밧에 있다가 이젠 다 자기 집터에 돌아가고. 옛날 국민학교 자리. 납읍 북쪽말이지.

나중에 굴에서 굴 탐사대가 봐가지고 두 사람인가? 발견되었고, 또 어음리 양태병, 그 사람은 살아서 나오고.

또, 그것도 현 칩이라. 두 사람도. 아버지와 아들. 현택근이 사촌이지, 아마도. 굶어죽은 거주. 앗앙(앉아서) 죽엇다는 거라. 빌레못굴이 협재까지 터졌다는데, 캄캄한 데 들어가면 절대 못 나오는 거라게. 결국은 뼈만 찾아왔지. 그 사람이 어떻게 그 사람인 줄 알았느냐 허민, 이 박은 거…… 이빨, 이 박은 거 봐서 "그 칩이다!" 헌 거라.

수산봉 뒤에서 학살당한 외삼촌

아무런 죄도 없어. 단지 소개 가라고 허니까 거기 굴속에 들어가 피신했다가 이젠 경찰에 의해서 그런 죽음을 당한 거니까 말이지.

거기 같이 살았던 사람이 말씀하시던데, 할아버지가 거기 빌레못굴이 "30년 동안도 발각 안 되곡 편안히 살 수 있는 곳이다" 허면서 들어간 곳이라고. 글쎄. 할아버지가 책을 봐낫주게. 옛날 천문학을 보는 할아버지거든, 우리 할아버지가. 그런데 그것이 니 지금 말을 다 할 수 없는데, 우리 외삼촌은 거기서 죽지 않아서.

외삼촌이 잘났었지, 인물이. 우리나라 그런 인물 본 적이 없어. 키도 우리보담 이만큼 커. 그렇게 키가 커. 그때 4개국어를 알았거든. 중국,

---

3 4·3 때문에 소개했다가 다시 중산간 고향마을로 돌아온 주민들은 임시로 비바람을 가릴 움막을 짓고 그곳에 기거할 수밖에 없었다. 이 움막을 노동자 합숙소와 닮았다 하여 '함바' 혹은 '함바집'이라고 불렀다.

영어, 일본, 우리나라 말. 학교도 안 헷는디.

양키 만나면 양키말 하곡. 다 했거든. 송요찬이가 그때 제주도 9연대장으로 올 때야. 그때에 어떻게 해서 삼촌이 죽었냐 하면 말이야.

내가 항상 외갓집에 살았거든. 어머니가 안 게시니까. 가시 보니까 현○학이란 분이 와 계셔. 가을인데 조를 비어버리니까 "강 밧을 봅서!" 그래. 그게 우리 할아버지 밧이거든. 그러니까 할아버님은 뭐라고 허느냐 허믄, 젊은 거랑 놔두곡 가렌.

젊은 건 아들, 그러니까 우리 삼촌은 효자거든. 아무 말도 안 허고, 색안경 항상 쓰고 다녔어. 색안경 끼고, 사쿠라(벚나무) 막대기 짚고, 패랭이 쓰고 나가데. 당시 정말 멋쟁이였어. 사람이 그런 인물이 없었지. 이건 누구한테 들어도 그래.

그 밧에 가서 이젠 일허고 돌아오는디, 거기가 가버리자마자, 산사름 둘이가 납읍에 왔어. 둘이 와서 어음의 안○○이라고 허데. 산사름이라. 그 사름허고 둘이 와서 "납읍 사름 다 향사로 모여라" 해. 그때는 도가칩(都家,향사)이랏어. 도가칩으로 모이라 해가지고 우리 다 갔다 왔어. 가보니까, 연설을 하는데, 아 공산주의가 어쩌고, 뭐 어쩌고 허데.

그러다가 "9연대가 온다" 허고는 어떤 놈이 연락을 허니까 그때 이놈들이 삐라 가지고 막 도망을 가는 거라. 삐라 가지고 도망가다가 마침 우리 외삼촌 당허고, 군인 당허니까 삐라를 던져두고 도망가버렸어.

그러니 군인은 우리 외삼촌보고 "네가 한 거 아니야? 삐라" 허고 물으니 외삼촌이 "아, 밧듸 갓다 오는 사람인디 무슨 삐라 뿌리냐?" 허고 헷주. 그리곤 그때 구구식 총으로 이 팔을 때려버리니까 부러졌더구만. 부러진 팔을 허리띠로 묶고 여기 와서 애월로 붙잡아 가더라고. 애월학교에. 붙잡아 가서 보니 다 350명을 잡아갔어. 납읍 사람은 그저 막무가내로 막 잡아갔어. 350명을 다 데리고 갔어.

그러니까 무조건 보이는 사람은 다 잡아간 거야. 납읍 사름이고 아무나 보이는 사람은 다 말이야. 청초해서, 나머지 사람은 다 내보내버리는 거라. 우리 외삼촌은 사상가다, 이놈은 이제 산에 살렸다간 우리나라 다 먹겠다…… 그러니 본부로. 그때 9연대가 외도에 있었거든. 외도로 가는데 하귀로 가니까 양키가 탄 차를 만났던 모양이라. 양키 차를 만나니까 양키는 "이거 어떤 놈이냐?" 허고 물어.

그러니까 우리 외삼촌이 영어를 하니까 영어로 "나는 아무 죄도 없는 사람이다. 그런데 이렇게 했다" 허니까 군인들이 외도까지 갈 필요 없다고, 이놈 너무 잘났으니까 우리나라 다 먹을 테니까 이놈 죽여버리자고. 수산봉 뒤에 가서 총으로 쏘아 죽여버린 거라. 참 기가 막히데. 음력 9월달에 우리가 찾아서 묻었어. 묻고 난 다음엔, 할아버지, 할머니들은 겁이 나가지고 그랬어. 1948년 바로 그해거든.

이미 아들이 그렇게 찍혀버리니까 겁이 난 거라. 내려가도 힘드니 손자 하나 있는 거 씨라도 전할라고 산에 올라간 거지. 산이명 말명 가까워, 빌레못은. 그랬는데 그놈의 새끼들한테 다 총살당해버린 거라.

나야 부모 있는 사람이어서 외할아버지 따라가지 않았지. 그때 할아버지가 같이 가자는 말을 하시길래 아, 어디 간다는 건 안 허고. "어디 감수광?" 허니까 "같이 안 가켄 허민 안 골아(같이 안 간다고 하면 말 안 한다)" 그러니 '난 이상하다. 뭔 말인고.' 그랬지. 경헹 그러면 할머니한테 가보자 해서 가봤어.

할머니가 눈이 나빴었지, 백내장으로. 올레에 서 계시길래 "할아버지 어디 감수광?" 허니, 할머니가 "모르키여. 느네 하르방(모르겠다. 네 할아버지)" 그러니 할아버지가 간 곳을 또 보려고 친구네 집에 갔어. 그 할아버지 거기 가서 죽었지만, 친구네 집에 가봤어. 가보니까 닭 키우다가 그것을 잡아서 다 잘라서 던져두고, 미옌헌 것 아는지 모르지만 어욱(억새)이라, 미는. 어욱 빠는 뻥이(삘기). 그거 해서 이렇게 똑똑 묶고 있더라고. 경혜도 난 별 생각 안 했어.

식량으로 그걸 묶고 가져가서 삶아서 먹으려고 한 거라. 그래도 난 짐 싣고 가느라고 했어. 곽지 집에 실링(신고) 가고, 들고 가고 했시. 경혜노 난 곽지로 가고 있을 거라고 생각했어. 그러니까 따라 갈 형편이 안 된 거지. 곽지 처음에 같이 갔거든. 옆집에. 그러니 같이 가고 있을 거라고 생각헌 거지. 나도 어머니, 아버지, 동생들, 할아버지 계시니 같이 내려 간 거지. 그쯤 돼서 외갓집은 그렇게 피해를 당했어.

외할아버지 성함은 현용승, 할머니가 강희, 그때 죽은 외숙모가 변용옥. 아들은 이름이 없어서 현아기로 (희생자 명단에) 올렷수다.

성담 쌓은 곳서 보초 서

외삼촌, 외할아버지, 할머니, 외사촌, 그렇게 어린아이까지 당허고 이제 곽지로 소까이 갔어. 가보니까 아, 그놈의 집의 좁은 구들방에 그걸 어떻게 할 거야. 집도 없는 사람이 조금 아는 집에 가서 산 거지. 한 해 겨울을. 어리니까 경찰들은 뭐라 하지 않았어. 나를 도피자 가족이라 할 수가 없지, 외가니까. 거기서 그렇게 한겨울을 지내고 여기로 (어음리) 왓주게.

돌아와서 보니 성담은 그전에, 소까이하기 전에 쌓은 것이고. 소까이 간 곽지 성담? 성담들은 하여튼 쌓고⋯⋯ 여기도 온 후에 성담 쌓아신가? 성담들은 쌓긴 쌓아놨어. 온 후에 쌓은 거 같아. 내가 당번을 했어, 성담에 가서. 그런 집들을 지어가지고. 그러니 난 중학교 중퇴라.

멸족 집안 호적 없어 양자 신고 못해

아……. 그렇게 해가지고 그 다음에, 우리가 외가를 묻어놓고, 이젠 그 양자를 세워야 될 거니까. 양자를 세우기로 했어.

(우리 외가가) 현씨거든. 현 칩에 아기 하나 키운 사람 있기에 벌초라도 하게끔 하자 해서 양자를 데리긴 했어. 그런데 양자 신고가 안 되는 거라. 양자 신고가 왜 안 되는가 허면 폐가가 되어버렸어, 법에서. 이 호적도 없이 만들어버린 거라. 그렇게 돼버렸어.

그러니까 지금 내가 원하는 것이 그 말이거든. 양자 신고를 해가지고 그것만 넣어주면 난 원이 없어. 특별법 시행이 뒈민(되면) 호적을 정정허게 된다고 허길래, 어떤 신문에서 와서 그런 말을 허길래, 내가 그런 이야기했어. 우선 이거 해달라. 그것만 헤주민 이제 원이 없다고.

참, 묘가 목장이기 때문에 작년엔 내가 장의사 빌려서 다 정리했어. 그리고 내가 말을 다 못 허는 거라. 할망, 하르방, 며느리, 애기 넷이 다 죽었거든.

4·3, 사람이면 할 수 없는 것

그러니까 내가 희망하는 것은 아까 양자니 세워주곡, 그 굿하는 거. 정신 나간 소리허지 말라고 해달라는 거지. 나 원래부터 미신은 안 믿는 사람이라. (내가 산 지) 60년 되는데 무슨 귀신이 있을까 봐. 정신 나간 짓들이여. 나한테 와서 그런 말하면 혼나게 욕할 거여. 차라리 묘에 가서 하면 될 일이지. 뭣 하느라고 거기 가서 그래.

우린 사진도 없어. 우리 어머니도 사진이 없어서 얼굴을 모르거든. 우리 성가는 피해 없고. 특히 우리 진 칩인 사태에 피해 본 사람이 없어. 다른 데는 피해를 봤는데. 우리 외갓집은 노형에서 와서 말이야.

4·3? 되돌아보면 지긋지긋하지. 딴 생각이 안 들어. 사람이 할 수 없는 것이지. 인간으로서.

빌 레 못 굴 , 그 끝 없 는 어 둠 속 에 서

양능용

양능용(梁能龍)은 1930년 애월 어음리 태생으로 애월중학교 시절 4·3을 경험했다. 경찰서에 잡혀가기도 했으며, 학교에서는 학련 조사부장을 맡기도 했다. 낮에는 학교에서 공부하고 밤에는 보초를 서야 했다. 중학교 3학년에 재학 중이던 1950년, 한국전쟁이 발발하자 나이가 많았던 그는 해병대 4기로 입대했다.

(채록일: 2005.3.10 | 채록 장소: 제주시 이도2동 자택)

3

죄가 있든 없든 잡으러 와서 막 데려 갔어

(내가) 우리 나이로는 칠십여섯, 1930년생이라. 어린 때 어음에서 태어나서 어음에서 자랐어. 어음 2리 1996번지인데. 지금은 거기 '너산밧'이라고 해서 어음 2리 제일 윗동네야. 그땐 양씨만 거의 살앗는디, 밀감밧도 다 폐농 뒈어불고. 애월국민학교를 나와서 해방되었어. 아버지도 안 계시고 해서 일찍 학교에도 못 가고 있었는데 4·3사건이 터져가지고…….

어음리 사람 넷이서 3·1절 기념식에 참가

3·1절 기념식은 어음리에선 안 했어. 해방 후 관덕정에서 발포 사건 날 때, 나 거기 갔다가 그거 봤거든. 기마경찰이 아이를 다치게 헤부니까 막 봉기가 일어났어. 북국민학교에서 그때 한참 어수선할 때거든. 게다가 군중들이 막 항의허니까 발포해버렸어. 몇 사람이 죽고. 우린 막 어린 땐데 겁이 나가지고 그랬어. 그때 동네에서 몇 사람이 한번 가보자

해서 간 거지. 거기서 모이라는 말을 들어서 간 것은 아니고. 3·1절 행사를 북국민학교에서 한다고 그러니까.

우리 어음에는 웃드르[1] 사름도 몇 없고 헌 때고. 그때는 중학교 다닌 사람도 없었고. 제주시가 성안이라고 해서 거기 간다는 것이 쉬운 일이 아니엇주. 걸엉 다닐 때니까.

넷인가? 우리 가보자고 해서 성안 구경도 헐 겸 가보니까 막 사람들이 모였는데, 발포가 났어. 우린 서문통 한내 쪽으로 도망가고 했지. 총 쏘아부니까 겁이 났어. 어린 때니까, 구경 왓단. 그때 누구누구랑 갔는지는 몰라. 오래되어버려서. 그 사름덜, 이젠 살아있는 사름…… 없을 거야.

애월 웃드르 사람들 희생 많아

우리 어린 때 보민 4·3사건에 우리보다 나이 많은 사람들이 밤에 모인 것도 같아. 모여서 좌익계통에 가까운 사름덜이 와서 뭐 하고 경헌 것도 같아. 우린 어리니까 그런 데 안 갔지만. 그러니까 자꾸 동네가 시끄러워 가는 거라. 청년들이 그때부터 여기저기 피해 다닌 거지, 촌이니까.

아무래도 그쪽에는 우익 계통에는 손이 안 닿아. 좌익 계통에서 와서 교양강좌라든가 무신 하여튼 세뇌공작 같은 것을 했어. 어떤 건 어떤 거다 하고 말이지. 그러다가 4·3사건이 나니까 동네가 시끄러워. 갈 듸도 엇(없)고.

1947년 가을쯤 뒈실 거여. 4·3사건 때. 그때 가니까 여기저기서 총성이 들리고 해서 겁나서 발을 붙일 수가 있어야지. 그때 노리오름(노루오름),

---

[1] 한라산이 있는 쪽, 중산간 지역의 들 또는 마을을 가리킨다.

바리메(오름) 저 위에 가서 보니 아무도 없어. 우리만 갔어. 작은아버지가 과거에 쉐를 많이 길렀거든. 게니까 길을 잘 알아요. 노리오름 그 길을. 우리도 어린 때 갔다 왔는데 쉐가 여름 뒈민 거기서 물 먹고 자라는 거라. 여름 쉐를 보러 가면 거기 굴이 있어. 굴낭굴에 조그만헌 굴이 있으니까 거기 간. 피신 가는 걸로 갓주게. (그런데) 도저히 안 되는 거라. 총소리가 막 나고 허니까 밥을 못 해. 불을 못 피우니까. 연기 나면 곤란하니까 하룻밤 자고. 것도 낮엔 못 내려오니까 밤에 어둠 타가지고 경 내려와불었주. 하룻밤 딱 잤어, 소개허기 전에. 소개헐 땐 거기 못 가지. 다 애월 내려와버렸으니까. 그땐 겁이 나니까 무서워서 도망다닌 거지 뭐. 그때 죄가 있든지 없든지 잡으러 와서 막 데려 가부니까.

그때 애월에선 습격도 많이 당허고, 지서도 당허고 해가니까 웃드르 사름덜은 많이 희생당했어. 애월에 습격들 때는 나 잠자다 보난 지서에 습격 온 거라. 밤에 총소리 난 거. 그때 총소리 나면 나가지 못허주게. 지서에서 한 50미터쯤 떨어진 듸(데) 살아신디 새벽에 막 총소리가 났어. 밝아서 보니까 지서 습격 와났다고 허길래 그런가 헷주. 애월지서도 당헌 건 별로 없고.

산에 협조한다고 말이지. 젊은 사람들은 다…… 한림도 잡혀가났지. 우리 작은아버지도 나중에 보난 한림 간 헷단 살안 나왓는디. 우리 작은아버지가 양○○이 아버지주게.

웃드르렌 헤가지고 의심 받지는 안 했어. 나이가 어린 때니까 우리가 집중적으로 뭐 허지는 안 했고. 25세 이상 된 사름덜, 그런 사람들을 주로 상대했고. 우린 사건이 심할 때는 애월 내려와부니까 나중에 소개해 와서 뿔뿔이 헤어졌어. 어도도 가고, 한림도 가고, 곽지도 가고, 애월도 가고 해부니까. 누가 어떻게 된 것도 몰라.

5·10선거? 그때 선거야…… 애월서 누구누구 나왔더라? 국회의원은

강창용이 처음 되고. 김도현 씨가 입법 의원이엇주게.

5·10선거 땐 우리 학교 다닐 때니까 그거 반대 운동덜 헤낫주. 어음도 선거 안 헌 듸가 많앗주. 애월은 그런 게 거의 없어요. 애월은 김 칩(김씨 집)이, 김○○네가 워낙 세니까 그듸가 많이 뭐 허니까 어떻게 헐 사름이 엇어.

애월에서 머리 좀 큰 사름덜은 다 잡아가노니까 이 칩이, 애월 이 칩이 희생을 많이 당했어. 그 사름덜 다 잡아가불언. 아, 음악 선생이옌 헌 사람, 이 누구지? 이○○? 그 사람은 우리 1학년 때 들어간 얼마 어신 때 잡아갓어. 그때 애월 이 씨들이 많이 희생당헷주.

거기 작은아버지가 이○○인가 되고 두 분이 다 잡혀가났어. 키 조그맣고. 이 씨가 희생 많이 당허연. 그때 애월 이 씨, 김 씨 해났는데 이 씨가 공부도 많이 하고, 으망지고(영리하고 똑똑함) 해났는데. 4·3 때 동네 좀 지도자급이 다 희생당헷주게. 지도자급덜……

제주경찰서에서 하룻밤 잤어

그때, 4·3사건 때는 우리집에서 나 혼자뿐이었지. 우리 사촌동생이 여기 있고, 그리고 그때 양자로 간 작은아버지가 있었어요. 서이(셋이)가.

우리 작은아버지가 일등 부자라났거든. 게니까 밤이면 산에서 와가지고 쌀 달라고 그러지. 낮에는 또 경찰관이 와서 그 사름덜(산사람들)헌티 (먹을 거) 해줬다고 또 뭐 허지. 그래서 한 번은 저 한라산까지 피신 허멍 갓거든. 갓는데, 밥을 해 먹을 수가 있어야. 불을 피우면 토벌대도 가고 막 허니까. 하룻밤만 자고 그냥 바로 내려와불엇지, 도저히 안 되겠다고 해서 애월로 들어왔어.

그때 애월중학교 김○일 선생이라고 난 국민학교 때부터 잘 아는디 중학교에 들어와불라고, 애월로 와서 살라고……. 애월엔 인연이 하주(많지). 국민학교부터 (애월에서) 다니고 했으니까 아는 사람들도 많고.

경헹 아무래도 학교에 들어가야겠다 해서 들어갔는데, 누가 경찰에 내 이름을 고발해불엇어. 그때는 망을 봤거든· 높은 듸(데) 사서(서서). 그걸 소련말로 '빗개'라고 그래. "빗개 산다. 빗개[2] 산다." 난 그런 것을 해본 적은 없는데 "빗개 샀다" 허고 했어.

그때 귀덕국민학교에 경찰관들이 주둔을 했는데, 거기가 어음 담당이라. 경찰관이 "귀덕으로 오라" 해서 가니까 나한테 빗개 섯다고 허는 거라. 그러니 난 그런 일 없다 말이지, 그러니까 가라고 보내줬는데, 하루는 학교에 있으니까 지서에서 와가지고 경찰서로 오라고, 아무 죄도 없이. 경찰서에 가서 난 아무런 일도 안 했다고 막 했어. 그러니 하룻밤 사니까 나가라고 해.

그때도 내가 아는 사람 어른이 제주시에 와서 그때 판사인가 검사인가를 잘 아는 사람이 있었던 모양이라. 그분한테 얘기하니까 나올 수 있었다고 어머니가 그러대. 그때는 요만헌 죄가 있건 없건 그냥 다 잡아갈 때니까. 그래서 4·3사건 희생자가 억울하다는 것이지. 재판을 받았나? 뭘 했나? 1구서(제주경찰서)에서 딱 하루 산 거라. 경헨 그땐 하루에 몇 번 버스 다닐 때니까 버스 탄 완.

그때는 나 혼자 잡혀갔어. 나가 어음에 있지 않고 애월에서 학교 다닐 때니까 누가 내 이름을 얘기헤분 것 같아. 양능용이렌 헨 오라고 헌 거라. 나 빗개 사고 그런 거 안 헷젠 헨(안 했다고 했어).

그때는 지서가 아니고 주둔군. 거기가 귀덕, 어도, 어음을 다 담당헌 관할이거든. 거기 간 조사 받안 며칠 있으니까 애월지서에 오라고 했어.

---

[2] 감시원·초병이라는 뜻의 영어 단어 'Picket'에서 유래한 말로 보초를 뜻한다.

애월지서에서 조사 받안 제주경찰서로 넘겨분거라. 제주경찰서에 완딱 하룻밤 잤어.

하룻밤은 잠자는데 새벽에 와가지고 나오라고 헨. 덮어놓고 말이야. 어도국민학교로 데려 갔어. 그때 굴에서 많이덜 숨었다 하니까 애월 청년덜허고, 경찰덜이 굴이란 듸는 다 뒤졌어. 숨어 있는 사름 잡을라고. 없으니까 마을에 들어와서 잠자는 사름덜을 다 데려가. 나도 그래서 어도국민학교에 갔지. 그때 청년회장 하던 그 사람이 애월 사름인데 우리 작은아버지가 일제시대 구장도 하고 뭐 했으니까 그 사람도 알아. 작은아버지한테 내가 잡혀갔다고 헌 거라. 그러니까 가서 그 사람을 만나니까 나가라고 헌 거야. 그 다음은 에잇, 안 되겠다고 해서 애월 내려와불엇주. 그 사람이 아마 대동청년대일 거라, 그때.

귀덕이나 애월지서에 가서도 잡아갈 때 무슨 증거가 있어야 때리나 무신 거 허주 뭐……, 누가 말했나? 난 절대 안 했다고 허니까 학생이고 허니까 그냥 돌려보내.

학련 조사부장 맡아

학교에선 나가 학련 간부 헷는디, 조사부장 맡았어. 2학년 때. 3학년들이 가서 보니 2학년 나 혼자 간부라.

학련은 무슨 일을 하냐 하면, 하나의 우익단체지게. 국회의원 헤난 누구라? 이 뭐여만은 거기가 고려대학교 총 뭣을 헤나서. 학생덜도 학련이 있고 또 반대파가 있엇지. 학련은 우익에 속헌 거고. 나머지는 거기 안 속헌 거고. 안노상 씨가 문교부 장관헐 때 학도호국단을 만들었거든. 그때도 학련이다, 호국단이다 허다가 결국 학련은 없어지고 호국단으로 통일 뒈어 불엇주게. 6·25 난 후에.

애월중학교 학생 중에서 낌새가 이상하다 헌 학생들은 데려와서 학련에서도 자체적으로 조사헷주게. 건 뭐 조사해서 어디 경찰로 보내든가 그런 사건은 한 건도 없었고.

학련 자체 사무실은 집도 잘 엇이니까 그냥 경찰에서 각 학교에 학련 조직을 허도록 막 헷거든. 학생이라도 다 되는 건 아니라. 애월중학교는 촌이난 별론디. 제주농업학교 같은 디는 학련하고 대립헌 것이⋯⋯. 우리 촌학교는 없었고. 저기서 허라니까 조직해서 헌 거지, 뭐.

우리 그거 학생들 시작헐 때는 군대 가기 전이라. 선무공작해서 산에 있는 사람 귀순시키고, 처벌 안 한다고 해서 그때 많이 내려오게 했지. 산에 숨었던 사름덜. 그런 것은 우린 어리니까 그런 건 안 허고 일반인들 군인이영 경찰에서 해가지고 선무공작들을 막 햇어. 우리는 학교 다닐 때니까.

밤에는 보초, 낮에는 공부

낮에는 경찰에서 올라와서 시끄럽고, 밤에는 산에서 내려와서 막 뭐 허고 그러니까 애월로 내려왔지. 그렇게해서 애월중학교 다녔어. 4·3사건 때니까 밤엔 보초 서고, 낮엔 공부하고. 공분 뭐 제대로 못 허고.

우리 중학교 다닐 때는 공부할 교사(校舍)가 없어가지고 애월리 리사무소, 면사무소 회의실 거기서 하다가 지금 애월중학교 자리에 집을 지어서 거기서 공부를 하다가 군대 갔지. 3학년 때쯤에. 우리 갈 때는 거기 집을 지어서 허고. 우리가 4횐데 1회, 2회는 교사도 없이 공부헷주게.

음악선생이 이 뭐인데⋯⋯. 그 양반이 해병대 노래도 작곡해서 우리가 부르고 헤낫는디⋯⋯. 서북 출신 선생님은 애월중학교에는 없었어. 한림 같은 디는 잇어낫는디. 체육 같은 거 허고. 그때 난 좀 늦게 들어가니까 나이 든 편이주. 들어가는 해는 스물하나. 스물하나가 그때 네 사 람쯤 뒈신가(됐나)? 나머지는 열아홉, 열여덟, 스물. 내가 제일 나이가 위 였어.

빌레못굴 수직으로 들어가보니 엄청 커

빌레못굴은 유명해. 사람 많이 죽은 듸(데)라. 여기 숨었다가 소문 나 가지고 다 죽엇덴 그러는디. 이때 사름덜이 다 죽고 한 사름 살았다고 그래. 양태병 씨. 나중에 소식 들었지. 다 죽엇는디, 겐디 굴은 내가 발견 헌 거여. 그 빌레못굴이란 거 내가 발견헌 거여.

4·3사건 때, 그래서 숨어 다니기 시작헌 거라. 굴이 옛날부터 거기서 협재까지 터졌다고 소문이 났거든. 개를 들여보내니까 협재로 나갓덴 허는디 그게 어딘지 몰라. 그때 둘이 가서 막 돌을 일으키다보니까. 이 렇게 많이 쌓아진 듸를 일으키니까 구멍이 뿡 터졌어.

이상하다 해서…… (손을 둥글게 그리고) 겨우 사람 하나 들어갈 정도로 이렇게 겨우 사람 하나 들어갈 정도로. 수직으로 들어간 보니까 엄청 커 서 겁이 나가지고 나와서 굴을 닫아두고 왓주게. 그것이 어떻게 소문이 나가지고. 결국 발견되어서 사람만 더 어떻게 죽게 된 것 같아요. 나랑 같이 힌 사름도. 같이 헌 사람 죽어부럿지만. 그 사람은 나가 그듸 발견 헌 거 몰란.

피해본 거? 난 아니라. 겁이 나서 말이여. 워낙 크고 밑에 막 밑에 물 골르고(곯고: 푹 꺼지고). 가보니까 이레 길이고, 저레 길이고, 김녕굴처럼 하나가 아니라. 난 겁이 나가지고 못 가겠어. 그리고 막 습기가 차서 사 람이 거기 촘(참) 막 다다르니까 간 거지. 거기 숨을 정도가 못 되었어. 높 은 계단도 있고 헤신디……. 나중에 몇 사람이 간 어떻게 헌 건지 모르겟는디 거기서 숨었다가 정보가 새어가지고 많이 희생당했다고 그런 말만 들언. 그때 같이 갓엇주.

경찰관이 학생을 동원해 보초 세워

성담 다우레(쌓으러) 우리 아이덜은 안 가고. 성담에 우린 죽창 해서 밤엔 보초 삿주(섰지). 매일 밤 애월에서 성 쌓은 후에. 학생들인데 같이 갓주. 그러니 공부가 될 게 뭐야.

애월 성담은 애월학교 다닐 때 쌓은 거라. 성담 쌓으레는 안 가고. 성담에도 지키고 학교도 지켜낫주게. 학생들이 학교를, 학교를 자꾸 불 질러부니까 그걸 우리가 보초 산 거라. 학생덜이영 교대 허멍.

중학교가 좀 떨어진 듸거든. 성담이 거기까지 안 갔거든, 성 바깥이니까. 학생덜이 보초를 섰어요. 학교를 지키려고. 그때 중산간 학교는 다 불태워불엇거든. 왜 불탔냐 하면은 군인들이 주둔을 헌다 말이여. 군인들이 자꾸 주둔하니까 군인 주둔 못 허게 불태워불엇주게. 그것도 해방 돼서 가까스로 지은 집인데, 다 불태워부니까. 또 재건하면서 다시 세왓주.

애월 소개 생활

애월에는 군인 주둔 안 헤나수다. 애월국민학교는 소개허니까 촌사람들 거기 간. 그때는 이상허게 애월은 주둔 안 했어. 제주시, 모슬포, 한림 그런 듸 주둔 헤나실 거여. 근데 차로 해서 애월로 산에 가는 건 봤는데 애월은 경찰관만.

토벌헐 때는 산엔 안 가고, 경찰관이 학생을 같이 동원했어요. 내가 2학년 때 한 몇 번 갓다 오긴 했는데. 애월 위로 상가, 그쪽으로 두 번인가 갔다 왔어. 지서에서 경찰하고 차출돼가지고. 내가 그때는 2학년이어도 나이가 많은 축에 드니까 그냥 경찰관만 따라가는 거라. 뭐 총도 없고 아무것도 없으니까. 가서 본 거 엇어. 갓당 돌아와 불곡. 그때는 밑에는 잘 어실 때. 산에서 주로 교전헐 때니까. 어음 위에 막 산에서덜. 밑에는 다 소개시켜불고 허니까. 군인들과 경찰이 다 산으로 가는 거라. 산에 가서 우린 군인들 왔다 갔다 허는 것만 구경허엿주.

중학교 다닐 때 계엄령이 전도에 선포되었다가 1949년도에 해제됐거든. 어머니도 애월로 다 소개했어. 애월 와서 살다가 계엄령이 해제되니까 1949년 가을부터 거기 어음 2리 재건허라고 했거든. 게니까 우린 제일 웃드르니까 거긴 1차적으로 안 허고 제일 밑에 어음 1리 부면동, 부면동에 가서 조그만 막살이를 지었어.

거기서 농사를 지어야 되니까 어머니는 거기 살고, 난 애월 쪽에 중학교 다니고. 내가 가끔 집에 들렀지. 그래도 어음 2리가 재건되기 전에 내가 군에 가버렸어. 거긴 제일 마지막에 재건했으니까. 게니까 공민증이라는 것을 받아가지고 그거 가져야 밧에 가고 오고 그랬거든.

어음 너산밧이 언제 불에 탔는지는 몰라. 어음 1리, 2리 다 소개하고 와부니까 다 불질러분 거지. 거기는 소개해라 하는 명령을 받은 거지. 할 수 없이 집덜 다 내버리고. 다 내버리고 밑으로 간 거라. 쉐(소) 허던 사림은 쉐도 다 팔아버리고 뭐 했어. 그 밑에 동네 봉성, 곽지, 금성, 애월 그쪽으로덜 다 내려왔지.

난 바로 애월로 간 거라. 어도로 해서 곽지로 간 사람도 있고. 바로 곽지로 간 사람도 있고. 자기하고 인연 있는 사름덜 인연 찾아서 갔어. 집도 없고 하니까……. 소개 처음할 때는 애월국민학교서 수용했지. 각 국민학교에. 국민학교도 납읍 같은 되는 다 불태워버렸거든.

오일장에서 총 쏘는 것 목격

사람 죽는 건 애월서 본 적 있었지. 애월 오일장터에서 총 헤당 경찰관이 리민 앞에서 총으로 쏘았어. 두 번 봤지. 하난, 두 사람인데 한 사람은 총 쏘는데 막 도망가부니까 거기서 죽고. 한 사람은 막 뛰어서 밧으로 막 도망간. 경찰관 그때 여럿이 가서 잡아왔어. 애월서 한 번 봤어. 그때는 동원을 많이 해서. 이레라 저레라 보초 서라고…….

서북청년덜 때문에 더 악화되긴 했는데, 애월까진 서북청년이 엇엇주게. 애월리가 피해가 없는데, 애월은 그때 우익 계통이 많고 하귀 같은 듸, 이런 듸가 많이 희생당했지. 신엄 같은 듸는 경찰관이 많이 있고 하니까 거긴 덜 당허고. 하귀가 제일 많이 당헷어, 애월면에선. 옛날부터 하귀 청년덜이 좀 세거든. 애월 같은 듸는 그렇게 하질 못했어. 애월, 곽지 같은 듸는.

학생들이 주로 해병대 4기에 지원

경허다가 6·25 난 해 8월 달에 군대 가버렸지. 애월중학교 3학년 때. 그땐 또 학기가 바뀌어서 6월 1일이 학기 초라. 3학년이 돼서 8월 달에 군대 갔는데, 나중에 와보니까 졸업장이 나왔더라고. 3학년 다니다가 군대 가니까 졸업한 걸로 한 모양이라.

그때 우리 해병대 4기가 학생덜인데 조금이라도 잘못허면 경찰관이 와서 잡아가고 했거든. 그래서 해병대로 지원헌 사람이 굉장히 많아요. 시끄러우니까 공부도 못허고. 난 그런 거 아니지만, 오라 가라 헌 우리 친구덜은…… 학도병은 4기고, 일반은 3기 해병대라. 그런데 학도병들도 3기생으로 간 사람이 있어요. 그건 경찰덜이 자꾸 시끄럽게 구니까.

3기생은 학생이 아닌 일반 사람이라.

3기생은 3주 받았어. 모슬포하고 제주농업학교에서. 3기생은 8월 5일 날 입대하고, 우리는 8월 30일 날 같은 달에. 학도병들은 여름방학 동안 중학교에 현역 군인이 배치돼 훈련을 받았어. 그러니까 우리는 훈련 안 받고 바로 일선에 가부런. 30일에 입대해서 9월 1일 날 진해로 가부런. 그때 군대 간 사람덜, 군에 가서 많이 죽긴 죽었지만. 나중에 내가 들은 말인데, 그때 제주에서도 6·25가 난 후가 더 많이 희생당헌 거여.

나는 4·3으로 해서 헌 것도 없고. 고생만 허고…… 워낙 군대를 빨리 가부난 덕 봤는지. 그냥 여기 있었으면 또 어떻게 됐었는지 모르지. 우리 군대 가분 후에 나중에 와서 물어보니까 바다에 가서 수장도 허고,[3] 육지로 간 사람도 있고, 여기서 죽은 사람도 있고, 형무소에 간 죽은 사람도 있고. 마포형무소에도 양○○이라고 가 있었는데, 거기는 지금 모르지. 행방을 몰라요, 어떻게 됐는지.

군에 안 갔으면 여기서 더 희생당헐 사람이 많이 있었어요. 갔다 와보니까 뭐 어디 붙잡아가서 총살시키고 했다는 말도 들었고.

그때 서울 같은 듸(데) 형무소에 제주 사람이 있었거든. 이 사람들은 나중에 풀려났다 말이여. 근데 대전 같은 듸 있던 사람은 다 총살시켜불엇어.

군대 가서 인천상륙작전부터 해시 도솔산전투에서 나는 부상당허고. 훈장도 받고 6년 군대 생활해서 나왔어. 해병대는 그때 제대가 없었어. 보충이 안 되니까. 6년 살안 나왓어. 제대해서 우체국에 들어간 35년 정년하고 나완 지금이주.

---

[3] 6·25 후 예비검속되어 수장된 것을 말한다.

빌 레 못 굴 , 그 끝 없 는 어 둠 속 에 서

강한규

1923년 애월읍 봉성리에서 태어난 강한규(姜漢奎)는 해방 직전 일본에서 돌아와 고향에서 농사를 짓다가 4·3을 만났다. 제주경찰서에서 전기고문을 당하는 등 개인적 고초를 겪었다. 집 안의 천장, 궤짝에 숨어 지내는 등 아슬아슬한 시점을 보냈다.

(채록일: 2007.9.19 | 채록 장소: 애월읍 봉성리 자택)

4

바람 부는 양 이레 붙고 저레 붙고

해방 직전 일본에서 돌아와

올해 나이가 여든다섯 살이라. 나 고향이 원래 여기 중화동이지. 난 ᄋ남은(여남은) 살에 일본 가서 학교 졸업허연 살다가 해방 직전에 여기 왔어.

원래 우리 식구들이 다 일본 살았어. 일본 살다가 집이 좀 곤란해서, 다 여기 집에 들어오게 돼언. 나도 집에 들어와 살려고 했지. 어린 시절에 일본에서 일본 학교 다니고. 해방 이전에 부모넨 다 고향에 돌아가고. 나 하나 징용으로 거기(일본) 있었거든.

난 회사에 다니는데 거기 공장장이여, 뭐여한테 쉬어야 된다고 했지. 그런데 거기 공장장이 말해봐야 그 위에 사무 보는 데서는 안 된다고, 노무과에서 말하더라고. 해서 결혼식이여, 뭐여 사정이 있다고 해서 (고향으로) 들어와불엇어.

시국이 그렇지 뭐. 솔직히 난 (고향에) 도망쳐 온 거나 다름 엇주게(없지). 슬짝(살짝, 몰래) 와버린 거니까. 게난, 그 후에 일본허고 한국이 두절 돼버렸지. 배 왕래가 되질 않으니까. 미군에서 막 폭격허고 허니까 배덜이 얼마 다니지 못했어. 그래서 연락이 끊어져불엇주. 경허고 때가 돼난 해방이 된 거지. 여기 들어와서 4·3사건 1년 전에 결혼했어.

위쪽 아래쪽 양쪽 말을 다 들어야 했어

4·3사건 기미? 여기 들어온 때 삐라도 뿌리고 뭐 그런 거 있었지. 오름도 차단허고. 그때 되니까, 또 4·3 되기 이전에는 조용했어. 근데 우리가 왜 이렇게 된 거냐 말이여. 경찰관도 없고 산에 간 사람도 없고 해서 조용했는데 말이지.

한 사람, 어디 그 주모자가 있긴 있었어. 4·3에 책임진 사람이 있었는디…… 그 사람이 산에 책임자로 있었는디 강○완이라고 했어. 게난 그 사름덜이 그저 와서는 선전하고 그냥 갔는디, 4·3사건 되니까, 또 저기 이레 저레 갈라지는 판이지. 갈라져가니까 산에 다니는 사름도 갈라지고. 그냥 그것뿐이지.

여기는 애월지서가 있었는데 애월지서에서 경찰이 올라왔어. 지서 습격했다고 허고. 시끄러워가니까, 또 지서에선 올라와서 "빨갱이 말 들으면 다 죽인다" 했어. 게난 애월지서에서 오는 말을 고부고분 들어야 허고, 또 산 쪽에서는 또 산에 뎅겻는지 말았는지 몰라도 와서는 말허고. 경허난 아, 거기도 무섭고, 이레 저레도 붙지 못하는 판에 경헷주. 그때 여기도 그 3·1운동이라고 해서 다닌 사름덜이 있었거든, '빨갱이'라고 하는. 한 몇 사람 있었는데 그 사름덜은 다 육지로, 다 도망쳐불고 그 후에는 뜸했어.

그러니까 여기 지서에서 오면 지서 말 듣고, 산에서 오면 산이 무서우니까, 산에서 오는 말에도 "예, 예" 허고 그냥 그랬지. 여기는 4·3 후에는 또 마을이, 다 다른 납읍이나 뭣이나 다 소개당했지. 저 어음도 다 소개 당하고 말이여. 여기는 그저 일선 마을이 돼버렸어. 군 작전상 그렇게 돼버리니까.

헐 수 없이 군에서도 오면 여기 머물고, 지서에서도 오면 여기 머물고. 여기는 지서에서 오고, 군에서도 와서 뭐 그저 연락이 왔다 갔다 하거든. 그러니까 양쪽에서 이젠 몰리는 판이라. 산에서도 오면 우리 겁주고, 지서에서도 오면 너네 그 말 듣지 말라고 해서 잡고, 때리고 잡아다가 말이여.

잡혀가면 그 사람들은 그자 뭣 때문인지 (영문도 모르고) 그저 매 맞고. 다 "예, 예" 허면서 말을 들었어. 여기는 양쪽 말을 듣지 않으면 안 되게 돼서 헐 수 없이 그랬어.

산에서 어떤 말을 들은 건 없어. 뭐 "식량을 모아와라" 허는 그런 거나 들었지. "어디까지 가져와라", "돈 얼마 내라" 허는 건 없었고. 산에서 오면 무조건 털어 갔지.

또 아래서도 오면 또 마을 사름덜이, 이장이나 뭐 허는 사름덜이, 아이거 지서에서 순경들이 오면 달래지 않으면 안 되니까 닭 잡아준다 허면서 없는 쏠을(쌀을)…… 이제 쏠덜이 어디 잇수과? 쏠덜 모여 왕 밥 허곡. 밥 만들어 주고 경허여낫주.

게난 여기는 소개 안 당헌 대신에 양쪽으로 많이 희생당했어. 여긴 소개는 안 당했지만 희생자는 많아. 지도자들이 많이 당했어. 경찰에서 와도 무조건 심어당 그자 받들라고 허니까 헐 수가 없지. 기억 없는 사름 덜도 기억 있다고…… 기억 없어도 기억 있는 걸로 만들고. 서류 꾸며내면 그만이지. 아이고, 경찰이 잡아가니까 속아서 넘어갔던 거지. 왜 넘어가? 솔직히 말하면 살려줬어. 이제 집으로 보내줄 테지 했어. 아니 헌 것도, 도로를 차단했다고 허고. 그렇게 전부 올렸단 말이야. 그래 놓고 이 사람들이 총살 받안 다 죽어 불언.

솔직히 말을 안 허면 다 죽여불엇어. 경허난 한 번썩 버틴 사람은 살아서 나왔어. 그렇게 헌 사름이 다섯 사람쯤 있어. 그런 사름, 우리허고 동갑. 한 여든 된 사름. 저 모퉁이에 집 있어. 2층 집인데. 홍○범이라고 해. 그이나밖에 알 사름이 없어. 희생당해도 여기는 조용한 편이라. 왜냐면 경찰관허고 이 산에서는 충돌이 안 되었으니까. 경찰에 있는 사름도 전부 살아서 나오고, 가족들도 전부 살아서 나오고. 경허연 다투는 일이 없었어.

하나라도 어느 산에 사름이라도 심어다가 단도리(준비)해 놓으면 뭣이 있었지만……. 그런 일이 없었어.

도로 차단

도로 차단을 어떻게 해서 했냐면 산에서 와서 무조건 이 도로를 차단해야 차덜이 못 다니니까 도로 차단시켰단 말이야. 그래서 마을 사람 약간, 우리 말 듣지 안 허민 다 죽인다고 해서 같이 가서, 저 도로 문딱 내나고……. 경허난 도로 차단도 헌 걸로 뒈엇주.

아니 힐 수가 없어. 산에서 오면 산에 말 듣고, 또 애월지서에서 가면 경찰 말 듣고. 그러니까 경찰에서 왔다고 말도 못 허고, 산에서 왔다고 말도 못 허고. 이장쯤 된 사름덜은 신경 많이 썼거든. 지서에서 오면 돈도 몰래 내놓아서 용돈으로 쓰라고 경찰관덜헌티 다 찔러주고.

산에서 오면 산에서는 그런 거 별로 허지 않았어. 곡석, 양식 주면 우린 준 죄로 들키니까 허지 못했어. 와버리면 막 털어 가불고. 이런 방법으로 허는 수밖엔. 경찰에서는 이건 빨갱이 말만 들었다고 해서 산에 곡석 올렸다고 막 닦달허는 거라. 이젠 경찰은 무조건 심어갔어. 가서 그런 사름 죄를 씌우고, 그렇게 잡아가서 죄 씌운 사름덜이 많았지.

사름덜은 아무 일도 안 했지만 무조건 심어가는 거라. 가서 거기서 무조건 때린다 말이여. 때리면 안 헌 일도 했다 허고, 헌 일도 했다 허니까. 아, 무조건 잡아가면 이건 죽은 목숨이니까 다 피허는 거지. 그래서 이제 마을 청년들이 다 피허는 게 그거지. 무조건 죄 없는 사름덜 붙잡아다가 "이거 빨갱이 아니야?" 다 심어다가 가둬버리고 죄를 만들어내는 거지. 경헤서 사람덜이 다 피해서 도망가는 거라. 여기서도 한참 걸어가야 저 오름에 가는데, 경찰에서 왔다 허면 그자 오름으로 다 도망가는 거라. 피할라고.

그러니까 애월지서에 있는 경찰들이 와서, "산에서 올라오면 기관총으로 쏜다" 허고, "산에서 온 사름 말 들으면 다 죽인다" 해서 다 피허는 거지. 지서에서 협조 얻으려고도 안 허고. 사름덜은 무조건 산에서 오면 그저 피허고, 또 지서에서 오면 지서 피허고 허니까 서로 만나질 않았지. 그래서 다 피해서 뎅긴 거주.

빌레못이라고 해서 거기는 막 집단으로 숨어난 곳이라. 그게 지서에서 발각 돼난 이거 빨갱이라고 해서덜 다 죽였어. 그 사름덜은, 그 놈의 그 시대가 이레 붙어도 아니 되고, 저레 붙어도 아니 되고 허니깐 다 숨엉덜 다닌 거주.

총소리가 무서워서 도망갔어

그렇게 다 피해서 우리가 저 오름 있는 뒤쪽에, 그 산에서 막 오는데, 애월지서에서 내려가불라고 했어. 군에서 토벌작전을 헌 거지. 그러니까 집에 와서 살았거든. 이젠 집에 와서 밧에, 그때 농사 허니까, 콩도 장만하러 가고, 콩도 꺾고 했어. 거의 곡식을 다 거둬 가는데 이제 군인들이 총을 팡팡 해갔어.

아, 그러니까 총소리 무서워서 그땐 참 목숨이 아까워 다 도망갔어. 이젠 잡히면 무조건 매 맞고 거시기허는 거라. 때문에 피해서 살자 해서 이리 하다보니 다 도망가불엇단 말이야. 잡히면 순경덜이 (우리) 말 들으려고도 안 했어. 잡아다가 취조하고 말이여. 그 때문에 다 피해서 숨어 살안. 여기도 경헌 사람 있었어. 총소리 나난 도망치단 총 맞앙 죽어분 사름, 여기 그런 사름 있긴 있구나마는……. 그건 뭐 어찌 할 수 없지. 그거 뭐 시대가 경 뒷는디.

천장에도 숨곡 궤짝에도 숨곡

초기에 4·3사건 일어날 때, 산 쪽에서 같이 붙어라 허는 제안 같은 것도 없어. 활동허자고 헌 것도 없어. 나 같은 사름 무신 거, 아무것도 모르는 사람헌티 그런 거 와도 알지도 못허고. 나는 집에 숨었지. 집에 숨으니까, 이름도 안 올련.

그때 난 집 천장에 숨언. 옛날 집이어서 천장에 숨었어. 늠의(남의) 집 가서도 숨어나고…… 이 동네 친척네 집에 가서도 숨어나고……. 또 궤짝, 궤싹이 잇는디 옛날 그때엔 궤싹 서기에도 숨어낫주.

아예 집 밖에 나가지 말자, 시국만 어떵 허영 조용히 될까 기다렸더니, 시국은 점점 어려워졌어. 계엄령 동안 숨으러만 뎅긴 거지. 소까이(소개), 다른 마을덜 소까이헐 때 그때부터 숨으러 다니기 시작헌 거지.

마을 안에도 우익 청년 조직이 잇는 거라. 거긴 가입 안 했어. 저 애월에 민보단이 있었는데 여기는 없었어. 민보단은 있긴 있어도 나는 이레도 저레도 아니 붙언. 그자 집에 숨어낫거든. 경허니까 한청이나 조직에 붙어 있지 않아도 신분 보장 받았어. 아니, 그런 자유가 있었어. 법이 그 래서.

이젠 계엄령이 약해지니까, 우리 사촌네가 귀덕에 살았어. 거기 한청인가 뭐인가 하는 조직에서 위원장을 했어. 다 그런 사름 자수허면 살려주겠다 허니까 다 거기 손 들어서 가불언. 우리 부모네덜은 나 혼자 독자니까 어떻게 허나 걱정돼서 애월지서에 가보기도 했어. 난 제주시 본서에 가서 거기서 재판 받아서 집행유예로 그때 나완.

제주경찰서에서 전기고문

우린 도피자 가족으로 조사받거나 그런 조사는 없었어. 우리 사촌이 큰 덕천에 있었어. 그때 여기서도 우리허고 같이 살아났어. 일본에서 고향에 들어와 집안일 허다가 나중에 한청 단장 시켜버리니까. 여기 토벌하러 넘어가는 도중이었어. 그때 우리 모친이 귀덕 출신이난 조카한테 "어떵 허민 좋으냐?" 허니 "아이고, 자수시키면 다 살아납니다" 허연 (난) 자수했어.

난 겨울쯤에 자수했어. 혼자 애월지서에 강 자수 신청했어. 일본서 오니까 난 한국말 잘 모르고 허니까 가서 아는 사름 있어서 (자수) 신청허고 쓰라고 허니 썼지. 아는 사름이 그때 애월 면서기로 다니던 사름이 있어서 그 사름헌티 도움 빌려서 글 써서 낸 것뿐이지.

그 다음엔 애월서 직접 제주시로, 본서에 보내버리데. 본서에서 이젠 죄가 결정되니까 한 달쯤 살앙 그자 거기서 재판 받안.

지서에서는 무조건 취조 받앗주. 매도 맞고, 전기로 취조하고. 취조헐 땐, 아 남로당이라고 너 당에 들었냐고, 이걸 묻거든. 할 수 없이 민애청이라고 해서 거기 들었다가 이렇게 된 걸로 쓰긴 썼지. 왜냐하면 당에 안 든 사람은 무조건 때리는 거라. 막 때렸어. 이젠 당에 들었다고 했지. 아, 이젠 들었다고 다 말해지는 거라. 그러니까 전기로 고문허는 거라.

어떻게 전기로 했냐면, 뭐를 영 끼워서, 천장에 돌아메고(달아매고). 이렇게 공중에 달아매놓고, 무조건 전기고문을 했어. 전기로 허니까 사람이 견딜 수가 있어야지. 무조건 아니 헌 것도 다 했다고 해야지. 전기를 붙여노니까 사람이 견딜 수가 있어야지. 그땐 민애청에 들었다는 거, 그런 건 관계가 없고 이제 당, 당에 든 거, 그거 들었느냐고. 이걸 많이 묻데.

고문 받았던 후유증은 지금 없어. 가족 중에 돌아가신 분은 없고. 그때는 저 이승만이가 나왔지. 이거 통하지 않아. 선거 헷저 뭐 헷저 해서. 지금 여당, 야당 싸우듯 여기도 여당, 야당 모양으로 싸워실 거주. 그땐 뭐 그 사상이라는 거는 몰란. 맞는 말인지 아닌지 몰랐지.

나중에 자수헌 거 때문에 피해 본 거는 없어. 군대도 제대허고, 검속 당해서 고생한 일이 없고. 군인 가버리난. 여기서 군인 안 간 사름덜은 죽은 사름덜이 많아. 예비검속으로 붙잡아 가니까.

한국전쟁 때 군 입대

1949년 11월 26일? 4·3 나는 다음 해에 징역 2년에 집행유예 3년이라. 아부는 그새 빚있는지 안 받았는지 난 관계 없었이. 재판 받은 거는 별로 기억에 없고, 집행유예는 통지서 왔는데 통지서에 집행유예렌 헌 거지. 그 후엔 그냥 제주시에 살았지.

제주시에 친척이 있었어. 사촌네가 있으니까 "아예 가지 말앙 여기 살라" 했어. 거기서 그냥 마소 부름씨도 하고, 그냥 농사 짓는 듸(데) 같이 부름씨 허고 살면서 집에 와보질 못했어. 경허난 살아난 거주. 집행유예로 재판 받앙 나왔다고 해서 집에 와 있으면 또 심어간다 말이여. 또 잡아가서 죄를 씻워. 죄를 씻워서 죽인 사름덜도 있고, 무조건 사름 접촉 허려고 안 헌 원인은 제 식구 있고 없고 간에 잡아다가 때려서 죄를 씻웠으니까…….

 (그리고 나서) 또 6·25가 터지니까 군인으로 일선에 갔어. 군인을 갔지. 그냥 육군으로 갔어. 말제에(나중에) 이젠 다 훈련 받은 사름, 젊은 사름덜은 다 군대로 보내버렸어.

 그때 한창 예비검속이렌 해서 6·25 터지니까 또 이렇게 혐의 있는 사름덜 잡아갔지만 나는 아무것도 없었어. 여기 살아시민 무슨 산에 고사리 꺾으러 가는 듸(데) 동원돼 갔다고 하면 대번 예비검속으로 심어갓주만(데려갔지만). 여기 살지 않으니까 죄라는 건 뭐 심어당 닦달헐 일이 없거든.

 나야 제주시에 살았으니까 거기가 더 안전허니까 그런 건 아무것도 없고. 난 제주시 건입동에 살앗주. 건입동 살다가 거기서 아침에 훈련 받아낫는디, 그 훈련헐 때 군인으로 다 가게 됐다고 했어. 저 오현중학교에 다 소집되었다고 해서 군인들이 다 거기로 갔어. 나 군인 가서는 한 며칠 살다가 그냥 왔어.

 그땐 사람들이 다 이레도 붙고 저레도 붙고 허연, 그 모양으로 약허게 흐름 따라 뎅기던 사름덜이라. 바람 부는 양 세게 불민 이레 붙고, 저레 세게 불면 저레 붙고 허엿주, 그때는 뭐 이게 좋다 저게 좋다 허지를 않앗어. 게니까 산에서 오는 말을 허면 그것도 옳아 보이고, 또 아래서 오는 말은 아래서 오는 말 그것도 옳아 보이고 말이여. 어느 쪽에 붙어야 좋을지 몰란.

 5·10선거? 이 마을에선 산에서 와서 이거 안 된 선거라고 했지. 이건 이승만이 쪽 선거라고 해서 듣지 말랜 헌 거주. 게니까 선거 방해시켜부런. 선거하지 않았지. 그자 이 해변, 그런 마을에서 선거허연. 애월에

선 김도현이라고 그 사람이 당선돼서 국회의원으로 나갓주.

시에서는 누가 잡혀가거나 무슨 일을 본 건 없어. 조용해서 그런 일이 없었어. 이 마을에서는 그자 잡혀 들어간 사름덜이 있긴 있지만 시에서는 별로 없고. 시에까지 생각을 헐 수가 없거든. 산에서는 제주시에까진 들어가지 못했으니까. 법에서 처리하는 군대 있고, 경찰 있고 하니 들어가지를 못헌 거지. 그런 듸는 가서 안심허는디 그렇게 안헌 듸는 이레도 붙지 못허연. 그때 애월에서는 산에서 오면 산에 말 듣고 아니 들을 수 없어. 안 들으면 뭐 마을이 막판 날 거니까, 사름덜 다 죽을 거니까. 게난 곧는(말하는) 말 들을 수밖에.

성담? 소개 내려간 사름덜 막 동원해서 해안 마을도 성담 쌓앗듯이, 여기 봉성도 돌아가멍 성담 쌓앗어. 나는 이름도 밖으로 내놓지 않았어. 피해서 다닐 때니까 성담 쌓으러 안 갔어. 경찰에서 관리는 안 했어. 우리 집은 경찰에서 잡으레 오곡 경은 안 헷주.

마을 피해

우리 사촌은 저 구엄 동네 사는데, 알 곳이 없어. 어디 사는지. 행방불명으로 올라가긴 올라갓는디……. 우리 사촌은 그때 집에 살면 곤란했으니까.

그때 또 우리 사촌은 어디 일이나 할 거 찾아보려고 나갓는데. 시대가 그래서 가다가 어디 잡혀갓는지, 잡힌 후에 어디로 갓는지 몰라. 경찰에서 잡아 갔는데, 강ㅇ협이라고 했어. 어도 사름덜도 제주경찰서에 몇 사람 잡혀가 있었어. 또 알동네 홍ㅇ효라고 해서 그 사람은 간수 경찰관. 그때 "아이고, 잘왓수다." 나헌티 칭찬했어.

나헌티는 통지 온 거나 일제시대 일본서 사진 찍은 것도 없어. 우리 어머니가 많이 일본서 찍은 거 사촌네 놀러오면 한 장씩 나눠 기념으로 나눠줬는데 그거 몬딱(모두) 불살라불엇어. 이 사름 다 어디 갔느냐고 경찰에서 오면 대번 질문할 거니까. 이 사름 내놓으라고 하니까. 그리 허기 전에 몬딱 불살라불엇어.

빌레못굴, 그 끝없는 어둠 속에서

고승협

1929년 애월읍 하가리 출생인 고승협(高升協)은 4·3 사건 당시 중학생이었다. 제주경찰서에서 6개월간 구금 생활을 했다. 소년 형무소로 갈 뻔했으나 다행히 무죄 판결로 살아났다. 예비검속으로 경찰서에 잡혀가 두 달가량 수감되고, 애월면 면사무소 회의실에 끌려가 20일 정도 수감되는 등 곡절을 겪었다. 자운당 학살사건 등을 증언했다.

(채록일: 2007.4.17 | 채록 장소: 애월읍 하가리 자택 | 아내 정영자 동석)

5

중2 때 경찰서 유치장서 6개월 살앗주

난 이 4·3사건에 완전히 죽을 거 살앗주. 나가 오현중학교 2학년 때라, 2학년 때. 그때 이 집에(애월 하가) 온 거라. 제주읍에서는 괜찮았어. 우리 같은 어린아이덜 그거 흔 열여섯, 열일곱 살 난 아이덜은 건드리지도 않 안. 근데 여기 애월중학교 오니까…….

어린아이가 뭔 죄가 있을 건가

생각해보면 나만큼 고생한 사름 없을 거라. 하가리 젊은 사름 중에는. 그때 제주 시내 학교 다닌 사름이 많지 않을 때주게. 제주중학교허고 오현중학교밖에 엇인 때주게. 그리고 농업학교밖에 없을 때니까. 하가리에서 그땐 나 혼자 오현중에 갔어.

그 서청놈들이 내가 하가에 왔다고 허니까 심어단(잡아다가) 막 때리는 거라. 애월중학교에 와서 때렸어. 안 헌 거를 했다고. 애월중학교엔 하가리 학생도 잇어낫주. 하영(많이) 잇어낫주. 그것덜이 이제 때려지니까 다시 집에 보낸 거라. 짝이 애월지서에 보고를 해버린 거주게. 어린 아이가 무슨 죄가 있을 건가.

그러니까 이제 나도 다음 날 위험해지니까 또 제주읍에 가불엇주. 6월 17일 날 여기에서(애월 하가) 우리 부친 소상이 있었지. 그땐 소상 때도 증명이 없으면 가지 못했지. 통행증이 없으면 오지 못했어. 그러니까 이제 통행증을 가져서 여기 왔어. 통행증은 그때 당시 연령이 스무 살 넘었던 사름덜이 받은 거니까.

항상 지서에 강 그 지서장헌티 도장 받아서 뎅기는 거라. 그 증명을 지참해야 헐 때난. 이틀 동안을 통행증 끊어서 여기 왔거든. 오니까 순찰대 사름덜이, 그때 그 서북청년덜이 여기 파출소에 있었어. 서청은 이북 사름덜이 여기 넘어와서 저 순경들, 그 무보수 순경처럼 해서 총이나 들고 다니고 했어.

그놈덜헌티 또 잡현. 잡히니까 난 6개월간 제주경찰서 유치장에 들어간 살다 왔어. 재판을 받았지. 그때 소년원이주. 소년 재판을 받앗는디 그때 재판장 이름이 김명⋯⋯ 무슨 거라. 그 재판장이 판결을 내리는데, 무죄로 내린 거라. 죄가 없다고 말이야. 이런 아이가 무슨 뭐 사상이 있겠느냐 그래. 아무리 학생 신분이지만은 죄가 없다고 해가지고.

그러니까 난 한 6개월 간 큰 악행을 당해났어. 제주경찰서 유치장에서 말이야. 사기선 먹는 것보다 물이 문제라. 물을 안 주면 막 속이 몰라부니까(말라버리니까). 오줌도 싸서 먹으면 더 허여. 그렇게도 해봤잖아.

물을 줘봐도 조금만 주는데, 아주 작은 방에 한 50명이 앚아부난(앉아버리니까). 허, 이렇게 편히 앉지 못허지. 밤에도 앚아서 자는 거라. 낮에도 마찬가지. 여름인데 내가 6월 17일 날인가, 20일 날에 들어갔으니까 막 더워서 옷 다 벗고 있으면, 다른 사람한테는 맨살을 대지 못허주게. 막 더워 노니까. 한 50명이 여기 요만한 듸(데) 갇혀서 거기 안에서 변소 같은 거 다 있고 헤부난.

나 그때 유치장에 들어갈 때 열어섯이지. 중 2학년 때니까……. 아버지는 나가 중학교 다닐 때, 제주시에 가서 살 때 돌아가셨지. 중학교도 다니지 말라고 헤신디 내가 다닌 거주게. 졸업은 제주상고. 졸업증은 받으니까 상고 간 거주. 나중에. 아이고, 시국이 너무 어수선허난. 그때 교장이 이경수 씨.

죄 없다 해도 예비검속 시켰어

이제 또 다음에 그때 한 2년 후였는가. 두 번째 잡혀갈 때는 그때가 열아홉쯤 뒈실 거라. 6·25가 난. 6·25 사변이 나서 이제 또, 그 당시에 예비검속이라고 헌 것이 잇어낫어. 예비검속이옌 헌 것이. 당시에는, 그때 이 경찰서에 유도장이 잇엇어. 거기에 수감된 사람이 한 오백 몇 사람 수용됐다가 인민군이 어디 목포인가 어디 완도까지 들어왔다 하니까, 날짜는 모르지만 들어왔다 허니까, 이제 거기에서 오백 명 중에 한 백 명쯤이나 되었는가? 밤에 와서 다 실어가불언. 어디서 죽여불엇는지 몰라.

바당에 빠트렸는지, 어디 비행장에 끌고 가서 죽여불어신지 모르고. 게난 나도 일단 예비검속 한 번, 구속시켜난 사람이라. 소년원에 간 나와서 한 번이 아니라. 아니, 재판 때 죄가 없다 해봐도 예비검속을 시켯주게. 예비검속으로 한 두 달쯤 들어갔을 거라. 나만큼 고생한 사람 없어.

그냥 이 애월면사무소에 회의실이 잇어낫주게. 거기 애월면 사람이 거의가 있었어. 그 면 회의실에. 거기 있다가 이젠 석방을 시키게 될 때에, 거기 목포인가 완도인가? 어디, (인민군이) 어디까지 왔다 하니까 경찰서로 넘겨불엇지게. 이 면 회의실에 있다가 이제 그리로 해서……. 거기 있던 사름덜은 살고, 거기서는 이십 몇 명 불러 갔다가 제주서에 간 사름덜은 거의 죽었다고 해. 나도 갓다 왓주. 애월면사무소 회의실에는 한 스무 날 잇어실 거라. 애월면 민보단에서 와서 지키니깐. 그렇게 때리거나 무시허거나는 안헷주.

하가리 학살사건

내가 일흔여덟. 부인도 동갑이라. 난 4·3사건에 이 하가가 어떵했던 것만 알지, 날짠 몰라. 사태 때는 신엄서 겪언. 그때 열여덟 살이었어. 그때 어린 사름덜은 믄딱(모두) 아이덜이난 산에 올라간. 우리가, 우리 연령이 거기에 딱 맞앗거든. 나도 몇 번 죽을 뻔헌 거 넘엇주.

이 하가에서 제일 사람이 많이 죽언. 음력으로 시월, 시월 열사흘 날 (양력 1948년 11월 13일) 밤에(새벽 1시께) 제일 많이 죽엇주. 그때는 그 산에덜 살단, 이리 와서 막…….

그때 마을에 제사를 끝낸 후 돼지고기를 안주로 해서 술들을 먹은 모양이라. 술 먹당보니까, 군인들이 (외도 주둔 9연대) 동쪽으로 와서 거기 불이 켜 있으니까 다 데려단 쏘아서 죽여불고. 또 동네 부근에 있던 집덜 불붙여불고. 게니까 많이 죽엇주.[1] 불이 벌겅허영 나가보니까, 팡팡 총소리도 나고, 사방에…… 이제 사방에, 그 부근에 있는 집을 다 쏙 태웠어. 다 태워불언.

이제 우리도 도망치려고 거기서 나왔어. 이제 이 길로 해서 저 위로 올라가는 길이주. 바로 저 위로 해서. 근데 거기 또 골목이 있어. 이제 그리로 도망쳐서 거기로 간 한 며칠 살앗주. 드르(들)에덜, 밧에 갔어. 김○원네 집에 숨어 있던 같은 또래 아이들이 드르에 간 거라. 그 사름덜 무

---

[1] 주요 4·3 용어 해설, '육시우영 학살사건' 참조.

서워서 숨으려고 헌 거라.

　매일 매일 군인들이 내려와부니까. 드르에서, 믄딱 먼 데서 사름만 봐지면 팡팡헤부는거라. 그때 늙은 할망인디, 그 할머니가 우리허고 같이 계셨어. 요즘 연령으로는 한 백다섯쯤 났지. 당시는 팔십 아니면 칠십쯤 난 할망이난. 우리한티 할머니가 밥을 해다가 주면 우린 먹어서 살고. 그렇게 4명이서 살았어.

　곱앗던(숨었던) 사름덜은 다 무사했어. 다 살다가 이제 다 죽었지만. 이제는 나허고 한 사름 남앗주게. 처음엔 넷이엇는디 둘은 이제 거의 병으로 다 죽고.

　김○원네 집이 제일 옴막한(들어간) 집이라. 피신처로 좋은 듸주. 거기서는 자기네도 위험하지만 숨으라고 허면 아들 형제 잇이난 거기 가서 이제 놀다가 같이 잠잔 거라. 우리는 삼남매 중에 형제가 없어. 나 혼자. 누님은 계셧는디, 누님은 여기에서 삼년 전에 살단 이제 다 죽고.

외도국민학교 부근서 백 명쯤 죽어

　그때 음력으로 11월 7일 날(양력 1948년 12월 7일) 군인들이 저기 이제 저 위에 학교 있잖아. 학교에 와서 이제 훈련을 시켰어. 외도국민학교라. 외도 천막친 듸 나도 다 갓다왓주. 아마 그때 죽은 사람이 백 명쯤…… 믄딱 죽어실 거라.

　전부 하가 사름이 아니고, 하가 사름은 그때 열 명인가 죽고. 또 그 위에 마을 사름덜이영 다 하니까 아마 백 명쯤 죽어실 거라.

　우리가 갔을 때는 밤 한 아홉 시쯤일 거라. 아홉 시쯤에 운동장에 다 모이라는 거라. 그때 하가에서 한 70명 갓주게. 그때 사람이 많을 때니까. 외도국민학교가 가득했어. 다 모이니까 8열로 서라고 해가지고 말이야. 4열은 앞이고, 4열은 이제 뒤쪽이주게. 뒤에 가서 앞에는 그 포동 줄로 다 이렇게 손목을 묶고. 이제 치고 또 뒤에도 포동줄로 치다가 포동줄이 모자란 거라. 모자라니까 옛날에 이런 게 있어. 빤스(팬티)에 이제 이 새끼 꼬아서, 그걸로 나도 묶어낫주게. 앞 4열은 앞에 가고, 우리 또 4열은 또 뒤에 가고 했잖아.

외도국민학교에서 조금 서쪽으로 가면 밧이 있어. 지금도 그 밧이 잇는디. 그 밧에 간 앞에 4열, 4열은 다 총살시키고 우리 4열은 다음 날 죽이겠다고……. 경헌디 그땐 죽이지 않았어. 하가 사름덜이 그 앞줄에, 앞줄 네 줄에 서 있어버리니까. 게난 그 사름덜 죽고 다른 듸 사름덜 해서 한 백 명쯤 죽은 걸로 보는데.

그 당시에, 그땐 9연대서 죽이고, 다음에 2연대허고 교체해버렸지. 2연대 대장이 함병선이지. 당시에 그 근처니까 그 사름덜이 좀 좋은 사름덜이데. 경헤서 이제 한 11주 동안인가 살아져실 거라.

그때 우리가 추정해보기를, 여기에 그 산에 가담해난 사름이 한 사름 있었어. 겐디 그 사름도 아무런 죄도 없는 사름인디 이제 잡아와서 막 때려놓으니까. 이제 하가면 하가, 젤 윗동네로 시작해서 조근조근 이름을 다 거느려분 거라. 그 다음에 나가 강 보니까 그 사름은 우리보다 한 며칠인가 전에 갓주게. 강 보니까 완전히 반 죽여놨더라고. 이 머리가 이렇게.

그 옛날 그 산에 가서 해온 나무로 여기를 때려부니까 (한쪽 두개골이 깨짐) 이 머리빡이 반쪽으로 딱 허게 깨어져불엇어. 머리 위로 딱 때리니까. 이제 나가 수건을 가져갔는데, 그거 이렇게 막아주면서, 수건 가져서 막아줘가니까 또 때리는 거라. 경허니까 그 사름이 이름을 막 섞어지게 불러불엇주게.

문○○이라고 유명헌 사름도 아니고, 그냥 산사름은 아닌데, 산에도 관계 엇인 사름인디 잡아당 그렇게 죽여불엇주게. 그때 문○○가 불어분 이름들은 다 불려간. (그땐) 죄 있는 사름이고 엇인 사름이고 다덜 죽여불어시난.

그 사름이 훌륭허긴 헌 사람이라. 그러니까 얼굴도 잘나고 키도 크고 말도 잘헷주. 경허난 그 사람이 이 마을에 개입된 줄 알고 해서 그것들이 또 심어단 때린 거라. 여기도 옛날 또 청년회 회장 뭐 소방대장 이런 사름덜 다 심어단 다 때렷주게. 반 다 죽여불엇어. 우리가 가보니까 거의가 죽은 사람이라.

사람 죽이는듸 가질 못허주게. 막 때릴려고 해부니까. 줄에서 일어나질 못했어. 그 천막 밖으로 다 내쳐버리니까. 한 다섯 사름인가? 여섯 사름? 이제 구장허던 그런 사름덜도 그리 내쳐부난. 밖에 안 나간 사람은 나중에 2연대허고, 9연대허고 교대헌 다음에 살아나고. 결국 이 마을은 산간 마을이면서도 소개를 안 했지.

난 매 안 맞은 데가 없어

그땐 지서에 가서는 매야 뭐, "가만히 앉아 있어라" 해놓고 와서 그냥 때리고, 10주 살면서 매일 때리는데, 군인은 와서 때리지 않았는데 외도지서, 신엄지서, 하귀지서에서 왕(와서) 막 무조건 물어보지도 않고 왕 막 때리는 거라.

계속 때리다가 그때 하가 사름이 7명 죽엇주게. 그때 재수 없었지. 2연대 교체허면서 한 열흘간 거기 더 있었는데, 지서 경찰덜이 완 때려불언. 나도 맞아봤어. 안 맞아본 사름 있어?

그냥 무조건 순경덜이 와서 때리니까. 군인덜은 경비나 섰지, 때리진 않았어. 군인덜은 좀 나쁜 놈덜은 와서 때리지만, 개인은 때리지 않고.

(때린 사름은) 순경덜이야, 순경. 그 외도지서니, 하귀지서니, 신엄지서니 이런 듸 있던 사름덜이 왔어. 막 때리는 순경 중엔 알아지는 순경도 잇엇주. 제일 몹쓸 사름이…… 구엄 사름 하나가 있었어. 봉개에 간 그 사름 죽언. 그때 난 아니 매 맞은 듸가 엇주게.

6·25 끝난 후 군 입대

예비검속 된 다음 나와서 군대는 육군으로 상고 2학년 말에 갓어. 우린 6·25 참전이 아니주게. 6·25 다 끝난 후에 갓주게.

살아오면서 더 피해 본 건 없고. 아무도 죽은 사람이 없고 허난, 사람 죽어 피해본 건 엇주. 이후에 후유증 같은 거? (절레절레) 아니. 그때 고생한 것을 지금까지 전부 담아두지 못허주게.

동네 성담은 4·3사건 중에 헌 거니까. 여기 성담 많앗어. 이젠 성담 다 치워불언. 여긴 하나도 엇어. 성담 헐 땐, 어린아이고 뭐고 다 나오라고 했어. 이렇게 돌 쌓은 듸서 쉐(소)도 잡고 허려고 허면 다 나와야 허는 거주게.

자운당 학살사건

자운당 학살사건 땐 납읍 사름도 죽엇덴 허고. 그때 군인이 다 죽여불엇주게. 그때가 한 거의 30명? 거기도 27명이옌 헌 거 같은디…… 근데 여기 바로 하가 들어오는 입구, 거기라. 다른 사름덜은 (말하기로는) 70명 죽였덴. 납읍 사름덜도 있었지만 납읍 사름덜은 저기 창고 있는 소낭밧, 소낭밧이렌 (소나무밭에서 죽였다고) 허고.

납읍 사름덜이 하영(많이) 죽었어. 죽인 장소가 여기 들어오는 길 오른

쪽에 밧으로 들이밀언 헤 불엇주게. 지금도 예전부터 다니던 길이 지금 길이라. 그때 다니질 못허엿주게. 전부 금해버리니깐. 물도 질어단(길어 다가) 먹지도 못했으니깐. 자유롭게 뎅기지도 못허게 했어. 오죽해사 물 길러도 못 가게 허니깐 빗물도 길어당 그 물로 국 끓이멍 먹어낫주.

제2부
행방불명된 사람들

1 농사 짓다 잡혀가 행방불명된 아버지
2 신던 신발 벗어 던지고 떠난 아버지
3 우리가 경찰에 압박당했으니 억울하기 짝이 없지
4 어떻게 범죄자가 돼서 그렇게들 죽었는지 몰라
5 꽃피는 사람덜 탁탁 허여가민

빌 레 못 굴, 그 끝 없 는 어 둠 속 에 서

양영호

1943년 애월읍 상가리에서 태어난 양영호는 어린 나이에 4·3을 겪었다. 농사짓던 부친이 동네 사람의 밀고로 억울하게 끌려가 목포형무소에서 행방불명되었다. 이후 연좌제에 의한 피해를 겪었으며, 아버지의 흔적을 찾기 위해 육지의 여러 형무소를 찾아다니기도 했다. 제주4·3사건희생자유족회 상임 부회장을 역임하는 등 유족회 활동도 하고 있다.

(채록일: 2006.9.26 | 채록 장소: 애월읍 상가리 자택)

1

농사 짓다 잡혀가 행방불명된 아버지

난 지금 예순넷이라. 어머니는 돌아가셨어요. 본적지는 저 웃드르. 이상가리 마을 웃동네. 4·3, 그 후에 내가 여기 내려왔어요. 4·3 당시엔 마을 전체 한 집도 빠지지 않고 성을 둘렀지. 성담이 지금도 남아 있주게.

이리 쫓기고 저리 쫓기던 민간인들

어렸을 때 4·3 기억? 내가 여섯 살 때니까, 여섯 살 전에는 잘 모르지. 일곱 살 정도는 돼야 기억이 좀 나지. 그때 보면 성을 다 둘러서 보초덜 섰어요. 폭도덜 들어와서 쉐(소), 말, 돼지 이런 거 다 잡아가버리고, 닭 같은 거 잡아가고, 뭐든 내놓으라 허면 줘야 되니까. 그렇게 해서 잡아가버리고.

낮에는 경찰이 무서워서 산으로 올라갔어요. 산에 저 '고내뫼굴'이라는 소낭밧(소나무밭)이 있는데, 그 소낭밧 속에 숨어 있다가 저녁 때 되면 집으로 내려오고, 거기서는 밥도 해 먹을 수 없으니까 집에서 고구마 삶고 가서 먹으면서 하루 끼니를 때웟주게.

끼니를 때우면서 하루하루 살다가 저녁에 돌아오고. 또 농사 헐 일 있으면 밧에 가서 일해버리면 경찰들이 어디 있는지도 모르지. 그땐 좌도 무섭고, 우도 무서우니까 민간인들만 중간에서 헤맸던 거지 뭐. 이리로 가도 무섭고, 저리로 가도 무섭고. 총소리가 나면 경찰 총인지, 폭도덜이 쏘는 총인지, 그런 것도 구별이 안 가고, 그러니까 이리 쫓기고 저리로 쫓기는 게 민간인덜이었지. 그때.

산에서 내려오면 첫 번째 집 피해

그 당시에도 우리 옆집에, 우리 집은 골목 안으로 쭉 들어간 마지막 골목이었고, ○○○ 그분이, 그 입구에 살았어요. 이분네 집에는 산사름덜이 매일 저녁 들다시피 했어요.

산에서 내려오면, 그 집이 첫 번째 집이니까 쉐(소)도 끄집어 가버리고 말, 닭 이런 거 다 잡아가버리니까 그 대문을 돌로 쌓아버렸어요. 그 올레를 돌로 쌓아서 사람 넘어 다니는 그 통로 하나만 놔두고. 그래서 그분이 제일 피해를 많이 봤고. 우리 집은 골목 안이어서 별 피해를 안 봤는데. 지금도 생생한 게, 어려운 살림에 살아가는 사름덜 산사름덜이 와서 쌀도 훔쳐 가버리고, 닭도 훔쳐서 가버리고. 그 사름덜도 생계를 유지할라고 했는지는 모르지만 어쨌거나 우리도 어려운 생활을 했었고 말입니다.

스물여섯 살 아버지 목포형무소서 행방불명

우리 아버진 존함이 치 자 삼 자. 스물여섯 살에 돌아가셨고. 또 치백이라는 분이 우리 오촌, 오촌 아저씨가 그 당시에 같이 돌아가셨지요. 이 마을에서도 유일하게 행방불명된 사람이 세 사람입니다. 양○국 씨 허고, 아버지허고, 양○수 씨. 그래서 세 분 연령이 비슷비슷해요. 연령이 한 살 차이밖에 안 나는데 그분덜이 있다가 목포형무소로 끌려가서 그곳에서 행방불명이 되어버렸는데. 말로 듣기엔 모두 수장을 당했다고 허고……. 탈옥 사건에 연루된 사람은 뭐 어디서 죽였는지, 탈옥수 명단에도 한 분은 있고. 해서 지금도 유골도 찾지 못하고 돌아간 날도 찾지 못하는 그런 억울한 입장에 처해 있는 겁니다. 행방불명된 사름덜이주.

행방불명인 오촌 아저씨도 지금은 수형인 명단에 보니까 대구형무소에 수용됐다고 밝히고 있어요. 군법 명단(군법회의 수형인 명부)에 다 있고, 아버지는 목포형무소 군법 명단에 있고 말이지요.

아버지? 어릴 때니까 그 당시에 우리 할아버지가 저 일본에서 살다가 여기 고향에 들어와서 같이 살게 된 때입니다. 옛날엔 초가집이 안거리 밧거리 해서 살았는데 우리는 밧거리에 살고, 우리 할아버지는 안거리에 살고. 그럴 때, 우리 할아버지가 손자만 아껴가지고 (나만) 거기서 살았던 모양입니다. 그래서 할아버지 기억은 나는데, 아버지 기억은 별로 안 납니다. 그리고 아버지와 같이 살면서 밥 같은 거 먹고 그런 기억은, 나도 얼굴이 어떻게 뚜렷이 잘 나타나지 않고. 집에서 같이 생활을 안 했던 모양인지 뭐.

옛날이 어려운 때라 아버지 사진이 한 장도 없어요. 할아버지 사진은 일본에서 찍은 사진이 있는데 아버지 사진이 한 장도 없는 게 아쉬운 점이지요. 아버지 기억은 안 나지만 4·3 당시에 이리 놀러 다니고, 저리 놀러 다녔던 그런 기억은 나오.

목포형무소 수감 중 면회

목포형무소에 우리 아버지가 수감되었다는 사실을 안 건 형무소까지 가기 이전입니다. 여기 아버지가 제주에 수감되었을 당시 어머니가 죽 면회를 했었어요. 목포 가서는 우리 고모가 대구에 살았었는데, 대구에서 그 당시 뭐 버스도 그렇게 흔치 않았을 때지요. 버스 타고 내려서 목포형무소까지 걸어가 일주일에 한 번, 혹은 2주일에 한 번 이런 식으로 면회를 죽 왔었어요. 한 번은 면회 와서 보니까 그 주위 사람덜이 "야! 거기 가지 마라. 거긴 끝나버렸다" 그랬대요. 그래서 그 다음부터는 안 가고 집으로 편지가 온 적이 있었는데, 이것이 탈옥 사건 후지요. 탈옥 사건 때까진 살아 계셨다는 거지요.

그건 어떻게 알았냐 하면 우리 지금 81세인 저의 고모가 한 번(날짜 기억은 없지만) 면회를 갔었어요. 이렇게 작은 책상 하나 두고 마주 앉아서 얘기하는데, 우리 아버지가 하는 말씀이 이랬대요. "야, 너 집에 가서 아버지보고 집에 있는 밧갈 쉐 그거 하나 팔아서 용돈 쓰시라고 해라" 그러면서 발로 우리 고모 발을 뚝뚝 밟더라는 거예요.

그런데 우리 고모는 그 당시에 어리니까, 아가씨였거든요. 열아홉 내지 스무 살 정도지요. 그 정도 나이로 사회 경험이 없고 하니까 눈치를 못 챈 거라. 고모가 아버지의 그 말씀 뜻을 모른 거라. 쉐를 팔고 와서 나를 빼주라고 한 말을 모른 거라. 그걸 통역을 못 해분 거라. 통역을 못 하니까 "알앗수다. 알앗수다" 그렇게만 답했고······.

또 한 번은 면회를 갔는데 "치수 오빠는 잘 잇수과?" 하니까 "야, 거긴 끝나불엇저. 얘기허지 말라" 했대. 그것이 탈옥 사건 때 처분이 돼버린 것이지. 그 후에 우리 고모가 면회를 갔던 것이죠.

그 다음부턴 우리 고모도 면회를 못 허고 지금까지 이렇게 된 실정이

라. 면회 갔을 때 마을 주민덜이 "가지 말아라, 거기 끝나버렸다" 허고 말했을 때, "거기 언제, 며칠 날 어떻게 해서 끝나버렸습니까?" 해서 좀 이야기라도 했으면 돌아가신 날짜라도 알았을텐데…….

증언 찾기

지난번에 도민연대에서 토론회 할 적에도 목포형무소 탈옥 사건을 가지고 토론을 했잖아요. 그 사건에도 그 양 치 자 수 자 그분이 명단에 있던데, 그때도 사람덜로 목포형무소가 워낙 넘쳐나니까 한 500명에서 600명 정도 수용했던 수감 시설을 한 1,500명에서 1,600명 정도 수감됐다 허는데…….

그 당시 감방이라고 하지만 수감실에 다 들여보내니까 그 창고, 수감된 사름덜을 교육시키는 창고까지 다 해도 부족했다는 설이 있어요. 그리고 또 그 당시에도 목포형무소에 유일하게 시체배분 사건이라고 있었답니다. 그건 좌익과 우익의 대립 선상에서 생긴 일인데, 좌익계 사름덜한티 본보기를 보여주기 위해서 그 우익계 사름덜이 (좌익계) 사름덜을 죽여가지고 그 요쪽 사름덜이 좌익이다 싶으면 그 집에 가서 울타리에 시체를 걸쳐놓는 거라. 너희덜도 봐라, 너희덜도 좌익 활동을 지속적으로 하면 이런 식으로 죽여가지고 여기다가 걸쳐놓겠다. 이렇게까지 잔악한 행동을 한……. 목포 가면 그 시체배분 사건하면 삼척동자도 알 정도예요.

저 혼자만 목포형무소를 찾았던 적이 있어요. 맨 처음 제1회 전국 순례를 하면서예요. 순례일자가 5·18행사 때 잡히길래 내가 거기 갔다가 5·18행사 끝내고 일부러 혼자만 목포형무소 자리를 찾은 적이 있어요. 그 당시에 찾아가서 주위 사름덜헌티 증언을 들으려고 했지요. 찾아가서 보니까, 그 울타리를 뱅 돌다보니까 주위에서 한 팔십쯤 난 노인네가 한 분이 살고 있었어요. 허름한 판자집에서. 아, 이분이 그 당시를 증언해줄 만한 분이구나 해가지고 그분 집을 찾아갔지요. "영감님, 저 제주도에서 왔는데 제주도 4·3 당시에 우리 아버지가 이 형무소에서 희생됐다고 하는데 그 당시 상황을 좀 말씀해주십시오" 허면서 부탁했지요.

그 노인네가 허는 얘기가 뭐 상황을 말허자면, "한밤중에 차로 해서 몇 차 실어 나르는지, 여기서 실어 나르는 것은 봤다. 어디로 가는 것까지는 몰랐고 밤중에 밤새껏 실어 날랐다. 그 당시는 화물차에다가 실어 날랐다. 실어 가는 것까지는 봤는데, 몇 명을 어디로 실어가고, 어떻게 해서 희생시켰는지는 모르겠다" 그런 겁니다.

그런데 목포형무소가 끝나고, 그 자리에 일신아파트가 들어섰고, 전부 입주를 했는데, 입주자덜이 밤에는 복도로 나와서 보면 저쪽으로 사람이 걸어가는 것을 봤다고 (하는 소문이 있어요). 아, 밤중에 사람이 걸어가는구나 그런데 '아, 이상하다. 사람이 없는데?' 해서 그쪽에 가보면 사람이 없고, 또 이쪽으로 돌아서서 오다보면 또 사람이 있고. 이것이 아무래도 이상하다 해서 옆 동 사람들보고 옆 방이랑 다 연락을 해가지고 나와서 보자고……. 그래서 대여섯 사람이 나와서 보는데 아파트 복도 길이가 기니까 분명히 저쪽으로 사람이 걸어간다 그거라. 근데 가보면 사람이 없고. 그것을 그 아파트 입주자덜이 다 보고 듣고 해서 다 알았다고 해요.

그래서 나중에 어떤 소동이 났냐면, 입주한 사람덜이 여기 입주를 못하겠다, 여긴 귀신이 나오는 곳이라고 한 1, 2년 동안 막 소동을 피웠다는 거야. 배상을 해달라, 우린 나가겠다, 무서워서 못 살겠다고 해서 나간 사람도 있었고, 그냥 입주한 사람도 있었고 말입니다. 세월이 가면서 이제는 문제없이 아파트에 사람덜이 살고 있다고 해요.

목포형무소 수형자 희생 관련 증언

주위 사람덜한테 자문을 구해보지만 형무소에서 몇 사람이 희생이 되었고, 어느 장소에서 며칠날 희생이 되었다는 확실한 근거를 찾아볼 길이 없단 말입니다. 우리 아버지 같은 경우는 목포형무손데 목포형무소 같은 사례는 목포문화원에 있는 지금 사무국장이 그나마 세밀하게 알고 있는데…….

그 사무국장이 말하는 것도 근거를 보면, 전해오는 설에 불과한 정도고, 확실한 근거 같은 게 없고. 또 목포형무소 같은 경우를 보면 형무소 뒷동산인데, 뒷동산에 올라가보면 지금도 유골을 담았던 곳이 한 군데 있어요.

근데 여기에 어떤 사람덜이 어떻게 해서 했는지 확실한 근거가 없어요. 주위 사람덜의 얘기로는 거기에서 그 형무소 내에서 수감 중에 돌아간 사름덜 유족덜이 안 나타났을 경우에는 무덤을 1층, 2층, 3층, 4층 해가지고 묻었다가 5년을 1주기로 해서 5년에 한 번씩 이걸 다 판다 이겁니다. 그 다음에 파가지고 한군데 다 모아놔. 모아서 묻었다가 또 5년이 지나도 안 나타났을 경우에는 또 이것을 꺼내서 화장을 시켜요. 그 납골당이란 곳은 시멘트로, 돌로 만든 그 함 속에다 넣었다는 그런 설이 있는데, 거기 넣은 것도 허술하게 해서 그걸 쌓으니까 돌담 사이로 구멍이 생긴 곳으로 주위 사람덜이 그걸 파 간다는 겁니다.

그걸 파다가 뭐에 쓰는가 하니까, 뭐에 특효약이 있다고 해서 주위 사람덜이 자꾸 파간다는 거지요. 그것을 알아가지고 지금은 그 입구를 공구리(콘크리트)로 다 막아놨는데 그래도 지금 그런 형태로 해서 방치되어 있어요. 거기 가면 1층, 2층, 3층 해가지고 한 30여 층이 있어요.

목포형무소 터에 있는 총덜은 아무래도 내가 생각해볼 때, 그 당시에

병사, 거기서 죽여버렸거나 한 분덜 아닐까 해요. 사형수덜도 있겠지만, 이런 분덜이 대부분이지 않겠느냐 허는 것이지요. 1948년도에는 그런 겨를이 없었고, 1949년, 1950년도에 들어서 6·25가 발발하면서 그런 시간 여유도 없이 다 사살하려니까 수장 아니면 구덩이 파가지고 말이지요. 시간적 여유가 없으니까 그런 방법 아니고선 다른 방법이 없지 않았겠느냐 라고 저희덜은 그렇게 생각허는 거죠.

그 일신아파트 정문 앞에 가면 그 당시 교도관으로 있던 사름이 지금 한 분 있어요, 지금. 그 일신아파트 노인회장도 그 당시에 교도관으로 있었지만. 지금도 가면 그 앞에 우산 고치고, 구두 수선하는 그 허름한 판잣집 주변에 앉아 노는 노인이 한 분이 있는데, 그분이 지금도 입을 안 떼요. 말을 전혀 안 해줘요.

우리가 단체로 가서 질문을 해서 그런지 우리가 질문을 허면 전혀 안 해주고, 내가 이야기허면 "뭘 혀, 이야기해봐야 필요가 없는 짓이요" 허면서 얘기를 안 해줘요. 단 한 가지 얘기해준 걸 들은 게 있어요. 그 형무소에 있던 많은 사름덜이 제주, 목포 간 항로, 바닷길인데 거기 가서 많이 희생됐다는 얘기는 한 마디 해줬어요. 근데 어떻게 해서 희생이 됐다는 얘기는 안 해주고…….

그런데 우리가 그 후에 대마도 가서 위령제를 한 적이 있는데, 대마도 가면 그 당시에 신문기자로 있던 일본 기자 한 사람, 지금도 살아 있어요. 그분의 증언에 의하면 사람을 다섯 사람씩 묶었더란 거예요. 전화선으로 해서 팔을 다섯 사람씩 묶었는데, 어떤 사람은 여기 묶여가지고 팔만 올라온 사람이 있다는 거예요. 몸뚱아리는 어디 가버리고, 팔만 묶여가지고 온 사람도 있고, 전체 몸뚱이 채 올라온 사람도 있고……. 제주도나 목포 간 조류가 대마도 쪽으로 흐른다고 그래요. 대마도로 흐른다고 하니까 대마도에 가면 그 시체덜을 올려서 다 화장을 시켜서 거기 납골당에다 모시는 거예요. 거기 가면 납골당 명칭을 '조난자 위령공원'이라고 해요. 해상 조난자 위령공원이라고 해서 위령비를 거기 세웠어요.

위령비를 세워 거기서 위령제도 지내 주고 또 공원 조경이라든가 거기 관리를 잘 해줘요. 이 대마도 사름덜은 여기 해상에서 조난 사고에 의해서 거기로 흘러간 시신을 건져 올려 시신덜을 잘 모셔주지 않으면 대마도 사람덜이 못 산다 해서 그런대요. 자기네도 그런 사고를 당하고 있다는 말을 우리가 들었는데, 아무래도 목포에 가면 그 형무소에 수감됐던 사람덜이 희생됐던 곳이 여러 군데라고 허는데, 제일 많이 희생된 곳은 그 해상에서 수장시킨 것이 아니겠느냐, 제일 많은 피해자가 난 게 아니겠느냐, 우리는 그렇게 보고 있어요.

아버지 돌아가신 날짜 몰라서 생신날 제사

우리 아버지 생일이 28일인데 지금도 아버지 돌아가신 날짜도 모르니까, 엉뚱하게 28일 날로 아버지 제사를 하고 있어요. (돌아가신 날을) 또 더 알아볼 길도 없고…….

당시 우리 아버지허고 그 형무소에 끌려가 희생당한 사름덜이 있는 우리 마을에 민보단장이라고 있었어요. 이 사람이 손가락질 해가지고 우리 아버지네를 다 경찰에 신고를 해버린 거라. 이 사름덜이 산폭도허고 연루가 되어 있다고 해서. 그래서 우리 아버지가 억울하게 희생이 되었는데, 이 마을에도 지금 저 앞동산에 가면 위령탑이 있어요. 위령단에 명단이 다 있어요. 희생자가 61명이 있는데…….

우리 4·3 희생자로는 42명이고, 6·25참전 희생자 18명. 월남 희생자 한 분. 그래서 모두 61명의 명단이 있고, 위령제를 지내고 있어요. 그래도 위령단이 생기고 우리가 거기 위패를 모시고 위령제를 지내고 하는데,

사실 그렇게 만든 사람이 한 마디쯤은 해줘야 되는 거 아니냐 허는 그런 심정도 있지요.

우리 아버지는 산에 간 적도 없고, 그런 주동한 적도 없고, 그냥 오직 그저 밧농사나 하고 살았던 분인데. 그것이 억울하단 거예요.

심장부 고통에 심방 불러 굿도 했어

우리도 이제 커나가면서, 내가 제일 어렸을 때, 지금도 생생하게 (기억에) 남는 게 있어요. 중학교 2학년 시절, 여기서 애월중학교가 거리상 한 2킬로미터 정도 되는데, 2킬로미터를 걸어가서 학교에서 수업을 받았어요. 수업 받다가 갑자기 배가 아파오는 겁니다. 이 심장부가 막 아파서 수업 중에 막 꼬부라지면 선생님이 "한쪽에 강 앚아 이시라" 해요. 수업에 지장 받고 그러니까 한쪽에 가서 앉아 있어라 하는 겁니다. 한쪽에 가서 앉아 있어도 배가 죽게 아픈 거예요. 그 당시 뭐 약, 진통제 같은 그런 약도 없으니까 그저 물이나 한 컵 먹고. 그렇게 해서 그게 하루 이틀이 아니고 그냥 학교 등교하면 매일 하다시피 하니까 선배덜이 막 심한 때는 날 업어다주고 그랬습니다.

조금씩 아플 때는 내가 참아서 수업을 끝내고 집으로 돌아오는데, 그 당시에는 회충이 성해서 그렇다고 하는데, 회충에 대힌 별 약은 없고, 거기서 초약으로 해서 익모초 달여 먹고 해도 효과가 하나도 없었어요.

나중에는 하귀에 있는 강중규 심방이라고 그분이 무형문화재로 지정이 된 분이지만, 그분이 이 근처에서는 유명한 남자 심방이었어요. 그 양치수 씨 처허고 우리 어머니허고 둘이 그 심방을 초청했습니다. 그분을 초청해다가 우리 집에서 5일, 치 자 수 자 그분네 집에서 5일, 그래서 굿을 장장 걸어 놔서 하는데, 이 동네 마을 사름덜이 나중에는 밧에도 안 가고 그 굿 하는 거 구경을 할라고, 동네 사람덜이 이 마당에 전부 모여서 멍석 펴서 굿 구경허고 했어요.

경헌디, 굿이 끝나고 나서 몇 개월 없어서 배 아픈 게 없어진 거야. 신기하게 배 아픈 게 없어지고 학교도 갈 수 있었고, 밥도 잘 먹을 수 있었고. 그것이 그 당시 심방이 하는 얘기로는, 그 돌아가신 아버지가 심장부에 총을 맞았던 거라는 말씀이야.

총을 맞아버리니까 자식헌테 그게 들려서(물려서) 그런 그 통증을 가지고 있다고. 그래서 거기에 대한 굿을 그렇게 열심히 허니까 그 후에는 아픈 게 사라지고, 지금까지도 통증이 전혀 없는 거야. 그래서 '아, 이것도 한편으로는 상당히 미신을 안 믿을 수가 없구나.' 그래서 지금껏 잘 지내고 있어요.

대물림하는 연좌제

성장을 하는 과정에서 일입니다. 군대도 갔다 오고, 우리가 직장을 가져야 되는데 공무원 시험을 봐도 연좌제에 걸려서 시험에서 탈락되고, 또 탈락되고 허는 거야. 야, 이것이 나 혼자뿐 아니고, 우리 자식, 우리 아덜, 딸헌티도 그 영향을 주더라고요. 크면서 그 후에야 4·3이라는 게 이렇게 악독한 것이었구나 헌 생각이 든 거지요. 그 젊은 사름덜을, 그나마 청춘에 그 사름덜 다 허무하게 죽어간 사름덜의 넋을 이거 달래야겠다고 생각허고, 내가 커나가면서 그 학창시절에 그러한 고통을 겪은 것을 생각허니, 연좌제 피해를 본 것을 생각허니, 이런 것을 생각하면 이 4·3만큼은 내 손으로 꼭 해결을 해야겠다는 그런 심정으로 4·3 유족회 일을 했어요.

우리 부친은 희생자로 결정됐지만, 아직 장기수덜만 결정이 안 됐는데[1] 이분덜까지 희생자 결정이 하루 속히 빨리 되어서 완전한 4·3에 대한 유족덜의 바람을 싹 씻어줬으면 좋겠는데……. 지금 정부가 아무래도 그 미적지근헌 부분덜이 많아가지고.

목포형무소 현장 찾아 위령제

행방불명된 사람덜의 돌아간 날짜를 모르고 장소를 몰라요. 그걸 모르니까 지금 우리가 매년마다 각 지회별로 형무소별로 형무소 자리에 가서 위령제를 지내고 있어요.

지금 현재 목포형무소 위령제 지내는 바로 위 우거진, 거기서 뭐 한 2~3분이면 거기 걸어갈 수 있는데, 거기가 그 장소예요. 우리가 맨 처음에는 저쪽으로 돌아가서 이런 비탈진 옆에서 위령제를 지냈어요. 유골덜이 쌓여 있는 바로 옆에 가가지고. 그러다보니까 제사상 하나 똑바로 벌여놓질 못하니까 이거 안 되겠다 해서 그 밑으로 내려왔어요. 거기 형무소 자리에 있는 아파트의 노인회장이 지금 말하기로는, "현재 있는 장소에서도 많은 사람이 희생됐습니다. 그러고 거기도 많이 파묻혔습니다" 허는 그런 증언을 들어서 우리가 거기서 지금까지 위령제를 지내고 있어요.

4·3 당시 활동 활발했던 사람들 희생

그 4·3 당시만 하더라도 좀 말을 잘했거나 활동을 활발히 한 사람은 다 죽여버렸어요. 집에 앉아서 나 몰라라 말이나 잘 듣는 사람은 살아났

---

1 이후 수형인은 모두 4·3 희생자로 인정되었다.

고. 지금 우리 아버지네 갑장덜이 살아 있지만 지금도 보면 좀 돌아다니던 사름은 다 죽여버렸어. 너무 억울해. 희생을 많이 당한 거지.

마을 안에서 나한테 "폭도 새끼다" 허는 말 들어본 적 있냐고요? 마을에서는 뭐 "그런 폭도 족속이다, 폭도 아들이다" 그런 말은 입 밖에 내는 사람 없었고, 근래에 다른 마을에 가니까 그런 말 허는 사름이 있다고 들었어요. 경찰했던 사람덜인데, 그 사람이 퇴직을 하고 나니까 술 한 잔 먹고 나서 취하니까, 주위사람덜 앉아서 노는데 가서 "이 새끼, 폭도 새끼 아니냐?" 했다가 싸움이 벌어졌다고 해요. 우리 동네는 그런 말을 헐 사람도 없고…….

지금 우리 동생하고 나허고만 있어요. 우리 어머니가 그 옛날 어려운 살림에 살림하고 우리 형제덜 밥 먹여 살리고 공부시키려니까 고생만 허다가 돌아가셨지요. 59세에 돌아갔어요, 59세에. (생활에) 하도 시달리니까 병에 걸려서 돌아가신 거예요. 너무 젊은 나이에 돌아갔지. 지금 살았으면 86세인데. 우리 동네에 지금도 80~90세 난 사람덜이 살아 있는데…….

정부에서 숨김없이 조사해달라

어쩌면 제주4·3사건에 연루가 안 됐어도 그 당시에 목포형무소에 수감됐던 사름덜도 무더기로 같이 거기서 희생됐지 않느냐, 저희덜은 그렇게 분석을 하고 있어요. 이런 것을 우리 유족덜이 찾기 전에 정부가 나서서 이제 4·3 위령공원(4·3 평화공원)이 조성되었고, 사업이 착착 진행되고 있고, 대통령이 도민에게, 그리고 유족에게 사과를 했었고, 또 위령제 참석을 했고, 이런 시점에서 이제 정부가 숨길 것이 뭐가 있겠느냐 이겁니다.

한 줌 숨김없이 빨리 털어 놓고 말이지요. 지금 과거사 정리위원회가 있지만 여기서도 보면 이런 것을 구체적인 것들을 지금 찾지를 못하고 밝히지 못하는 단계에 있어요. 유족의 바람이 있다면, 지금 80세에서 90세 난, 제일 나이 많은 그 유족, 아닌 도민덜이 생존해 있을 때, 정부가 또 미국이 이런 숨겨둔 자료가 있다 허면 숨김없이 빨리 털어놔줬으면 하는 게 아니냐 허는 겁니다.

지금 여기 공개적으로 나도는 문서 말고 한 페이지 문서라도 정부 보관 문서라든가 미국에서 소장하고 있는 이런 것이 하나씩 밝혀져 있어야 합니다. 그렇게 밝혀질 때, 우리 유족덜의 눈이 더 번쩍 뜨입니다. 근데 그런 것이 전혀 안 나타나고, 전국 어딜 가도 확실한 명단이라는 거, 그런 것이 안 나타나는 게 제일 아쉬운 점이에요.

지금 뭐 목포형무소 명단만 하더라도 여기서 갈 때는 목포형무손데 목포에 가서 보니까 수감실이 없거든. 꽉 차니까 대구로 보내, 또 전주로 보내. 다덜 형편에 맞게 보내버렸다고. 그러니까 지금 그 명단이 형무소 내에 있는지 모르겠지만 바깥에 나도는 명단 중에는 틀린 명단이 많더라고. 목포로 나왔다가 대구 간 사람, 거의 태반이고. 목포 나와도 다 딴데 불려간 사람이 많아. 지금 우리 아버지네는 3년 이상 받았더라고. 3년형 받았고 5년. 부기수덜은 장기수덜도 있고.

부친 원망은 할 필요도 없고. 난 그 어린 때부터 나가 직집 배 아파했던 기억 때문에 이 4·3은 완전히 뿌리 뽑아야 된다, 그 생각뿐입니다. 그래서 하루 속히 빨리 유족도 안심하고 돌아가신 분덜도 편안히 잠들 수 있는 기회가 되기를 저희덜은 바랄 뿐입니다.

우리가 어렸을 땐, 우리가 크면 4·3이 해결될 것으로 봤는데, 이제 우리도 나이가 많아져가고 우리 자식도 이제 40세가 넘어가고 있으니 이제 손자 때 가서야 해결이 될는지…….

빌레못굴, 그 끝없는 어둠 속에서

장정훈

1940년 애월읍 애월리 태생인 장정훈(張禎薰)은 4·3 당시 학생이었다. 부친은 예비검속에 휘말려 행방불명되었고 모친은 아버지의 수장을 동네에 알렸다는 이유로 지서에 끌려가 모진 고문을 당했다. 그는 당시 애월국민학교에서 벌어진 총살을 목격하는 등 애월리의 상황을 잘 기억하고 있으며, 현재 일본 도쿄에 거주하고 있다.

(채록일: 2005.6.11 | 채록 장소: 애월읍 애월리 장상순 씨 집)

2

신던 신발 벗어 던지고 떠난 아버지

4·3 예비검속으로 희생된 아버지

지금 저는 동경에서 민단 교육위원회 교육위원장을 하고 있죠. 동경에서 4·3 유족회 회장도 했었죠. 아버님은 4·3사건 예비검속으로 희생됐어요. 4·3사건에 요시찰 인물로 올라가서 말이지요.

아버지는 일본에 갔다가…… 복막염이죠. 지금 얘기하면 복막염에 걸려서 이곳에 와서 수술해서 완전 나았을 때죠. 그때 민보단이란 청년대, 감찰대장이었지요.

우연히 경찰에서 불러서 가니까, 그때 애월 동쪽 애월국민학교 앞에 2층집이 있었어요. 그때 내가 기억하기에 애월지서에는 감옥에 사람들이 꽉 차 있었어요. 그렇게 감옥에 사람이 꽉 차 있어버리니까 그 2층집에 하룻밤 재워서 아침에 도라꾸(트럭)에 실려서 갔죠. 그때 몇 분이 갔는지는 모릅니다.

그때는 사상자 집안은 처단할 때죠. 근데 그때 '빽(뒤에서 받쳐 주는 세력)'이 있었어요. 그때 제가 기억하기에 육지 사람인데 이름까지는 잘 모르겠는데, 조 씨라는 사람이 있었어요. 옛날 미군 부대 통역관이었어요. 근데 우리 아버지한테는 친절해서 애월 오시면 우리 아버지가 닭 잡아 주고 그렇게 그 사람을 대접하곤 헙디다. 그래서 그 빽으로 우리 어머니가 한 번 이제 면회를 갔었죠. 임신한 몸으로 갔는데 가서 뭔가를 적으라고 해서 적고 면회하러 갔지요. 그러니까 아침에 조 씨란 분이 말씀하기를, "아침 6시에 도라꾸에 실려서 어디로 가더라" 하는 겁니다.

(조 씨에게) "어떻게 해서 그걸 아냐?" 하니까 우리 아버지가 도라꾸에 실려서 갈 때, 그 조 씨 아저씨 집 앞으로 넘어가게 됐던가봐요. 그래서 신던 신을 그 집 마당으로 이렇게 던졌다는 겁니다. 그래서 그 조 씨가 보니까 친구 신발인 줄 알고는 그렇게 말했던 거지요. 그러니 우리 어머니가 면회를 가니까 "오늘 아침 6시에 도라꾸에 실령 갔습니다" 한 거예요.

그게 음력으로 6월 2일(양력 1950년 7월 16일) 이었던 겁니다. 해서 우리는 6월 1일 날로 아버지 제사를 모시고 있어요. 우리 어머니가 그날을 아니깐 음력 6월 1일로 하고. 애월에 음력 6월 1일 날 제사가 많아요.

애월 강ㅇ문도 우리 아버지랑 같이 죽었죠. 내가 국민학교 2학년 때 우리 담임했던 분이에요. 저허고 5촌이고, 외가로 우리 고모할머니 아들인데. 거기도 시체 없어요. 우리 아버지랑 같이 죽었지요.. 헌디, 거기는 확실한 일자를 모르니까 생일로 제사를 모셨고, 우리는 확실히 알았으니까 음력 6월 1일로 제사를 지내요. 이젠 그 가족들은 아무도 없어요.

아버지, 수장되었다는 이야기 들어

그때 총살로 죽인 거보다 바다에 돌멩이 들이치고, 산에 구덩이 파서 그대로 해서 생체로 무덤을 했었죠. 그 당시 민보단 감찰대장 했었으니까. 또 김○○가 민보단 단장 했어요. 우연히 거 감옥에 있다가 아침에 실어 갔다는데 뭐 나중에 보니까 바다에 돌멩이 들이쳐서……. 제주와 목포 사이 바다에서 돌멩이 들이쳐서 죽여버렸다는 애기를 들었죠.

왜 여기, 아직 그것을 못 찾아내는지 도저히 이해가 안 가요. 오늘 이렇게 (누군가가) 나를 찾아오면 그것을 얘기하려고 했어요. 그 사람들, 살아있는 경찰관 간부들도 있단 말이여. 그렇지 않으면 순경의 자동차 운전수, 운전수들이 그렇게 되면 그때 다 동원됐을 거거든.

그때 사람들을 싣고 갈 때. 그 운전수들만 찾아서 그 당시를 물어도 알건데 말입니다. 높은 직위에 있는 사람은, 죄 있는 사람은 그걸 얘기 안할지 몰라도. 이 한쪽에서는 비행장에 파묻었다, 또 한쪽에서는 수장했다 하고. 그런데, 왜 그것이 판정이 안 되는가? 난 그것이 상당히 궁금해.

어느 쪽으로 실어가는 차였는지 그건 몰랐죠. 그러니까 확실치 않아요. 부두에 실어가서, 뭐 배에 실어가서……. 제주와 목포 그 가운데 가서 돌멩이 들이치듯 어디로 들이쳐버렸다 하는데, 비행장 방향이 아니고 부두 쪽으로 아마 그랬을 겁니다.

애월 다른 분들도 아마 수장이 맞을 겁니다. 6월 1일 자에 실려 간 분들은 수장이고. 2차에 7월 5일 날 실려 가 죽은 분들은 정뜨르에서 죽은 것 같은데…….

임신한 어머니 빙의 들려…… 고문당하기도

그때는 빙의가 있다 허지 않습니까. 우리 어머니도 빙의 들렸어요. 우리 어머니도 (빙의가) 들려서 우리가 학교에 갔다 오니까 막 뭐 과일 같은 거…… 그때 과일 먹기도 어렵지 않습니까. 그래서 과일 같은 거가 막 저기 있고, 사람들도 많이 와 있고, 할머니도 와 있었어요. 거기서 "막 말허라, 말허라" 하는 얘기를 우리가 들은 적이 있어요. (굿판을 벌인듯)겐 누구 누구 같이 있다 했어요. 그때 조ㅇ택이 그 아저씨도, 그 저 성홍이 어머니도 (빙의) 들려서 그런 얘기했었고. 많이들 (빙의) 들려낫수다.

그래서 (아버지가) 바당에 있다고…… 그런 얘기 들은 적이 있어요. 우리 어머니가 시어머니한테 얘기했죠. 내 이름이 정훈이니까 "정훈이 아버지는 오늘 아침에 도라꾸에 실려 갓수다" 하면서 말입니다. 우리 할머니가 집이 바닷간데 막 뒹굴면서 누구냐고 야단치지 않았겠습니까.

그러니까 경찰에서 와서 우리 어머니가 그 얘기했다고 해서 어머니를 잡아가서 전기 충격까지 받고 굉장히 고문을 (심하게) 당해서 왔죠. 어머니는 그때 임신해 있을 때였지요. 임신 6개월 만에…… 그렇게 전기 충격을 당해도 우리 동생이 죽지 않아서 출생했지요.

당시에는 무서워서 무슨 말을 해봅니까. 어머닌 아버님 시신 찾으레 돌아다닐 형편이 안 됐죠. 다 바다에서 죽었다고 하니까. 그 시절에 어떻게 돌아다닙니까.

그때 당시 부친은 방애 공장을 했었어요. 그 시절에 방애 공장하면 애월면에서 우리 집밖에 없었어요. 여기 지금도 그 흔적이 있는데……. 또 우리 할아버지가 어업조합 소장이었거든요. 애월 조합을 좀 크게 했었어요. 그 당시에는 그래서 그 이업 조합 활동하고. 그때 발동기, 발동기 하면 우리집밖에 없을 때죠.

유년 시절, 죽음 목격

어려서 대부분 폭도들 잡아와서 눈 앞에서 쏘아 죽이고…… 또 모가지(목) 끊어서 저 전봇대에 달아매고 허는 그걸 봐노니까 밤에 변소를 못

갔어요. 영 무서워서……. 그런 일이 있었죠.

애월국민학교에서도 사람 죽였다고 허는 것, 어린 때 봤죠. 나무 이렇게 해서 (사람들을) 거기서 태우고……. 몇 명이죠, 한 명뿐만이 아니고 국민학교에서 사람 죽인 거는 학생들도 본 애들 많죠. 그래서 우리말로 "헛개 난다" 허지 않습니까. 귀신 난다 해서. 그리고 태우면 펑펑 소리 나지 않습니까. 그런 기억이 있어요. 죽이고 바로 태웠죠. 국민학교 운동장에서. 그때 죽일 때, 군인이죠.

학살은 이 국민학교 운동장에서도 했었고, 옛날 장터에서도 했었어요. 총으로 쏘면은 금방 죽지 않고, 요런 듸 맞고…… 그러면 철창으로 찌르고 그랬죠. 장터에, 옛날 묵은 장터 있었는데, 글로(그쪽으로) 달아나다가 (사람들을) 대창으로 찌르던, 그런 기억이 나요. 젤 무서웠던 건 그 모가지 전봇대에 단 거, 그게 제일 무서웠어요.

그때 하나 둘 잡아 오면 좀 높은 데 달아 놓았어요. 지서 정문에. 뭐 말로 표현 할 수 없죠. 한 번 달면 며칠 달아 두는 거죠. 그러다가 치와불고 (치워버리고). 지서에서 전과를 알리려고 했지요. 폭도들 이렇게 된다 해서 (예를 보인 겁니다). 그때 제가 한 열두 살 때쯤 될 땔 겁니다. 아버님 돌아간 후니까. 길거리 (다니기가) 무서워서 그 다음부터 뭘 못 봅니다. 이 한 길에 걸어 다니질 못했어요. 무서워서…….

4·3 이후

(4·3사건) 이후엔, 어머니가 굉장히 힘들게 자식들을 키우고 그랬어요. 우린 4남매였습니다. 지금 3남매가 살아 있습니다. 어머니는 5~6년 전에 돌아가시고.

1962년도에 제가 군대 갔다 와서 제대하면서 저는 막 바로 일본으로 갔지요. 그때는 전부 밀항이었죠. 난 고등학교는 애월상고를 졸업해서 해병대에 지원하고 제대하면서 그대로 일본으로 내뺐죠.

그 외에 별도로 4·3으로 피해 받아 본 일은 없었죠. 근데 우리 동생이 받았죠. 우리 동생이 육군 간부 후보생이었어요. 제주대학교 다닐 적에 육군 간부 후보생이어서 여기서 영장 나오지 않습니까? 그래서 졸병으로 가고 싶다고 해서, 3학년 되니까 머리 빡빡 깎고 훈련 받을 적에 신상조사가 와요, 애월면으로. 그래서 사상자의 아들이라고 해서 내쳐졌어요. 그래서 그 동생이 피해를 받았죠.

교원 지원할 때는 뭐 없었어요. 그래서 그 다음에 나와서 제주대학교 졸업하고, 육군으로 갔다 와서 국가시험 합격했어. 영어 선생 할 적에 동창 결혼식에 갔다 오다가 자동차 사고로 그냥 세상 떴죠, 스물아홉에. 애월중학교에서 교편 잡다가 자동차 사고로 세상을 떠났습니다.

군 제대 후 일본으로 떠나

아버님 형제분은 4남매인데, 아들 둘, 딸 둘입니다. 말하자면 우리 작은아버지가 그때 남로당 당원이었죠. 그러니까 형(아버지)은 이쪽이고, 동생은 저쪽 파였어요. 그러니까 우리 작은아버지가 일본으로 도망쳤죠. 작은아버지가 옛날에 일본 가시 공부하고 와서 애월중학교 교편 잡고, 그다음엔 제주신보사 특파원을 했죠. 그때 공부하고 좀 똑똑한 사람들 전부 빨갱이 쪽이 많았잖아요.

그래서 아버지 동생이 도망갔으니까 동생이 어디 갔냐고 해서 우리 아버지를 누가 찔러버린 거지. 형이 동생을 도망시켰다 해서. 그래서 우리 아버지가 잡혀간 거 같아요. 우리 아버지는 경찰관이 잡아가서 빨갱이 취급해서 억울하게 죽여분 거지요. 제가 바라는 건 그걸 원대복구 해줬으면 허는 겁니다. 완전히 여기서는 동생은 좌익이고, 형님은 민보단 우익이고. 그렇게 했는데 실제론 동생 때문에 집안 일이지만은, 그렇게 됐어요(돌아가시게 됐어요).

작은아버지는 나중엔 일본에 가서 교편 잡았어요. 대판(오사카)에 있는 건국고등학교에서요. 지금은 백두학원 건국학교지요. 제가 일본(에 있는) 우리 한국 학교 육성회장을 했었어요. 그래서 그 내용을 잘 압니다. 작은아버지는 나중에 일본 갔다가 돌아완 여기 애월에서 집 짓고 살다가 돌아가셨습니다.

작은아버지는 애월면에서 무슨 큰 감투 가졌었어요. 자제분들은 일본에 전부 있습니다. 동경에 4남매가 있죠. 작은아버지만 귀국하신 거죠, 작은어머니하고. 부부가 완전히 귀국이 아니라 여기 와서 오래 사셨죠. 일본에는 왔다 갔다 하면서. 작은아버지는 공부만 한 사람이어서 책을 좋아하는 사람이라 우리보다 더 (돌아가는 이치를) 잘 압니다.

빌 레 못 굴 ,   그   끝 없 는   어 둠   속 에 서

진찬민

1929년 애월읍 광령리 태생인 진찬민(秦燦敏)은 4·3 당시 외가가 있는 제주시로 소개했다가 부친과 아내와 함께 연행되어 전기고문을 받았다. 그의 부친은 이승만 대통령의 이름으로 감사장까지 받았지만, 경찰에 끌려가 고문 끝에 허위자백을 하여 목포형무소에 수감되었다가, 김천형무소로 이송되어 한국전쟁이 발발하면서 행방불명되었다.

(채록일: 2006.7.5 | 채록 장소: 제주시 삼도동 자택)

3

우리가 경찰에 압박당했으니 억울하기 짝이 없지

우리 아버지 용 용(龍) 자, 아이 아(兒) 자. 원래 우리 형제는 4남 2녀인데 그 가운데 내가 큰아들이야. 그때 스무 살 때니까. 우리 아버지는 서른아홉 살 때였죠. 난 뭐 직장도 없고, 농사 짓고 허면서 살 때. (나는) 1948년, 4·3사건 (나던 해) 봄에 결혼했어요. 음력으로 3월 달.

결혼 이틀 전 산사람에 붙잡혀 갈 뻔

난 산사람들한테 잡혀가서 몇 번 죽을 뻔했어요. 그때 외할아버지가 4·3사건 난 때, 제주읍에 소개 오기 전에 집을 지었어요. 집 짓는 데 와서 심부름 조금 해주라고 해서 심부름하다가 장가가게 됐어요. 장가가는 전날은 노형까지 걸어서 갔거든.

길가로 걸어가다가 광평? 광평 마을, 그 웃드르에 가게 되니까 산에서 죽창, 철창 가지고서 넷이 내려왔어요. 산에 오르라고. 난 돈도 없고 하니까 학교도 안 허고 아무것도 안 헐 때였어. 양식 떨어져서 양식 가지러 간다고 막 했어요. 그때 보니까 네 사람이었는데, 세 사람은 산에 오르라 허고 한 사람이 혹이 있는 사람인데, 이 사람이, 주먹만한 혹이 얼굴에 달려 있는 사람이, "그 어린 거 내불어, 내불어" 해서 세 사람은 자꾸 산에 오르라고 (강요) 허다가 마지막에 (그 사람이 그냥 가라고) 허락을 해줬어. 하도 그러니까 그 사람이 이제 용서를 해준 거라. 안 그랬으면 나도 끄집어 갔을 거야.

그렇게 해서 광평 가보니까, 모레 결혼할 건데도 두부도 안 했어요. 내가 뭐라고 외쳐야 두부 해서 다음 또 다음 날, 음력으로 3월 28일 날 장가를 갔어. 그러니까 3월 26일 날 거기 가다가, 그때 산으로 끄집어 갔으면 죽어불엇을 거라. 꼼짝없이.

그땐 우이(위)도 무섭고, 아래도 무섭고 허니까 더러 산에 올라버렸지. 나중에 내려왔지만. 초기에도 막 산에 오르라 오르라 했어요. 그때 바로 5·10선거철이니까 선거하지 말앙 산에 오르라 했던 것 같아. 선거 날은 뭐 했는지 기억이 안 나. 아버지가 마을에서 책임자허니까 난 함부로 놀지도 못 허고 그랬어.

결혼 다음 날 왓샤부대 올라와 숨어 살아

스무 살에 내가 결혼한 다음 닐, 비로 위노 쪽으로 왓샤부댄가 올라왔어. 거기서 가을 되니까 산으로 오르라고 헌 거라. 그래도 우린 안 올랐어. 동네 사람 다 올라도. 물ᄀ래(몰방에, 몰방아)라고 있잖아요. 거기에 강 숨었어. 또 와 가면 피해버리고.

어디 갈 데는 없고, 소개를 여기 우리 외조부가 사니까 오라고 해서 여기 온 것이…… 와서 얼마 있다가 불타부니까 뭐 달포나 있었는가? 그때 그러니까 음력으로 가을이 와서 11월 13일 날(양력 1948년 12월 13

일) 저녁에 형사들이 그냥 집을 포위하고, "어디서 왔냐?" 하는 겁니다. "우린 광령에서 왔다" 허니까, "그날 산에 뭐 기부했느냐?" 허니 아무 말도 안 허고 여기 바깥으로 나간 모퉁이에 점방이 있었는데, 거기 서라고 했어요.

거기 모여놓고 스리코타 차에 태워서 관덕정에 경찰서가 있으니까 그리로 잡아갔어요. 그렇게 해서 우리 집에서도 이제 우리 아버지허고, 나허고 부인허고 셋이 경찰서에 끌려갔죠.

다른 사람들도 아주 형편없이 잡혀갔어요. 차로 막 실어서 말이죠. 스리코타 갖다가 올레에 대어놓고 길에 넘어 가는 사름덜은 무조건 타라고 해서. 뭐 말도 물어보지 않고 타라고 했어요. 그래서 거기 가서 하룻밤, 하룻낮을 매로 살았죠. 처갓집은 피해가 없었어요.

아프라고 때리는 게 아니고, 죽으라고 때리는 거야

음력 동짓달. 14일 저녁부터 15일 종일 취조를 받았어요. 우리 할망(아내)도 형편없이 맞았어. 그때는 뭐 매도 아니고, 소도 그것처럼 때리진 않지. 그러니 우리 할망 두드리는(때리는) 사람은 뭐라고 허면서 두드리냐면, "씨전정도 못허게 멘들아불켜(아이도 못 낳게 만들어버리겠다)" 허멍 두드렸어요.

그땐 뭐 말 할 수가 없어요. 안 본 사람은 말로만 해선 몰라. 때리는 것도 뭐 죽으라고 때리는 건데 뭐. 아프라고 때리는 게 아니고, 죽으라고 때리는 거야. 나는 전기 취조까지 받았어요. 그래서 내가 죽었다가 살았죠.

막 오줌 싸고, 똥 싸고…… 천장에 달아매고 하니까. 그래서 내가 취조 받을 때, 양쪽 다 아픈데 이 몸 가죽이 소 가죽 벗겨버린 것 같이 가죽 하나도 없었어요. 막 매로 두드려버리니까.

참, 스무 살 때니까 살았지. 지금은 참, 그거 반도 안 맞고 죽지. 무지무지하게 사람을, 어떻게 그렇게 두드릴 수가 있냐고. 참, 지금 세상엔 암만 죄인이라도 말을 들어보기라도 허는디. "산에 뭐 했느냐?" 하면 안 했다고 해도 했다고 해야 살려주겠다는 거라. 그러니 두드리던 끝에 그때 우리 아버지가 서른아홉 살이었거든요. 그래서 마지못해 사뭇 쇳소리 했어요. 매에 버쳐서……. 그러다가 참, 쌀 닷 되 산사람한테 줬다고. 살기 위해서 무조건 했다고 헌 거라.

그때 아버지 허고 잡혀가서 매 맞았지요. 같은 장소라도 넓으니까 저쪽하고 이쪽하고 따로 따로 맞긴 맞았죠. 나허고 우리 처허고는 그때 하룻밤을 살아서 석방되어서 나왔어요. 우리 아버지는 형무소에 갔는지 어떻게 했는지 모르고. 그래서 죽었는지 살았는지도 모르고.

여기 뭐 사라봉, 여기 해태동산 막 사람 죽어 분 듸(데) 강 찾아도 보고 그랬어요. 그래도 아무 소식도 없고, 어디로 간지도 모르고 있었는데, 하귀 우리 9촌 남편이……. 9촌 남편이 목포형무소 강 있다가 석방돼 나왔어요. 그 남편이 우리 아버지가 목포형무소에 있다는 것을 연락해주었어요. 우린 그때야 아버지 소식을 들었던 거지요.

나중에 알아보니까 형무소에서 하도 매를 두드리니까 안 헌 것도 했다고. 쌀 한 되를 산사람한테 희사했노라고 헌 모양이에요. 나도 몰랐는데 나중에 들으니까.

난, 두 번이나 갔다 왔어. 이게 첫 번째였어. 가서 매 맞고. 그때 약이 있었나? 돈이 있었나? 난 그대로, 그자 한 몇 개월 있었으니까. 옛날 현대극장했던 데 있잖아요. 그때 초대 국회의원 김인선이었는데, 글로 이제 대동청년단 감찰대를 모집한다고 해서 내가 갔거든요.

대동청년단 가입 후 두 번째 연행

나는 그때 살 곳으로 붙어야 되겠다고 해서 거기 가서 대동청년단 감찰대에 들어갔어. 그러고 지금 제주중학교에서 일주일 간을 훈련 받았어요. 밤낮 집에 못 오게 허면서. 그래서 대동청년단 감찰대로, 극장에 가서 가입해두고 바로 집에……. 이쪽 서너 집 넘어가는 곳에, 거기 살았어요.

(다시 잡혀간) 그때는 가서 앉았다가 경감이, 어떤 경감이 딱 나왔어요. 동쪽 사람인디…… 세화리? 세화리라고 했던가? 오늘 처음으로 온 사람하고 두 번, 세 번째 오는 사람하고 빨리 줄 서서 앉으라고 하니 난 바른대로 말했거든요. 두 번째 잡혀왔다고. 두 번째 줄에 앉으니까 그때 경감이 형사들 보고 하는 얘기가, "너네들 무죄 석방한 사람들 뭐 일 없이 또 끄집어 왔느냐?" 하면서, "당장 내보내!" 해요. 그때는 밤에 여기 오니까 도장 찍어 줬어요. 보초 선 사람들이 "누구냐!" 허면 이거 보여주고.

그때는 매도 안 맞고, 경감들이 잘 해줬어. 경감을 잘 만나서 2차로 잡혀간 사람도 또 1차로 갔다고 했어요, 두 번째 갔다고 허면 죄가 있을까 해서. 그때에 징역 간 사람도 가끔 있을 건데 거의가 죽었어요. 난 두 번째 갔다고 허니까, 석방시키라고. 그땐 석방된 사람을 무조건 잡아갔어. 이유 없이. 지금 같이 말이라도 묻고 무슨 죄가 있으니 오르라고 허지도 않고.

대동청년단 활동도 더러 했지. 토벌? 봉개에 한 번 갔다 왔어. 언젠지 잊어버렸지만. 그때는 봉개도 소개당한 때라. 완전 위험한 때지. 그때 무슨 총이 있나요? 군인 아니고 경찰들하고 같이 갔어요. 거기 대바구니 있잖아요. 대바구니에 돼지 잡은 거 그거 대왓(대밭) 돌담에, 이렇게 탁 걸쳐서 놔둔 것도 있고. 그 소개 가버린 때.

이승만 대통령에게 받은 5·10선거 감사장

그런데 제일 억울한 것이 그 당시 어땠냐면, 5·10선거라고 해서 이승만 대통령 선거가 있었는데, 우리 광령 1리에서 세 사람밖에 투표를 안 했어요. 그때 5·10선거라고 했거든요. 근데 광령, 그 큰 마을에서 우리 아버지 포함해서 세 사람밖에 투표 안 했어요. 그때 나는 투표권이 안 나왔어. 강ㅇ천인가? 거기 동생이 경찰관으로 있었어요. 그 사람 한 사람하고 또 한 사람해서 세 사람 나갔다고.

아버지는 그때 구장이었어요. 마을에 지금은 이장이지만 구장이라고 있었는데, 이 세 마을로 나눠서 상부락, 중부락, 하부락 해서 거기 책임자가 있는데, 우리 아버지가 하부락 책임자였으니까. 선거 관련 책임자덜? 지금 중부락 책임자는 소개 갔다가 하귀에 심어다 죽여버렸죠. 산에서 밤에 내려왔다가 말이에요. 우리 아버지는 여기 와버리니까 괜찮았고.

내가 장가가서 이제 처갓집에 밤에 놀러 갔다가 저녁에 딱 나와보니끼, 막 마음에 들어와서 불 붙이고 해요. 그러니까 동네 사람들 가까운 곳에 우선 알리고는 피해버렸지요.

그때 광령은 여기 있어도 사름덜이 투표허러 일부러 안 가고, 또 피해버려서 투표를 안 했지요. 우리 아버지는 투표까지 하고, 이승만 대통령한테 감사장도 받았거든요. 근디 그것이 형무소 가서 오래된 후에야 왔거든요. 그때 우리 아버지가 대통령 감사장 받은 것이 지금까지도 있어요. (아버지 엽서를 보여주면서) 단기 4281년 11월 3일이니까, 1948년 11월 3일에 (대통령 감사장) 보낸다고 이렇게 도장이 찍혀진 것을 보면 가서 얼마 안 돼 발송된 거지요. 이 엽서는 복사한 거지요. 이거는 (다른 엽서) 형무소 가서 아주 오랜 다음에 온 거. 그때는 (통신이) 잘 안 된 때니까.

김천형무소서 보내온 아버지의 마지막 엽서

'아, 이젠 죽지 않고 살았구나' 했어요. 그때 1년인가 징역 받아서 갔다고 어디선가 들었으니까요. 그 연락해준 사람한테서. 그때부터 한참 몇 번 엽서가 왔다 갔다 했어요. 그래서 내가 편지하니까 아버지가 엽서를 보내왔어요. 한 일주일에 한 번씩, 열흘에 한 번씩 엽서가 왔다가 갔다가 하다가 언젠지는 확실히 모르겠는데 김천…… 김천형무소로 넘어갔다고 통지가 왔어요.

근데 그 김천형무소에 가서 있던 중, 6·25 전날 아버지한테서 엽서가 왔어요. 그것이 마지막이에요. 거기서 죽었는지, 6·25 나니까 형무소 사람들 다 몰아당 죽여버렸는지 어떻게 했는지……. 6월 24일 날 여기 편지가 도착하고, 그 후로 무소식이었다가 6·25 나니까 죽여버렸다고 하니까. 그땐 뭐 지금 같지도 않고, 무조건 두드려 패고 하니까. 우리한테 연락 준 사람 얘기로는 아버지가 1년 징역 받았다고 하던데. 목포형무소에 있다가 김천형무소 간 건 확실하고.

9촌, 목포형무소 석방 후 다시 잡혀 죽어

아버지 관계로 그때 어떤 재판을 해서 징역을 갔는지……. 우리 먼 일가에 경찰관이 있었는데, 우리 아버지 말씀을 하니까 말도 말라고 해요. 자기가 죽게 된다고.

그때는 뭐 절대 돌봐주려 않아요. 잘못 말했다가 자기가 피해를 보니까. 그땐 얼마나 위험했는지, 하여튼 죽은 사람 가족이라면, 징역 간 사람 가족이나 산에 올라간 사람 가족이라면 숨도 못 쉬었어요.

그때 우리 진 씨 9촌, 우리한테 말해준 그 사람도…… 자식들은 어리니까 괜찮았는데 부인하고 심어당 다 죽여버렸어요. 6·25 때 목포형무소에 갔다가 석방 받아서 왔는데 다시 잡아다 죽였어요. 그 9촌 내외가 다 죽은 거지요. 9촌 되는 이의 남편이 징역 갔다 왔는데 심어당 다 죽여불고. 그땐 가족이라고 하면 이건…… 말도 못 하고.

4·3 때 광령 분위기

산에 오른 사람이 광령 안에는 좀 드물었는데, 몇 사람 산에 오른 사람이 있어요. 우리 아는 사람이 있었어요. 근데 구엄리에 문○백이라고 형사가 있었는데 그 사람이 와서 데려간 거예요. 그 사람하고 딴 사람들……. 여기 소개할 때 경찰이 심어갔어요. 광령리에서 몇 사람 올라간 거 있고, 그러니 거기서 몇 사람 끌고 간 거지요.

진 칩(진씨 집)엔 없고 김 칩에 있고. 김 칩에 몇 사람, 두 사람인가 한 사람. 그리 많진 않고……. 광령이 1, 2, 3리가 있는데, 우린 1리였어요. 근데 진○봉이가 우리 5촌인디 그 사람이 하귀에 소개 갔는데, 경찰에서 잡아다가 죽여버렸어. 그때 하귀로 소개 긴 몇 사람들 죽있어요.

아들, 연좌제로 면접에서 떨어져

4·3사건 당시에는 어떻게 됐느냐면, 그때 가족 중에 감옥에 갔다고 하면 직장에도 못 다녔어요. 근데 나쁜 형사들이 있어요. 우리 지금 작은아들도 서른일곱인디, 다 합격했어도 면접에서 떨어졌어요. 할아버지

가 뭐 징역 갔다고 해서……. 그래도 우리 큰아들은 이제 서울 갔고, 지금 손자가 경찰 경위예요. 우리 큰아들도 들어가고, 말젯아들(셋째아들)도 들어가고. 아들이 넷인데, 근데 제주도 사는 아이는 합격해도 그 형사가 와서 면접 떨어트려버렸어. 축협에도 합격됐는데 못 가고, 어디 어디 그때 한 세 군데 합격했었는데…….

그땐 우리 동생들이 다 어렸지. 동생들도 다 여기 왔었어요. 아버지가 그렇게 돼버리고, 나중에 그 다음 핸가 좀 완화되니까 마을에 새로 건설해서 살라고 했어요. 그래서 어떻게 됐냐면, 우리 큰누이, 동생 둘하고, 말젯동생하고, 어머니하고 같이 갔어요. 셋동생(둘째동생)하고 작은동생은 여기서 나하고 같이 살다가 그 다음 핸가 내가 그때 북교에 편입시켰어요. 내가 육군으로 군대 갔다 오니까.

우리 딸 낳아서, 난 일주일 만에 군대 갔거든요. 그러니 우리 할망(아내) 혼자 벌어서 멕일 수가 없고, 공부시킬 자신이 없으니까 그때 처음으로 울었어요.

아버지 엽서도 전부 없애버렸어

우린 압박을 받으면 산사람들한테 받을 차롄데, 경찰들한테 압박을 받으니 억울하기 짝이 없어요. 우리도 여기 안 왔으면 산사람들한테 죽었겠지요. 하귀나 어디로 갔으면. 다행히 소개 안 가서 여기 오니까 가족들도 무사하고, 아버님만 혼자 그냥. 우리 아버진 암만해도 죽을 팔자였는지……. 우린 원칙으로 산사람이 무서운데 경찰 쪽에서.

아버지 엽서는 다 던져버렸어요. 엽서는 그 징역 간 사람 가족이랑 그땐 뭐 말이나 할 수 있었나요? 그러니까 없애버렸어요. 하나도 없이. 이렇게 될 줄 알았으면 어디 묻어서 숨겨놔뒀을 건데.

이런 상(이승만 대통령 감사장)이라도 안 받았으면 허지만 솔직히 참……. 세상이 뭐 이젠 이렇게도 바꿔지겠지요.

해방 전에는 노무자로 갔다 와

난 해방 전 열일곱 살에 노무자로도 갔다 왔어요. 진드르라고 알죠? 아버지가 마을 책임자니까 자기 아들 안 보내고 남 보내면 마을에서 뭐 한다고 해서, 그래서 가라고 해서 간 거라. 거기 가서 보니까, 기억 나는 건 산장. 드리송당. 거기 가서 비행장 하는 데 가서 일허다가 딱 집에 가는 날이 해방되는 날이라.

거기서 한 20일 살았나? 하여튼 교대, 교대하니까 한 사람만 보내서. 오래 살 질 안 허고. 교대하는 것도 밤에 몰래 살짝 누구 모르게 안 하면 교대 안 해주니까 밤에 교대하고 했지.

공부? 옛날엔 간이학교라고 있어요. 간이학교. 광령에 구엄국민학교 부설 광령간이학교라고 있었어요. 일본놈 와서 일본글 반, 한글 반. 그때 2년 졸업 헷주.

스무 살까지는 그나저나 거기(광령) 살고, 군대는 여기 와서 갔지만. 군대 간 때는 우리 할망(아내)도 고생 많았지. 우리 큰딸 하나 낳고서 일주일밖에 안 됐는데 내가 군대 갔으니까. 큰딸이 지금 쉰일곱 살이라.

4·3 위령제는 반드시 참석

후유증으로 진찰은 안 해 봤어. 처음엔 아프지 않으니까. 그것으로 해서 처음엔 아프지 않고 허다가 나이가 들어가니까 아프지요.

4·3 위령제엔 항상 다녀오지. 금년도 갔다 오고. 작년에도 갔다 오고.

난 저 거기부터 빠지지 않았어요. 바쁜 일만 없으면, 부득한 일만 없으면 꼭 거기 갔다 오지요.

나이가 많고 뭐 곧 잊어버리고. 난 그 당시에, 한 칠십 전까지만 해도 한 번 한 일은 잊어버리지도 않는 사람인데 원. 경혜도 뭐냐 허민 옛날 그런 일은 잊지 못하지. 나한티 닥쳐났던 건.

빌레못굴, 그 끝없는 어둠 속에서

양재수

1924년생인 양재수(梁在守)는 일제 강점기 징병 1기생으로 전주에서 훈련을 받고, 산지항(제주시)에서 근무했다. 4·3 때 광령마을이 소개된 뒤, 가족과 함께 외도로 피난 갔으며, 수많은 죽음을 목격했다. 동생은 굴속에서 피신 생활을 하다가 붙잡혀 행방불명되었다. 그의 친인척 열 명도 4·3 시기에 희생되었다.

(채록일: 2006.6.13 | 채록 장소: 애월읍 광령리 자택)

4

어떻게 범죄자가 돼서 그렇게들 죽었는지 몰라

난 일제 때도 군산에 가고 만고풍상 다 겪었지. 그때야 뭐 어디 큰 학교가 있었나. 여기 광령서당이라고 있어서 어릴 때 거기 다니다가, 사립일신학교라고 신엄에 있는 데서 학교를 나왔지. 그때 4학년까지는 그대로 하고, 5학년, 6학년은 보습과라고 있어서 거길 다녔어.

아래도 무섭고, 위도 무섭고

우리는 딱 두 형제라. 내가 장남이고 동생이 있었는데, 동생이 4·3사태에 돌아갔어. 동생은 국민학교 나와서 서울 가서 좀 공부하다가 돌아와서 집에서 살았는데 돌아갔지.

난 일정 때는 학교 다니다가 그만두니까 당분간 농사에 정성을 다 했지. 스물인가 스물한 살에 해방 맞은 거지. 결혼은 해방 전 열아홉 살에 했어.

그때 부두에서 근무했어. 제주부두, 산지부두에도 있어보고. 일본군

부대 '야가스리부다이'라고 있어서 도항 업무를 맡았지. 일정 때는 전주 가서 훈련 받았고. 해방 후에 이장도 해보고 면서기도 해보고.

그때가 단기로 4284년도(1951년)쯤 되겠지. 모슬포 제1훈련소에서, 우리가 훈련 받았어. 그러니까 1950년도 6·25 당시에 그렇게 하다가 우리 동창, 공무원이 (사람들을) 총동원할 때 군인으로 갔어.

해방 후에 기억은 주로 군, 경, 산사람에 대한 기억이야. 여기가 산촌이니까 다 여기 와서 사람들을 이리 찌르고 저리 찌르고 했어. 우리 중간에 있는 사람은 그때 살 수가 없었어. 산에서 와서는 이제 자기네 말을 들어라 하고, 경찰관은 그냥 무조건 오면 이제 "산사람과 같은 동지다, 동료다" 하면서 몰아서 붙잡거나 쏘거나 그런 식으로 한 거야.

여기 살 땐 산에서는 피해 안 봣주. 매일 그때는 경찰, 군인들이 습격을 하니까 어디 저 산에 멀리 가진 않았고, 동네 부근 높은 동산에서 망을 보다가 또 도망가곤 했지. 광령에서 처음 (사람들이) 죽을 때는 아마도 무자년 4월경인가 그때 북쪽으로 경찰들이 들어와서 쏘기 시작헷주. 쏘기 시작허난 돌아다니는 게 뭐. 마을 안에서 보초도 서긴 섰어. 그냥 동네니까. 아, 어디서 온다 허면 뛰어다녓주. 안 뛰어다닐 수가 있어? 집에 가만히 있지를 못했어요. 젊은 사람들은.

관덕정 3·1절 기념식 참가

1947년 관덕정 3·1절 기념식에는 나도 갔어. 그때 우리가 저 아라동인가, 거기 국민학교에 모여서 관덕정으로 간다고 해가지고. 저기 동쪽으로 돌아오다가 관덕정 쪽으로 가니까, 총소리가 요란히 나고 사람이 죽었다고 해. 경혜서 우리는 관덕정으로 가다가 할 수 없이 집으로 도망을 쳤지. 그러니까 숨었다가 돌아와버린 거지. 그때는 젊은 사람들이, 광령리 청년들이 거의 다 갈 때니까, 뭐. 거기서 총소리 들었어. 그때부터 마을에 경찰들이 막 잡으러 다니기 시작이주.

5·10선거 때도 선거헐 수가 있어? 이 마을도 선거를 안 했지. 전부, 전부 마을에서 피했지. 요 동쪽으로 냇가에도 가고, 어디로든 도망가고. 우리 일반인 힘이라는 것은 '늡의 대동'이라고 '남들이 하는 대로' 자기도 따라가는 거지. 그건 그러니까 산에서 와서 못 견디게 해서 5·10선거를 해서 안 된다고, 이렇게 막 으름장 놓고 하니까 말이지. 그땐 별로 투표허라고 경찰이 오진 않았어요. 산에서 주로 와서 5·10선거는 안 된다고 그렇게들 했어. 동네 사람 중엔 선거하지 말자고 허는 사람은 없었어.

동생 부인은 결혼 닷새만에 숨져

동생 이름은 양계국이라. 그때 결혼했어. 결혼해서 5일 만에 각시가 죽어불고. 그해 10월, 음력으로 여기 광령 습격 올 때라. 각시는 섯동네 친정집에 가 있을 때 습격 들어서 죽었어요. 그냥 (밖에) 나오라고 해서 나가니까 잡앙 쏘니까, 집에서 죽어버렸지. 광령 불태우는 날이었지. 그날 동생은 숨어 다녀서 별일 없었지. 그때에 토벌대는 이 동네까지는 아니고, 요 아래 동네까지는 올라왔지만. 그땐 주로 토벌대가 일주도로로 다니니까 그 근처 집집마다 피해를 줬지. 불 다 붙이고.

우리 집은 그날 불에 안 탔어. 길가로만 태워버렸으니깐. 그래도 요 아래까지는 와서 태웠어요. 그때 동생 처가댁, 우리 사돈댁에서는 안사돈이 희생되고 바깥사돈은 조금 이따가 죽었지. 사돈어른은 총은 맞아도 좀 살다가 죽었어. 그러니까 세 식구가 그렇게 다 죽었어. 그래도 어린아이들은 살고.

동생 각시는 그때 호적에도 오르지 못했어. 사돈댁에서 먼저 사망 신고해부니까 호적에도 올릴 수 없었어요. 우리 동생 처 이름은 김○○. 우리가 제사도 허고.

동생 무수천서 잡혀 광주형무소로

동생은 무수천 근방에서 잡혔어요. 거기 궤(동굴) 속에서 살다가 잡혀 갓주. 외도학교에 있는 외도 토벌대에 잡혔지. 그래서 제주읍 경찰서로 넘어 간 거지. 동생 숨었던 궤에는 광령 사람들 한 서너 분이 있었어. 앞집 양○안 씨도 같이 있었어요. 사촌형제가 같이 잇어낫주. 돌아와버리니 양○안은 잡히지 않았어. 우리 팔촌 되는 양○문도 그때 잡히질 않고, 내 동생만 형무소 간 거지요. (궤에서) 나온 사람들도 많이 있었는데 예비검속에 걸려버렸어요. 그런데 양○안 형님도 예비검속 됐어. 그 형님은 그때 어디 강 죽었는지는 몰라. 어디, 제주에서 죽여신디, 어디 강 죽여버렸는지는 몰라요.

동생이 잡혀 온 걸 나는 보지 못했어. 동생허고는 그때 헤어진 후로는 봐 본 적이 없어요. 그래서 거기 경찰서에서 또 광주로 넘어갓주. 광주로 넘어가서 우리가 죄가 있어서 그렇게 헌 것도 아니고, 잡혀노니까 헐 수 없이. 이긴 저기서는 산사름으로 인정허거든. 그래서 거기서 재판을 받았는지 말았는지 그 후에는 소식도 없고. 동생이 광주에 갔노라고 편지는 왔어요. 그렇지만 우리는 가보지도 못허고. 그러니 우리가 또 변호사, 김○○ 변호사라고, 변호사 사서 거기 가서 좀 답변도 허고, 이렇게 헷주. 광주에서는 편지 대화가 늘 있었어요. 그 어느 변호사가 동생은 괜찮으니까 곧 나올 거라고, 우리 그런 말까지 들었어. 아버님이 그때 돈도 좀 있고 허니깐 변호사 사서 보냈어요.

그렇게 해서 재판을 다시 건 거 같아. 대구 갈 때도 항소는 하긴 했는데. 그런데 석방헐 무렵에 석방된다고 그렇게 허는디, 그만 6·25가 탁 터지거든. 6·25 사변이 아니었으면 나올 건디, 이제는 저기서 막 쓸어오는 통에 대구형무소로 이송되었어요. 사태가 그렇게 되니까 행방불명돼서 죽었는지 살았는지 모르는 거지.

광령 소개 후 외도 쪽으로 피난

우린 광령 불태워버린 후에 내려갔지. 우리 집은, 전부 그슨새(지붕 덮었던 묵은 띠) 거둬서 치워 놔뒀더니 그것을 안으로 담아놓고 불태워버렸어. 그때 완전히 불태운 날 외도로 내려간 건 아니고. 막 그 길가에 불태운 날이 소개헌 날은 아니지. 며칠 후에 갓주. 그냥 태우면서 나중에 그저 소개허라 허고 다 쓸어내렸지. 한 5일 후에. 음력으로 10월 열엿새 날(양력 1948년 11월 16일) 불태와버리니까, 한 20일 쯤에 내려갔지.

우리 가족은 외도 1동으로 소개 갔는데 소개할 때까지는 가족 중에 희생된 사람은 없었어. 외도 소개 가서는 아무 일 없었어요. 외도에 광령 사름덜이 많이 갓주. 외도에서 우리 쪽에서 간 사름 가운데 한 사람이 희생됐어.

우리가 내려간 후에, 동짓달에 산군이 내려와서 그때 막 외도 집, 여러 군데 태와불엇어. 막 태와불고 허니까 다 산으로 올라간다고 했지만 뭐 허러 올라가겠어. 아무도 안 올라가지. 그땐 몇 사름은 도망갔어. 몇 사름, 외도 사름, 도망간 사름이 있긴 있었어.

외도동 습격 이후 군경 보복

습격 이후에 경찰이나 군인들이 보복으로 사람들을 죽였지. 매일 "사람들 소집해라! 소집해라!" 해서 모여 가면 몇 놈 이리로 와서 확 빼고 저리로 와서 확 빼고. 그렇게 가면 했지 뭐. 밧 앞에 모여 직접 쏘면서 "이것 봐라. 이것 봐라" 했어요. 그렇게 허는 광경도 구경허고. 외도1동 공회당 앞에 조그만 밧이, 광장이 있었어. 거기 모이게 해서 앉혀 놓고 그렇게 한 거야.

그때 우리가 외도에 사는 주인집 동생 김○○이라고, 따로 살긴 했지만, 김○○이가 죽었어. 그때 "이거 봐라" 해서 쏴. 김○○이가 죽을 때는 산에서 습격하기 전, 동짓달 전일거라. 그때는 김○○이 하나만일 거라. 이건 뭐 거기서 일부러 "이런 광경 봐라" 해서는 그런 거지. 거기서 시범적으로 쏜 거주.

인간 이하의 군상들

우린 다시 외도에서 살았지. 성담도 쌓고. 외도지서 특공대가 그때 많이 있었어요. 우리는 안 갔지만 그때 외도 2동에서. 지서는 그때 2동에 있었지. 절 문쪽에서도, 외도에 절터 있었던 듸(데)에 사름덜이 거기서 살앗주.

숙일 때는 그 해변동네 가는 바로 위에, 그 위에서 많이 죽였지. 연대 마을 바로 위에. 우리는 가보지 않았어. 주로 외도 2동 특공대. 그때는 많이 참석했지. 우리 1동에선 안 가고. 총으로 쏘지도 않고 전부 창으로 죽였다고 그래.

한겨울이니까 가다가 입을 것도 잘 없고 하니까, 그거 참 몰명헌(야무지지 못하고 시원찮은) 사람은 다 그 한질(길)에서 죽을 뻔 많이 했지. 눈이 그렇게 와당탕 오고, 겨울이 그렇게 춥고 난리 때.

거기서 나는 특공대. 우리가 특공대로 그때 토벌도 나가고 했어. 한대

(오름)까지 갔다 왔는데 군인, 경찰 뭐 다 합동이지. 외도국민학교에 군인들이 있었지. 그때 가다가 그 군인 소원가? 한 사람이 그냥 산군 포위망에 들어서 거기서 죽었지. 이제 산에 갔다 온 사름덜은 외도국민학교로 전부 모여라 해서. 그때 군인들이 칼 팍 대놓고, 모가지에 탁 대어가지고 죽인다고 이렇게 위협하고, 바른 말허라고 허니까. 그 장교 하나 죽여놓으니까 거기서 애원헐 거지.

검은데기(금덕)라고 있어. '검은데기' 사름이 제일 애원했는데, 그 사름을 거기 와서 박살내버리고. 총으로도 안 죽이고 막 그냥 난도질허면서 죽여불엇주, 그 학교에서. 내가 가 봤지.

난 참 험한 거 많이 봤지. 외도에 이북 경찰도 있었어. 독한 경찰. 내가 반장을 허는디 우리 반 안에 고○○이라고 헌 사람이 외도 사름인데, 꼼짝 없이 하루 저녁 밤에 도망가버렸어. 그러니까 이젠 경찰관이 "반장 누구냐?" 허니깐 "아이고, 나우다" 했어. 그러니까 와서는 그냥 머리빡으로 등을 탁 치면서 "이 사람 못 찾으면 너 생명은 오늘로 끝이다" 허고 그냥 막 냅다 치는디, 뭐라고 헐 수 있겠어요? 그자 맞았지. 맞을 만큼 맞았어.

근데 이제 그 사름, 산으로 올라가버린 걸 찾을 수가 있어? 게난 '이젠 에잇 죽고 살고는 헐 수 없다'고, '내 운명에 맡긴다'고 큰 맘 먹어가지고 허니까, 한 일주일 넘어도 아무 일 없고 해서 그대로 무사히 그때는 넘어왔지. 그 사람은 산에 가서 어느 땐가 잡혔다는 말이 있어요.

자종이에서의 움막 생활

외도에 있다가 '자종이(광령 3리)'라고 있어. (우리는) 자종이에 올라와서 재건해서 살았어요. 고성허고, 광령 1리, 2리, 3리 믄딱(모두) 모이라

해서. 그때가 봄이야. 자종이에서는 책임 안 맡았어요. 성담 안에서, 한 해 겨울은 거기서 살앗주. 한 해 겨울 살다가 또 이쪽으로 올라오고. 그 다음엔 광령 본동에 재건되었지.

자종이에 있을 땐 막 전염병이 돌았어요. 그때 아이들이고 어른이고 형편없이 많이 죽었어. 그때 위생이 불결해노니까. 어디 뭐 변소가 있나? 어른덜도 하영(많이) 돌아갓주. (우리) 집에선 자종이에서 큰 탈은 없었어. 자종이에서는 요만헌 막살이 조근조근 지어놓고 성을 좁게 둘러 놓고 사람은 많았으니깐. 그냥 연이어서 지은 집도 있고, 이렇게 작게 지어놨어, 요건.

화장실 엇이난 그자 막 똥에 오줌에 그냥 앞길로 철철 내렷주. 아이고, 화장실 차리질 못허곡 그냥 살아노난 이 구석 저 구석덜, 옆에덜 가서 막 싸고. 그 안에 아마 400명 이상이 뒈어실 거라. 원래 자종이에 살던 사람들은 이녁 집 터에 가긴 갓주. 그 안에 학교도 있고, 가교사라 해서 새(띠) 조금 넣고 이는 체 했어. 그런 식으로 만들었지. 밤에는 보초 서고. 낮에도 문지기 다 잇어. 그러니까 그렇게 계속 헷주. 자종이에서는 산에서 습격도 안 왔으니까 토벌을 나가보진 않았어요.

도피자 가족으로 지적받아

집에 동생이 엇어부니까 도피자 가족이라고 지목을 받았지. 아, 그때 도피자 가족으로 상당히 지적 받앗주게. 도피자 가족은 죽는다고 말이 숭숭했지. 그렇게 했지만 어쩐 일인지 이건 하늘에서 생명을 구해줬는지, 주인이 마을 유지여서 도와주기도 했지.

그때 마을에서 이장 씌우니까 이장 두 해 허고. 면서기도 한두 해쯤 했나? 그렇게 해서 여기 제1훈련소에서 훈련 받아서 전선으로 갓주게.

제1경비대라고 해서 부산에 배치 받았어.

우리 일가에서 젊은이만 열 사람 죽어

우리 가문은 제일 많이 피해 봤어. 우린 장정으로만 거의 열 사름 죽었어! 열 사름. 어떻게 범죄자가 돼서 그렇게 죽었는지 몰라. 아무 일 없어도 죽은 거야. 그때 집안에 운이 낮은 때문이지. 그때 소개 내려 갈 때 소개 안 가서 산으로 도피헌 사름덜은 더러 있을 거야. 거의 내려갓주게. 하귀 쪽으로 내려갔다가 또 옮겨 다닌 사름덜이 있는지는 모르지. 하귀 쪽이 많이 희생당했어. 하귀 쪽으로 갔다가 산으로 올라간 사름덜도 하고(많고).

우리 처가는 하귀로 가려고 헷는디 외도 주임이 장인허고 친허니까 그쪽으로 오라고 해서 간. 세상 모르게 살앗주. 하귀 갔으면 더 고생헤실 건디. 하귀 간 사름덜 산에서 내려왕 떠밀어서 몰아가기도 했지만 거기선 아무것도 모르게 살안. 하귀 갔으면 산으로 심어(데려) 가실 거라. 외도로 내려가니까 안 잡아갓주.

빌 레 못 굴 ,   그   끝 없 는   어 둠   속 에 서

김옥향

1927년 애월읍 광령리 태생의 김옥향은 친오빠가 외도에서 학살당했고, 남동생은 행방불명되는 아픔을 겪었다. 남편은 경찰에게 비수로 등을 맞았다. 마을 사람들끼리 서로 때리게 했던 장면을 목격했고, 하귀 청년 대로 활동하면서 낮이고 밤이고 보초를 서기도 했다. 눈앞에서 사람 죽는 모습을 보면서, 남이 죽는 것만 봐도 도리어 내가 죽을 지경이었디는 이야기를 들려주었다.

(채록일: 2007.9.5 | 채록 장소: 애월읍 광령리 자택 | 남편 양인식 동석)

5

꽃피는 사람덜 탁탁 허여가민

목숨은 운명, 길 가다가도 죽고

다른 건 다 잊어불어도 어떵 4·3 때 일을 잊어? 그건 잊지 못허주. 하도 고독헌 시절이라노난. 매 맞고, 나무허렌 허난 허고, 하귀에 모여난 건 잊어불지 않아. 바로 나 앞에서 같이 가던 사람도 죽어불고. 사람 목숨이라는 건, 그건 다 운명이주. 어느 사람이 그때에 특별히 죄를 더 지었다 덜 지었다 얘기도 못헐 형편인디, 같이 가다가도 죽어시난. 길 가던 사람도 잡히면 죽는 거라. 하나씩 이름 부르면서 이리 물러서라, 저리 물러서라 허면 어느 쪽에 간 사름을 살릴 건지 어떻게 알아. 어느 쪽에 간 사람을 죽일 건지도 모르니까.

"마을 사람들끼리 때려라"

그땐 우리 결혼 안 헌 때우다. 우리가 새 집을 지으려고 헷주. 4·3사건 나서 집 태와불 줄도 모르고 오라버니들이 크니까 이젠 집을 갈름(분가) 시켜버리니까 새 집을 지으려고, 물(말)이영 쉐(소)영 내놓고 집 짓는 재료해서 짐 실으러 가려고 허난 검게 차려입은 순경덜이 저 동산 위에 꽉 차 있는 게 보여. "아, 이상하다. 아버지 저 사름덜 봅서. 군인이꽈? 순경이꽈?" 헷주. 아버진 "글쎄, 이상하다" 허곡. 우린 먼 발로 보멍 짐을 싣는데 그 사름덜이 와요. 왈칵 우릴, 누구 누구 지명한 이름을 대면서 오는 거라. 그 사름덜이 집을 찾으려고 허니까 거기까지 온 거라. 경허난 확실히 말 안 헐 수도 없고, 영 영 누구 사는 집이 맞수다 허니까…….

우리 동네에 유지급이나 된 그 어른네 집을 가리키라고 허니 "저 집이우다" 헷주, 그때 우리가 나무를 싣고 있는데 오라버님네 형제 중에 이 어른네 비슷한 나이가 잇엇수다. 그때엔 어른을 붙잡아가지 않고 거기 가서 나오다가 저리 오라는 거라. 이름을 호명 안 하니까 안 가도 될 건데 뭣도 모르고 따라갓주. 무조건 마을 청년이고 할아버지고 다 모이게 해서 동산에 다 세웠어. 여기 동산이 잇엇수다. 거기로 잡아다가 사름을 막 두드려 패는 거라. 그때 잡힌 사람은 다 간 문딱(모두) 맞은 거라.

거기서 막 자기덜이 때리다가, 자기네 힘만으로 지치니까 이제 마을 사름덜끼리 서로 때리라는 거라! 그러니 이 동네 할아버지덜이 그 말 들으면서 웃었어요. 난 속으로 성질이 낫어. 무조건 허고 동네 사람을 때릴 수가 있느냐고. 크게 못 때려서, 그자(그서) 기짓으로 때리니까 "그만큼만 때려서야 사람 죽느냐?" 허면서 죽을 정도로 때리라는 거라. 자기가 하는 정도로 때리라면서, 이걸로 죽게 사람을 때리게 허는 거라. 암만 높이 들엉 때리려 해도 때리진 못허겠더라고. 그 후엔 우리가 편안한 시절 와 가니까 농담허면서 그때 시절 말 허고 그랬지만.

남편 등에 비수 꽂은 경찰

이 하르방이(남편이) 그때 칼 맞은 거라. 칼로 꽉 찔러버리니까 등어리 맞안. 처음 4·3사건 나던 해 음력으로 3월 3일 날(1948년 4월 3일)인디, 사건이 일어날 때에 우린 뭣도 모르고 이렇다 저렇다 헌다는 말은 놀러 다니면서 들어도 정말로 그러랴 했어.

남편: 나무해서 오다가 순경이라고 허민 그자 얼굴 반드시 내어 보이고 했어. 또 그 전에 내가 방에서 잠을 자고 있으니까 아무 이유도 없이 대청원덜이 우리 마을을 둘러싸는 거라. 그러니 겁이 바짝 나서 이젠 분수도 모르고 허니까, 마당에 나섰는데 뒤로 순경이 칼로 등을 꽉 박는 거라. 박아가지고 저리 오라고. 그때 피가 납디다. 그때 나를 찌른 건 ○○○이지.

그날 기절허다시피 헤낫수다. 요즘 같으면 기절허믄 병원에 강 며칠씩 살고 헐 거주게. 경헌디 그땐 병원도 없을 때고, 그냥 집에서 누워가지고 며칠 있었을 뿐이주.

산 쪽에서의 습격

우리도 보초 산 때에 위험한 일이 많앗지. 산에서 습격을 와서, 그때 헐 수 없이 눔의(남의) 집 불치(잿더미) 뒤에도 곱아나고(숨었었고). 하귀 습격은 말도 못 허게 많안. 한두 번이 아니고. 한 번은 입초 안 가서 밤에 잠잘 때라. 집에 누워있으니까 산에서 와서 그냥 방 안으로 들어왔어. 우리 이불 위로 바락 밟았는데, 보통 집 식구들 밟으면 "에고, 아프다"

허지만 우린 죽은 척했어. 그렇게 가만히 있으니까 팔이니 등이니 바락바락 밟으면서 문을 여는거라, 소리가 없으니깐. 놔두라고 내버리고 안집에 가서는 다 털어 가는 데, 조도 가지고 가고, 문딱 가져갓주.

집주인 얼굴을 칼로 그어불엇어. 목을 확 그으면 바로 즉사 헐 건디 목숨은 살았어. 경허난 밤에 산에 사람덜 가분 후에, 우리 어머님이 밤에 몰래 업어서 트럭에 싣고 갔어. 거기서 그래도 살려냈어. 어떻게 꿰맸는지 아무튼 꿰매고 허니까 말도 잘 못허고 해도 목숨은 건졌주. 옷에 피를 잘도 흘련. 겨울이니까 오바(코트)에 전부. 그 다음 날에 내가 옷 빨려고 허니까 원, 징그러원. 사람 살이 찰싹 끊어진 거 같은 기분이라.

개웃디 피난생활

피난으로 해서 우리 마을 전부 동동네에서 더 올라간 저 '개웃디'라는 듸(데) 갓어. 개웃디에 올라가서 한 3일 밤 자고 왓주. 유지덜, 젊은 청년덜은 마을을 지키고, 우리 어지러운 아이덜, 할망덜, 하르방덜은 전부 위에 올라가니까 나무 꺾어당 의지해서 한 3일 밤 살다가 내려왔어. 요즘은 천막이라도 있지만 그땐 천막도 엇인 때주.

그때 내려올 때는 군인들이 내려오라고 헌 건 아니고, 유지들은 어디서 연락받은 건지 몰라도 그 사람들 연락받고 내려와도 될 거니깐 내려오라고 해서 온거라. 그때가 3월 달. 그 후로는 농사허멍 광령에 살앗주.

마을 방화

음력 10월 열엿새 날(양력 1948년 11월 16일)은 광령 서쪽으로부터 불 붙이기 시작허연 동쪽으로 그냥 막 붙였지. 콱 불 질러부니까 그날 저녁은, 이리 저리 아무 데로 발길 가는 데로 간. 아이덜이영 동네 사름덜이영 전부 갔어. 다음 날 또 아래서 와가지고 이 동네 땅을, 마을을 소각시켜버려야지, 안 그러면 산에서 와서 못 살게 헐 거니까 "당신네가 우리가 말허는 대로 잘 들으면, 아래 내려가서 살려주겠다" 해서 우린 해변으로 전부 내려갓주.

불태우는 날에는 도로변만 불태웠어. 우린 학교, 지금 초등학교 동넨디 우리 집은 그날 불에 안 타고 우리 우(위)에 집덜은 다 불에 탓주. 그날 돌아가신 분은 우리 집엔 없는데, 초등학교 동 아래쪽 친족덜은 여러 명 죽엇주. 그때 대여섯쯤 죽언. 이제 그 뒤 불 붙은 다음 날은 어찌할 수 없이 모여서 우영팟(텃밭) 구덩이 흐끔썩(조금씩) 파서 그 위에 흙을 덮고 있으니까 또 아래서 대청원덜이 올라와서 그만해두고 나오라고, 하귀 쪽으로 나오면 우리가 살려줄 생각을 허겠다고 해. 경허난 그때 거기 가서 연설을 들으니까 낼 모레쯤은 소까이 내려가서 저 해변으로 가면 살 수 있다고 허는 거라. 그러니까 그때 내려간 거주. 그 후엔 우리가 내려가니까 남은 집 하나도 엇이 전부 다 불태와불엇데.

그때 우리 연령은 살아나기가 그렇게 어려운 때였어. 그때가 스물쯤 된 때라. 나는 하귀로 가서 살았는데 경찰에서 오라 가라 자꾸 허데.

목숨 하나 건지기 어려운 시절

소까이(소개) 내려가 있으니까 산에 뎅기다가 얼르는 놈덜이 와서 닦달허는 거라. 웃드르 사름덜이 자기덜을 구해주니까 살아난 거라고. 전부 하귀 내려간 사람덜을 부르니까 우리도 어쩔 수 없이 "어디 명령이꽈?" 허명 그자 내려갔지. 가니까 이제 출장소로 오라고 해. 가보니 늙은이덜 뭐, 조금 뭐한 사름덜은 그 밤에 보내버리고, 우리 경우엔 그땐 소년이니깐 하다 못해 심부름이라도 해서 날라질까 생각헌 거라. 우리한테 남아 있으라고 허니까 하귀 임시출장소에서 이틀 저녁 잠을 잣주. 별 트집 하지도 않고. 다음 날 나와서 우리한테 말 붙영 뭐, 뭐 허니까 우린 아무것도 모르고. 부모가 내려가라니까 여기 온 거밖엔 없다고 했어. 그러니까 거기 한 사람이 내놓고 이걸 진짜로 속이면 안 된다고 허는 거라. 우릴 모략해서 잡아다가 죄인 만들어서 죽여불 거니깐. 확실하게 말허라고 해.

아무리 확실허게 말해도 우리가 한 일이 있어야 말허지. 하지 안한 걸 했다고 헐 수가 잇어? 바른대로 말해서 죽여도 좋고, 살려도 좋고. 할 수 없는 거니까 우린 그저 한 것만 말하겠다고 했어. 일절 간장 한 사발 심부름해서 올리려고 해도 누가 연락을 해주지 않아서 산에 올릴 수 있겠냐고 했어.

밤에는 산사람이 와가지고 남로당인가 민애청인가에 "들어라. 들어라(가입해라)" 허고. 낮에는 경찰이 무조건 사람 보이면 쏘아불엇어. 이거 죄 지은 거, 어떤 거 분별을 몰라. 사람이 참, 목숨 하날 건지기가 그렇게 참 어려운 시절이야.

남편은 혼자 산에 안 갔다 왓주. 내가 알아. 산에 나무도 별로. 여기서 피난 갈 때에 전원 너 나 없이 요 위에 가서 두 군데 장소를 정해서 한 3일 살앙 온 거 밖에 없어. 개인으로는 그렇게 죽어도 같이 죽고 살아도 같이 살지 허는 마음으로. 그렇게 했지 따로 올라가보진 않앗주. 그때 살아서 집에 왓는디 또 그렇게 죽이다 남은 사람은 군인 가려고 헌다 말이주.

통행금지

소개해 내려가난 이 어른(남편)은 몇 번 죽을 고비를 넘겼다고 허데.

이 어른네는 동귀로 가고 허니까 동으로 가서 이 어른도 살안 오고.

남편: 야밤에 통행금지 했는데 혼자 나가다가 길 옆에 순경이라도 만나서 어디 갔다 오느냐고 하면 "출장소에 갔다 옵니다" 허면 그 말을 곧이 들어. 그땐 경찰관이 나를 집까지 데려다줬어. 난 무조건 "혼자서 갈 수 없습니다" 허니까 순경하는 말이 "그 말이 맞다" 허면서 밤에 뎅기는 건 무조건 죄인으로 생각헐 때니깐. 거기 소대장이 누구 한 사람이 데려다주라고 해서 집까지 데려다준 거라. 내가 집에 들어가고 나면 그 순경이 돌아갓주.

나도 밤이난 무서윗주. 그냥 오다가도 무조건 밤에 뎅기는 건 연락허라고 헐 때니까. 밤에 다니믄 산에 연락허러 다니는 걸로 인정헐까 봐서 확실허게 헌 거주.

경허난 우리허고 같이 살아난 사름덜은 그때 우리 마을만이 아니고, 하귀 개물이라고 헌 곳에 사는 사름덜은 잡아가서 절반이 죽었어. 그때 우리도 어머니허고 아주머니허고 다 심어갓는디 아주머니도 아기 업고 오고, 우리 어머니도 나와서 광령 완 재건해서 이때까지 살다가 죽엇주.

아기가 죽은 엄마의 젖을 빨고 있어

하귀 내려가서 우린 청년대라는 데 뎅겼어. 광령 재건해서 오려고 해도 중간에 와서 소도 잡아가불고, 웃드르 산뒤(밭벼)도 해서 가불고 허니, 교대허면서 밤낮을 가리지 않안. 또 군인 가버려서 남자들이 없으니까, 늙은 하르방허고 젊은 여자애덜만 남아 있으니까 우리한테 목 지키라고 했어.

주로 낮이고 밤이고 목 지켰던 거라. 그땐 시계도 없으니까 한군데 시계를 놓으면 그 시계로 교대허려고 시간을 보는 거라. 시계 하나 보고 다음 사람한테 전달, 전달허는 거라. 그러면 거기서 옆에 막에서 그 소리 알아듣고, 또 한 시간 있으면 또 이제 그 전달 소리가 나서 교대허는 거주. 경 허면서 목 지켯주.

여기선(하귀) 24시간 교대헌 거주. 밤에는 한 막에 한 4~5명씩 교대허고, 아침이 밝아오면 꼭 막 지키다가 바로 운동장에 가서 교육 받고 훈련허고. 얼마나 뛰었는지 모를 거야.

하귀에서 청년대헐 때 사람 죽이는 거 직접 본 거 잇주. 우리가 아침에 나가서 훈련을 몇 시간씩 허는디 그때에 남자 하나, 여자 하나 젊은 사름. 여자는 우리 연령 사름, 금덕 사름인디 거기로 잡아왔어. 우린 바깥에서 온 아이난 무슨 죄인지 어떤지 모르는디 아침에 강 보니 잡아다가 연설하는 데 올려 세운 거라. 그 사람을 보난 그 여자가 손가방 하나 요만한 거 손에 들고 서 있는데 그자 발만 동동하고 수군수군했어. 청년들이 모이고 책임자들이영 수근수근 해가니까 경찰들은 허지 말라고 해도 여러 사람 모인 데니까 수근수근 허는 거라. "저거 어제 저녁 심어 온 죄인이니까 오늘 죽일 거여" 허는 거라. 남자 하나도 또 잡아다놓고.

이제 훈련 끝나니까 사람들을 몰아서 거기로 간 거주. 하귀 위편 동네 아래 산 있는 그 봉분에 잡아다놓 ㄴ, 그 여자 아이를 찌르라고 창을 다 내주데. 우리가 어떤 이유로, 그 철창에 손을 대나. 그때 그 순경 하나 고마웟주. 신 순경이라고 허는 순경이 하나 잇엇는디, 그때 활딱 나와서는 죽는 사람도 암만 죽는 목숨이라도 너무 뭐 허니까 총으로 쏴불겠다고 총으로 팍 쏴. 아무래도 죽을 목숨이니까 그게 낫다고 헌 거주.

그 철창으로 백 번 스무 번 찌른다면 오장이 안 찢어지면 죽어지진 않을 거고, 그 사람은 그 사람대로 못 견딜 거고. 우리도 박박 털어질 거(달

5. 꽃피는 사람덜 탁탁 허여가민 143

달 떨릴 거). 경허난 남잔 남자덜이 허라고 허고, 여잔 여자가 허라고 헌 거라. 우린 검질 메다가 버렝이(벌레) 하나만 밟아져도 놀라는디 어떤 비위로 사름한티 그 짓을 하겠어.

그걸 강 보고 난 후에는 한 닷새까진 막 토 나오고 원, 밥 먹을 생각이 엇어난. 우리 주인 아주망이 "아이고, 야인 생병 얻어다가 영 허는구나. 나가지 말았어야 헷는디" 허는 거라. 그래도 우린 어쩔 수 엇이 나가야 했고 그런 일을 눈으로 보고 살었어. 남 죽는 것만 봐도 곧 죽어질 정도였어. 그걸 봐노니 오장 쓸개물이 다 나오고. 그러면서 그 고통 받고, 우리 집 옆 산에 와서 불붙이고. 온 가족을 다 죽여버린 데도 있고.

하귀 그 동쪽 집에 그때 중학교가 잇엇는디, 그 동쪽 윗집에 그냥 어멍, 아방 죽으난 물애기가 어멍 죽은 가슴에 돌아정(매달려서) 막 젖 빨면서 허는 거 내가 가서 수발허멍 있었어. 그 아긴 오래 안 살아서 죽어불 엇주만.

보리씨 먹던 봄

한 며칠 있다 거기서 허가주데. 대청원덜 몇 명허고, 특공대들 몇 명 허고 보초 서서 집에 가보라고, 가서 쓸 만한 거 있으면 주워서 가져오라고. 해서 와보니까 집도 다 불타버리고, 눌 속에 감자가 막 불에 태워젼 있는 거라. 이젠 탄 감자를 그때 가져온 헝겊때기에, 조금씩 싸서 집에 가서 먹으멍 살아낫주.

그때 한 번 와보고 재건할 때까진 다신 우리 와보지 안헷주. 거기서 명령 안 내리면 우린 못 와. 그냥 여기서 살당 죽어지믄 말고 살아지믄 살켜 헷주. 살다보니 다음 해 봄 나니까 광령 3리를 재건헹 거기 가서 1년 살안.

1년 사는 동안은 자기 밧에 가서 농사 허라고 허니까 뭐 보리씨가 잇어? 조씨가 잇어? 씨란 건 다 타서 없으니 그래도 어른덜이 조금씩 주면 우리도 보리씨 조금 해다가 서너 명 형제가 손으로 부비멍 돌 주워다가 그걸로 부쉬 먹으멍 살아낫주게.

시동생의 죽음

결혼하고 남편은 군인 가 불엇주. 남편이 전방까지 강 전투까지 헷는디 각기병으로 해서 거기서 잘 움직이지 못해 가니까 삼육원병원에 가서 석 달 살앗어. 삼육원병원은 군인덜 중 아픈 부상자덜 전부 막 집결시킨 곳인디, 그듸서(거기에서) 석 달을 병원밥 먹어도 치료가 안 되니까 나왔어. 그러니 제대해서 여기로 와서 그냥 살안. 결혼도 스물 넘어 헷지. 요즘은 보통 다 그래도 그땐 스물 넘어가면 여자고 남자고 늙었다고 헐 때주. 나도 스물둘에 결혼헷주.

그때엔 육지 나가려고 헷는디 여기서 증명을 안 해줘, 부산 가젠 해도. 우리는 그냥 육지 나갈 걸로 해서 결혼을 해도 증명을 못 허니 헐 수 엇이 여기 살앗어. 경허다가 시아버님도 돌아가고. 군대 가기 전엔 농사만 지엇주.

시동생, 그러니까 시아주비닌 그땐 어리고 부모님은 형제가 같이 다니다가 언제 죽을지 모르니까 너희 형제가 다 의논해라 헌 거라. 그러니까 동생은 내려가버린 거라. 형님은 소까이 내려가서 아버지랑 살고, 나는 중간에서 영 다니다가 오늘 저녁이고 낼 저녁이고 죽여버리면 헐 수 없고, 살아지면 살겠다고 허면서 내려가버린 거주. 그 시동생 이름은 응식이. 비행장에서 죽었다는 소문은 나니까 대충 그걸로 알암주. 여기 광령서도 비행장에서 여러 명 죽엇덴 허는디 어디 잡혀갔다는 말도 아예 몰라. 그렇게 했다는 거라. 남의 소문으로. 그때에 어디 심어갔다고 들었지만, 확실히 우리 눈으로 본 건 아니난. 식구 중에는 동생 한 명 피해 본 거주.

그때 죽는 거 보니, 그 꽃피는 사람덜 탁탁 허여가민…….사람이 눈으로 볼 수가 없어. 그때 떨어진 친구도 여럿 잇주. 떨어진 패에 같이 붙었단 한 삼일인가 살았는지 이틀인가 살다가 죽었는지 모르주게. 살아나면 군대 몰앙 가고. 광령마을이 크고 허니까 학교에 모였을 때 보면 청년들이 학교 마당으로 수두룩 헷는디 그 사태 넘어나서 보니까 그런 사람들이 씨가 엇어. 그냥 전부 가버리니까.

친정 오빠 외도서 학살당해, 남동생은 행방불명

나도 동생덜 그 사태에 잃어버럿주마는 그 생각 허면 참…….4·3사건에 우리 친정 오라방덜, 바로 위 오라버니, 큰 오라버니는 4·3사건에 외도 강 죽여불고. 장작 허레 간 셋오라바니가 그날 그게 마지막 걸음이었어.[1] 우리 셋오라방은 김영찬[2]이고, 큰오라방은 김영현이고. 큰오라방은 4·3사건에 그냥 경찰에서 심어가버리난. 그자 그때에 심어간 사람은 죄다 강 죽여불고.

우린 명이 기니까 좋은 세상에 좋은 밥도 먹고 해서 살아오는디 죽은 사람은 억울하고말고!

---

1 주요 4·3 용어 해설, '외도지서 장작사건' 참조.
2 김영찬은 애월면 광령리 출신으로 20세에 외도지서 장작사건으로 제주경찰서에 구금되었다. 1948년 12월 9일, 징역 15년 형을 언도 받고 목포형무소로 송치되었다.

제3부

검질 매는 사름헌티 총 잇어?

1 두 살에 다리 총상, 어머닌 얼굴 다쳐 평생 고생
2 4·3 초기 습격한 사람으로 누명, 억울한 옥살이
3 눈뜨고 못 볼 죽음들, 애꿎은 젊은이들만 다 죽었어
4 돈 때문에 죽은 시아버지, 하도 기막혀 잊지 못허주
5 말 판 돈 때문에 아버지 희생됐수다
6 남편 대신 죽겠다는 시아버지 같이 죽여

빌레못굴, 그 끝없는 어둠 속에서

김영자

1947년 애월읍 원동에서 태어난 김영자가 두 살이 되었을 때, 그녀의 아버지와 아버지의 네 형제가 토벌대에 의해 한날에 희생당했다. 당시 그녀와 그녀의 어머니도 각각 다리와 얼굴에 총상을 입었다. 이후 몸이 불편한 어머니 혼자 가족의 생계를 책임지며 힘겹게 살아야 했고, 그녀도 아직까지 총상의 후유증에 시달리고 있다.

(채록일: 2007.5.11 | 채록 장소: 애월읍 고내리 큰언니네 가게)

1

두 살에 다리 총상, 어머닌 얼굴 다쳐 평생 고생

어머니 피 젖만 빨던 아기

(어렸을 때) 원동에 살앗주. 애월읍 상가리 원동. 이젠 없어져버린 마을이라. 옛날에, 우리집은 아버지 어린 때부터 거기 살면서 장사도 허고. 할아버지는 일본에 왔다 갔다 허면서 살앗주.

해방 후에 어머니, 아버지의 가족이 일본에서 원동으로 왔어. 와서 이제 나 낳고 해서 사는디 4·3사건을 당헌 거라. 그러니까 하루에 아버지 형제 네 분이 다 원동에서 그냥…… 눈앞에서 다 총살당해서 돌아가신 거주.

어머니허고 우리 사는 집도 다 불 붙여불고. 그러니까 어디 갈 곳이 없으니까, 우린 그냥 그 불 붙여버린 옆에 앉아 있었어. 그때 어머니 얼굴 쪽에 총이 스쳐가서 피가 벌겅헌 거야. 한쪽 다리로 맞앙 이쪽으로 튕겨 나갔어.

그때, 그냥 난 두 살이니까 아무것도 몰랐지. 밤이고 허니까 아무것도 몰랐지. 경헹 (어머니 얼굴에) 피가 벌겅헌디, 난 어머니 젖만 먹을려고 허는디, 젖이 아니라 피만 빨아 먹고 있었다는 거라, 어머니 말씀이. 총 맞아서 피가 이리로 그냥 좔좔좔 허는디 난 그냥 어머니 피 흘리는 거⋯⋯ 그냥 그 피를 빨아 먹고 있었다는 거주.

아버지 형제덜 넷이 다 죽고, 군인덜이 밤에 사는 집도 다 불 붙여불고, 막 추운 날 밤이라. 원동 사람덜 한군데 모여놓고 죽여버리고, 다 불 붙여불곡 헐 때, 어머닌 바로 그 집 곁에 잇엇주.

그러니까 우리 성할머니가 거기 살아낫주게. 성할머니가 살았는데, 애기들은 내버려두고 "며느릴 먼저 살려야주" 허멍 옛날에 그 구르마, 이제는 마차지. 산에 사름덜 막 내려오는데 어머니만 태우고 내려와버린 거라. 눕의(남의) 구르마, 그 쉐(소) 구르마에 며느리만 실언 내려가버린 거라.

그러니까 우리 삼형제가 그 밤에 거기, 그 자리에 그냥 앉아 있는 거라. 우리도 살려고 허니까 그날 밤, 그⋯⋯ 정말로 피바다가 된 거기에서 그냥 내버려둬도 산 걸 봐바. 군이 사람들 믄딱(모두) 데려다가 총살해서 죽여불곡 허는디⋯⋯.

그날 밤 지나서 다음 날 할머니가 애월서 구르마 허고 쉐를 빌려주니까 그기 끌어서 올라왔어. 거기에 우리 태워서 여기 고내로 내려온 거라. 아이덜이 살아 있으니까. 사건이 난 날이 11월 13일(1948년) 새벽이니까, 음력으로 시월 열사흘 날이지. 춥기는 또 얼마나 추웠을 거라. 포대기라도 덮고 있었으면 뭐했을 건디 그것도 없었어. 여기 지금 우리가 사는 고내가 어머니 친정이지. 그러니까 우리가 고내로 오게 된 거주. 안 그러면 고내 올 수도 없는 거고.

할머니, "며느리부터 살려야 한다"

할머니 생각에는 며느리가 죽어불면 이 애기들도 다 죽곡 헐 거. 이 며느리라도 살려불주 허고 생각헌 거라. 경허연 딴 사름덜 구르마 해서 애월로 내려와 가니까 그 구르마에 붙어서 온 거주.

애월에서 ○○○이 우리 할머니헌티 쉐(소) 구르마 내어줄 테니 가져가시라고. 가서 살아 있는지 죽었는지 확인하시라고 헌 거라. 아기들이 살아 있으면, 다시 쉐 구르마가 돌아올 거고, 안 그래서 죽었으면 구르마가 돌아오지 안 헐 거니까 포기허겠다고 헌 거라. 경헤서 강 보니까 우리 삼형제가 원동에 그냥 있더라는 거라. 그 밤에.

(우리가) 세 자매였어. 근디 언니네도 여덟 살, 다섯 살, 난 더 어린 두 살이난. 지금 둘째 언니는 일본 가서 잘 살고 있고. 큰 언니는 우리 집 옆에 살고 있고.

어머니의 슬픈 세월

그때는 병원도 없었지. 난 두 살에 다리에 총 맞안 그냥 내버리니까 막 여기가(다리) 썩어 들어간 거라. 병원이라고 헌 데는 못 가고 애월에선 그냥 주사만 맞고 경헷주. 병원이 어디 있는지도 몰랐어. 그냥 내불엇주. 병원에 가려고 허면 돈도 있어야 되고…….

그러니까 사름덜은 운이 좋았다고 했어. 이쪽으로 맞아서 이쪽으로 튕겨 나갔으니까. 경헤도 그냥 몬딱(모두) 흉터지. 그러니 이젠 그냥 자기대로 그렇게 총 맞은 데가 붓고 허는 동안 몇 년이 흐른 거지.

우리 어머니가 나 때문에 고생이었어. 생활도 해야 했으니깐. 우리도 굶게 되니까 남의 일이라도 해서 쌀이라도 한 말 사고 와야 우리들 먹여 살릴 거 아니라. 우리 어머니 고생, 고생만 허다가 돌아가셨지.

흉터 안고 기적처럼 산 어머니

그 사건 때, 우리 어머니도 자칫했으면 죽었지. 근데 사람들도 막 기적이라고 했어. 그렇게 허려고 해도 헐 수가 없는 거. 총알이 날아오면 그냥 맞아서 튕겨 나가주, 이리로 허영 비켜 나갔다고 허는 거는 기적이주. 난 어려부니까 몰랏주만.

어머니는 얼마나 고생 했는지……. 그냥 그게(아픈 곳이) 좋은 게 아니고, 그 흉터가 막 이렇게 뼈에 그냥, 그 구멍처럼 있었어. 어머니는 그냥 애월에 있는 약방에 가서 그자 임시 치료만 받으면서 살안. 그러니까 흉터가 그냥 넓적허게 났어. 그런데도 기적이라고 했어. 이리로 해서 코도 그렇고, 뼈를 다쳐 노니까 영 제 얼굴이 아니엇주. 어머닌 고생만 하다가 돌아가셨지. 그때는 그냥 어머니 얼굴이 없던 셈이라. 다 헤싸져(헤벌어져)버리니까.

어머니 치료? 우리 외할머니는 외삼춘허고 어머니 놔두고 돌아가시니까 새어머니, 또 한 살 밑에 어머니 데려다가 살고 있었어. 그때는 어머니나 외할머니나 애기들 놔두고 살 때니까. 그렇게 해두고 친정 도움 받았지. 밥 먹고 살아도 우리 어머니기 워낙 강허니까 우리덜이라도 살리젠 헷주.

아이고, 먹고 살 수가 없으니까 얼굴이고 뭐고 어머닌 그자 우리 먹영 살릴 생각만 했어. 어느 세월에 얼굴 생각허고 다른 거 생각헐 단계가 아니엇주. 우리가 일허면서 사니까 이런저런 그런 생각이 들주. 그러니까 (어머니가) 항상 머리는 아파했지. 그렇게 약만 먹으니까 나중에 돌아가실 때 되니까 약 부작용으로 여기도…… 온몸이, 전부가 그냥 매 맞아서 거뭇 거뭇헌 것처럼. 어디 가서 조금만 허면 그게 터져가지고 피가 막 나. 너무 약을 먹어부니까. 약으로만, 계속 약만 먹어부난.

아버지 네 형제 한날 희생

아버지 돌아가신 형제는 네 형제야. 그러니까 밧에 데려 가서 몬딱 총 살 시켜 불엇어. 성함은 유홍, 길홍, 수홍, 기홍. 우리 아버진 유 자 홍 자 라. 젤 큰 아들이라낫어. 그때 결혼? 말젯아버지(아버지의 셋째 아우)는 결혼허고, 셋아버지(아버지의 둘째 아우)는 안 허고, 작은아버지도 안 허고. 말젯아버지는 딸 하나 낳앗는디 죽어버렸어. 그 말젯어머니는 이제 곽지 가서 살고 있어.

그래도 형제 간덜, 친척덜 다 있는 사름은 다 자기네덜끼리 신체(시신) 찾아가서 다 묻엇는디, 우리는 그렇게 헐 수가 없으니까 할머니 허고 어머니 허고 돈도 없고 허니까, 그냥 흙 덮어서 내불엇주게.

어디 한군데로 모셔 놓아야지 해서 보니까 어머니네 위쪽에 담 형태만 만들어 있는 거지. 그때 우린 어리고, 어머니 총 맞앙 다치고 집도 다 불 붙여버리난 입을 것도 없고, 먹을 것도 없었지. 몸뚱이만 남은 사람은 어쩔 수가 엇엇주게. 그냥 그 자리에는 할머니가 계시니까 흙이라도 덮엇 지. 안 그러면 그냥 내버릴 거였어. 어머니가 움직이질 못해버리니까.

흙도 굴체(삼태기)로 담아 넣으면서 산을 이렇게 만들엇주. 위쪽에 해서 개나 고양이나 물지 못허게 우리 할머니가 그냥 매일 굴체로 흙을 덮 엇던 거라. 그 심정은 오죽 했을까. 어머니는 그렇게 총 맞아서 그렇게 아파서 일어나지 못허니까. 그렇게 하고 난 그때 모르고 나가 아기였고.

흙 덮어서 내버려두니까 이젠 그 납읍 허고 원동 올라가는 아스팔트 길 만들려고 하니까, 나라에서 그 산(무덤)을 이장허라고 했어. 이장은 거의 10년 안에 헌 거라. 이장을 허라고 해서 보니까 어머니가 흉터도 조금 좋아지고 허니까, 이젠 할머니 허고 가서 무덤 형태를 만든 거라.

그 이장은 우리가 결혼해서 산 후에 했지. 어떻게 헐 수가 없는 거라. 이제 장사허러 가서 거기를 파서 보니까, 그 대왓(대밭)에…… 머리가 대왓에 강 있는 거라. 그냥 남 보기 좋게 산이 된 거주. 다른 듸(데) 가서 있는 거라. 그렇게 해서 네 형제 다 다른 듸 해다가 이장했어. 그러니까 그냥 그때는 어르신덜을 빌려서 헌 것도 아니고.

묘지 이장 헌 듸는 고성. 우리 애기 아빠네 공동묘지. 우리 애기 아빠가 나서서 '칼 맞은 돌' 거기 잇일 거라. 칼 맞은 돌 가기 직전에 뎅기면서 우리 시집이 친척덜 가족 공동묘지라고 헌 듸 옆에 다 만들었어. 거기 몇 평만 팔라고 해서 애기 아빠가 거기 가서 아버지 네 형제, 어머니 해서 모셧주. 그것도 일본에 사는 형이 와서 이장비허고 뭐고 다 냈어.

총상 입은 다리엔 고름이 지글지글

집도 없고, 어디 무슨 입을 것도 없고, 먹을 것도 없고 허니까. 그자 임시로 어머니가 노력허영 조금 조금 허면서 살앗주게. 어머니가 워낙 강인한 어른이난 했지, 안 그랬으면 다 내버렸지. 딴 부모 같으면 다 내다 버렷주게.

난 이렇게 다릴 다치니까. 어머니가 그렇게 튕겨 나오면서 어떻게 해야 했는지 그냥 난 이거 어릴 때니까 (아픈 곳을) 그냥 내버리니깐. 살 속으로 파고들고, 파고들고. 그자 막 허연 학교도 못 가고. 애월국민학교에 입학은 해도 걸어가진 못허고. 어머니가 남의 일허러 가버리면 학교에도 가지 못허연. 어머니가 날 업어서 학교에 다녔으니까.

애월까지 어머니가 (나를) 업어서 학교 보내고 데려오고 했어. 그렇게 길도 좋지 않았던 때라. 비포장도로여서 몬딱 다 돌밧이었으니까 얼마나 힘들었겠어. 오르락 내리락 허면서 등에 업엉 갔다가 돌아오다 힘들면 길바닥에 앉아서 어머니도 울고, 나도 울고. 그러니까 국민학교 입학했다고 말뿐이라. (제대로 공부) 허질 못했어. (어머니 생각엔) 남들 다 학교에 보낸다 허니까 뭐 나도 보내보려고 했는데…… 그러니까 우리 어머니는 병원에 한 번 가서 혜택도 못 받아 보고. 그렇게 허다가 그냥 돌아가셨고.

  딸이 그래버리니까(아파버리니까) 미안한 감도 있었던 거 닮아. 미안헌 감은 왜 들었던 건지. 어머니가 잘못해서 그런 것도 아니고, 정말 어머니는 잘못 아무것도 없는 건디.

  그러니까 열네 살 후에 우리 두 번째 언니가 부산에 갔어. 여기서 먹을 것 없고 허니까. (나는) 옛날에는 우리 어머니 사촌네 집에 가서 살앗주. (우리 집에서 살면서) 공부 못 허난 야간에라도 다니게 공부시켜주겠다고 해 거기(사촌네) 갔어. 열네 살 넘으니까 이젠 언니가 부산에 와보라고 해서 (부산엘) 갔지.

  부산 갔는데 거기 한약방 같아. 거기서 한약으로 어떤 약을 해준 거라. (언니가 나를) 거기 데려 가서 약을 몇 번 지어서권 먹어가니까 그때야 고름이 날아갔어. 한약 병, 요만한 병에 몇 개 먹엇주. 그걸 먹으니까 그 고름이 갠 거라. 그러니 여기 구멍 두 개가, 그 고름이 안 나가니까 그냥 메워진 거라.

  그렇게 안 헐 때는 계속 이리로도 잘잘 허여 나고, 이쪽으로도 몇 번……. 여기 고름이 지글지글 나고, 항상 몇 년 동안을 붕대로 감아서 다녔는데, 그때까지 고름이 팍팍 낫어. 고름이 팍팍팍 막 쏟아져 낫어. 그러니까 항상 여기에 붕대를 막 감고, 여름이고 겨울이고. 그러니 이거는 어릴 때 먹고 살 수가 없으니까 어디 병원을 갈 수 있을 거라, 어떻게 헐 거라? 그렇게 해서 내부니까 힘들었는데. 그렇게 허던 것이 말라버렸어. 거난 뼈가 다 붙어분 거라.

원동에 있던 재산 하나도 찾지 못해

재산? 어머니도 원동에 그 땅, 그때 생각에는 거기 사름이 살 곳으로 알지도 않았지. (우린 문딱) 내려와부니까. 그런 밧, 저런 밧을 다른 사름덜이 이전해서 가져버린 것, 팔아버린 것, 그런 걸 모른 거주. 우리 여기 (고내리) 아래로 내려오고 해버리니까 원동 그 재산들도 거기 같이 살아난 분덜이, 우리 할아버지 재산을 알고 그것도 전부 몇 손을 거쳐서 다 팔아버린 거라. 우리가 어려부니까.

중간에 우리가 결혼해서 그 밧덜, 부모 밧덜 다 몇 손 걸려서 다 가져가버렸다고 했어. 자손들이 찾아 온 후에야……. 그때 나서서 보니까 몇 손, 몇 손 건너버리니까, 그때 그냥 다 이전해 있으면 찾을 수가 있는데, 그걸 찾으려고 하면 그만큼 돈이 든다고 헌 거라. 우린 또 그렇게 헐 능력도 없고. 그러니 또 포기해불엇주.

우린 재산도 하나 찾지 못했어. 다 할아버지 이름으로 있던 거, 다. 몇 손 건너서 원동에 살아난 분덜이, 그 자손덜이 애월 목장도 우리 할아버지 히고 아마 넷이가 산 서라고 헷어. 그러니까 소송을 허라고 해도 우린 딸덜이고 남의 집에 가버리니까 애기 아빠가 허락 안 허면 헐 수가 없는 거 아니라. 우리는 몇 손 건너버리고 허니까 우린 포기하겠다고 했어. 그러니까 그 돌아가신 자손덜이 커가니까 몇 사람이 소송했어. 그랬는데 졌어. 져서 또 그 사름도 젊은 분이었는데, 화가 나서 쓰러져 죽어버린 거라.

그 땅…… 찾아보려고 처음엔 노력헷는디. 어이구, 우리가 이제 이만큼 살게 되고 결혼해서 사니까 살아진 것 같지만, 옛날엔 정말 힘들었지. 먹을 것 없고, 입을 것도 없고, 어머니가 그렇게 되니까.

일본에 간 언니는 나보다 나이가 위니까 그때가 더 생각나겠지. 난 어려서 그렇지만 큰 언니가 다 고생허면서 살았지. 그때 시대가 그러니 어떻게 공부헐 수도 없었지. 나는 어리니까 그래도 국민학교라도 붙여보려고 헷주. 우리 언니는 학교 마당에 가보지도 못했어. 그래도 육지 가서 막 오래 살앗주.

한 20년 더 살아실 거라. 그래가지고 자기대로 공부허곡. 일허곡 허다가 시집 갈 때 뒈사 왓주(되어야 왔지). 잘도 고생헷주. 우리 동생들 거느리려 허고, 어머니가 남의 일이라도 가버리면 어릴 때 다 챙겨주려고 했으니까. 아무튼 참, 우리 언니 고생 많이 했지. 일본도 여러 번 갔다 오고. 우리처럼 이렇게 고생을 헌 사람도 엇어.

또 이처럼 그쪽으로 밧덜이라도 찾아서 돈이라도 줄줄 알았으면 어머니라도 어디 밧 있는 거라도 알아볼 건디. 어머니는 일본에서 살다가 와서 몇 년 안 돼 그 일이 닥치니까 할머니가 "밧이라도 잇저" 안 허면 모르는 거라. 어디 있다 허는 말만 듣고 우리 집 있는 터허고, 이쪽으로 막 사름덜 모아당 총살한 곳에서 허고, "우리 밧이여, 우리 밧이여" 해도 돈을 줄 것이라고는 안 했어. 거기 그렇게 헤 나곡 (총살했던 곳인데) 앞으로 누가 사람 살 거냐며 우리 어머니는 그것만 생각했어.

제사는 아버지 형제 네 분, 다 아버지 제사 때 해. "아버지 제사, 엄마 제사 한 번에 해붑서게" 그렇게 허난. 앞으로 허다가 그렇게 헐 때가 잇일 거여마는 지금 당장은 따로 따로만 허고 잇주게. 그렇게 하고 또 외손자라도…… 성손지 없으니까. 그것들만 커 가니까 개네도 성할머니 어릴 때 돌아가시고 허니까 이거 자기네 할머니로 알아서 마음은 있지. 어떻게 할지 모르겠지만 아직은 결혼들도 못 허고 허니까. 앞으로 어떻게 할지는 모르는 일이고.

족보도 불에 태워버린 할머니

우리 성할머니는 아들들, 우리 아버지 네 형제 다 잃고 하니까 막 손도 영 털곡(떨고), 제 정신으로 살당 돌아갈 수가 없었지. 경허고 또 우린 여자덜뿐이난. 옛날 할머니난 이제 이 아이들…… 언제 우리가 이렇게 클 줄을 몰랏주.

할머니는 그냥 아들 넷 하루에 다 죽어버리니까 "누가 앞으로 이걸(족보) 보냐?" 해서 족보도 불로 다 태워불고. 할머니가 족보를 어디서 났는지 갖고 있으니까 어머니가 "그거 어디 보여주십서" 헌 거라. 그니까 그거 누가 보겠냐고 허면서 불태워버렸다고 했어.

할머니는 하귀 가서 살다가 돌아가셧주. 여기 와도 어떻게 살 수가 엇주. 집도 멋고 허니까 같이 살 수 없으니까. 밖거리 살면서 밧에 일 계속 허면서 살앗주. 작은 고모는 제주시에 살고. 제주시에 살아도 그 4·3사건 때는 딸들은 시집 갔는지 어떻게 했는지 거기 없었던 모양이라. 재산들 있고 뭐해도. 그거 지금이니까 하지, 그 당시엔 어떻게 돈 줄 거라고 생각도 안 헷주. 먹고 살기 바빠버리니까 그 생각은 아예 못 헷주. 거기 생각허면 지긋지긋하지. 이제 참 바라보니까 길도 잘 해놓고 있지만.

경허난 우리 할머니는 (힘들어서) 그 담배로만 살앗주, 담배로만. 옛날에는 담배포 허영 밧에서 재배한 담배 썰어가지고 담뱃대 통에 담아서 그자 계속 담배만 피웟주게. 그냥 맨 정신으로는 가만히 앉질 못 했어.

우리 할아버지가 육지였던 모양이라. 어머니 말씀이. 그렇게 안 했으면 여기 친척이라도 하나 있을 건디. 충주 김씨. 족보가 있으면 헐 건디 할아버지는 일본 살다가 왔어. 일본 왔다 갔다 허다가 일본에서 돌아가시고. 또 그 납읍 살던 분이 고내 와서 살앗는디 우리 할아버지가 옛날에 그렇게 유식했다고, 학식 있던 분이라고 했어. 그러니까 4·3사건으로 우리 집은 대가 다 끊어져불엇주. 전부 끊어져버린 거라.

아버지 사진? 증명사진 있어서 일본에 있는 성(형)이 가져가서 크게 허고 가져왓는디 불 붙어버리니깐 아무것도 없어. 기록이라고 헌 것이 원…… 집이 다 불타버리난 아무것도 없어. 밤에 막 불이 나버리니깐 하나도 건지지도 못허고.

아직도 속으로 쑤시는 다리

후유증? 여기. 진단 받을 때, 이 뼈 그냥 막 긁어냈어. 그러니까 속으로 쑤시지. 그러니 약 안 먹는 날이 없어. 계속 대학병원 가서 타다가 (약 먹고). 방송국에서 여러 번 인터뷰 허레(하러) 와도 우리 집 애기 아빠가 그 좋은 얼굴 텔레비전에 나오냐고, 아이고…… 너무 그런 거 보고 싶지 않다고 해서 몇 번 와도 돌아갔어.

빌레못굴, 그 끝없는 어둠 속에서

강조행

강조행은 1923년 애월읍 유수암리 태생으로 고향에서 농사지으며 살다가 4·3을 겪었다. 1948년 4월 6일 인근 고성리 주민들과 함께 영문도 모르고 경찰에 끌려가, 모진 구타와 고문, 억울한 옥살이를 경험했다. 그의 남동생은 마을 소개작전을 피해 산으로 피신했다가 붙잡혀 정뜨르 비행장에서 죽었고, 누이동생은 오빠한네 양말 한 짝 짜줬다는 이유로 처참하게 희생당했다.

(채록일: 2011.3.30 | 채록 장소: 제주도문예회관 소극장)

2

4·3 초기 습격한 사람으로 누명, 억울한 옥살이

신엄지서로 호출되다

제가 고생한 말을 일단 해야 하겠습니다. 고향은 금덕리(현재 유수암리)입니다. 4·3사건 일어난 다음 날, 4일 날 아침에 지서가 신엄에 있었습니다. 저는 지서로 내려오라고 해서 갔어요.

그때 제가 대청(대동청년단)으로 신엄지서에서 보초 근무를 했습니다. 며칠에 한 번씩 근무를 하는데 그날은 4월 3일이 지나서일 겁니다. 산에서 신엄지서와 구엄리를 불태운 것으로 알고 있습니다. 우리가 근무 안 했던 날입니다. 습격 다음 날 우리들을 지서로 내려오라고 했던 겁니다.

내려가니까 지서 바닥에 두 사람 죽은 게 있고, 그 죽은 사람은 상귀 사람이라고 했습니다. 우리들은 구엄에 다친 사람들이 많다고 해서, 구엄에 가서 그 사람들을, 담가(들것)라는 것을 만들어가지고 제주읍 병원까지 들고 왔습니다. 그때는 차가 없었어요.

사람들을 병원에 운반해두고 4일 날 유수암에 올라갔어요. 처갓집이

유수암 동네였어요. 나는 6일 날 우리 처 아주망(처형)을 결혼시키려고 해서 5일 날은 처갓집에 갔을 땝니다. 거기서 일하고 있으니까 막 유수암을 포위해가지고 사람들을 거리로 잡아다 세우기 시작했습니다.

고개 한 번 끄덕에 습격 가담자로 찍혀

동생은 감기 걸려서 집에 아판 누워 있는 것을 끄집어낸다고 동네 사람이 말했어요. 그래서 내가 달려가서 감기 걸려서 누운 것을 당신네 알지 않냐고, 왜 그런 사람을 잡아가냐고 했습니다. 그러니 경찰이 "당신 누구냐?" 하고 물어요. 난 "아판 누운 사람은 우리 동생이고, 난 형인데 강조행이다"라고 했더니, 그럼 거리로 나가라고 합디다.

나가니까 포승을 채워놓고, 우리 형님도 포승 채워놓고, 누이동생도 포승 채워놓고, 오십 명쯤 동네 젊은 사람은 거의 포승 채워가지고 신엄지서에 데려갔습니다. 가니까 꿇어 앉아 눈 감으라고. 저는 도망쳐불지 않고 그냥 있었어요. 지서 마당에 꿇어 앉아서 눈 감앙 있으니까, 구엄 사람 눈 한쪽 안 보여서 한쪽으로만 조금 보는 사람이 있었는데 집에 있으니까 (그 사람도) 잡아온 모양이라.

(그런데) 이 사람한테 습격에 참가한 사람을 잡아내라고 해요. 사람들이 숙 앉아 있으니까, "이 사람!" 해서 고개 끄덕헌 사람은 습격에 가담한 사람, 끄덕하지 않으면 그냥 지나갔어요. 이제 나한테 오니까 그 사람이 고개를 끄덕해분 모양이라. 그래서 나는 지서 습격헌 걸로 되어버렸어요. 30명 이상 잡혀 간 중에 유수암 사람 일곱 사람인가, 여덟 사람인가가 갔다 온 걸로 됐어요.

도장 찍으라며 전기고문

밤중에 저는 지금 우체국 있는 듸(데)가 1구서(제주경찰서)라낫는디, 거기로 갔어요. 유수암 사람허고, 고산 사람허고 두 차 태워서 가고. 차에서 난 제일 먼저 내리니까 저쪽(안쪽)으로 가고. 거기서 순경한테 밤새도록 경봉(경찰 곤봉)을 맞았어요.

매일 두드려(때려)버리는 겁니다. 누이하고, 동생하고, 형님은 신엄지서에서 그날 바로 나오고 나만 잡혀갔어요. 1구서에는 고성리 사람들 합해서 30여 명 갔을 겁니다. 그래도 난 제일 안쪽에 있어서 덜 맞은 편입니다. 그날 아침도 먹지 않고 다음 날 아침 돼야 조금 먹을 것을 주는 척 했어요. 신엄지서 습격, 방화, 살인한 것으로 해서 매일 취조를 했어요.

습격했다는 걸 말허라고 하니까, 습격을 갔다 와야 가 왔다고 얘기할 건데 뭐라고 말헙니까? 알지 못 해노니까. "진짜 지서를 습격허지도 않아서 모르겠습니다" 허니까 두드려가는디…… 광목 깔아서 꿇어앉혀가지고 허는디 그땐 진짜 무릎이 끊어지는 것 같았습니다.

전기고문까지 받았습니다. 그때는 내가 전기를 손가락에 끼우는 것까지만 알고, 그 다음은 기절해서 모르겠는데, 내가 석방되고 나오니까 동네 사람이 "저 사람 죽었다 살아났다. 바로 미고문관이 들어와서 살아난 거라" 하고 말해줬습니다. 나는 실신해버려서 전기고문을 받은 기억이 없었습니다.

그때 취조하다 힘들면 감방으로 보내요. 감방엔 서북청년들이 와서 '대한' 간판을 부숴버리고 들어간 사람이 잇엇는디, "바른 말 했느냐?" 해요. "했다" 안 하면, 그 사람들이 그자 감방 안에서 메다치고, 메다치고 했습니다. 한 달 이상 매일 불러다놔서 맞고, 맞고. 죄인은 죄인이었는데 "너네 새끼들, 맨날 까불어 봤자다!" 하고. "빨갱이 새끼들!"이라고 했습니다.

한 번은 다른 사람 취조 받은 걸 대조해서 도장 찍으라고 해요. 안 찍으려고 하니까 들입다 때리니까 할 수 없이 손도장을 찍었다 말입니다. 그러니까 나는 지서 습격헌 걸로 되어 있습니다. 한 한 달 이상 취조 받고 난 다음 두 달만인가 관덕정 알 밧듸 있는 듸서 검사 취조를 받으면서 "절대 안 가왔습니다" 했습니다.

막 조사해서 안 갔다고 허면 거기서도 그저 때려요. 때려도 할 수 없으니까 "난 절대 안 가왔습니다" 했습니다. 그러니까 검사 취조에서 부인했지요.

유치장에서 밥 줄 때마다 곤봉 열 대씩 맞아

감방에서 5개월 이상 세수도 안 허영 살아가니까 냄새난다고 검사가 유치장으로 보내버렸습니다. 4월에 들어가 8월이 되니까 땀띠에, 몸에 두드러기가 난리가 아니었지요. 유치장 했던 곳이 지금도 우체국 허는 듸, 변소로 쓰는 듸, 거기 가니까 바께쓰(양동이)로 물 떠다 목욕허라고 해서 물 떠다 목욕 허고…….

검사 다 끝나고, 취조 다 끝나고 헌 사람은 냄새난다고 감방으로 보내버려요. 그 안에서 너무 오래 살아서 세수도 안 허니까 냄새가 나지요. 그러니깐 "이 멍청헌 놈의 새끼야! 이 멍청헌 놈의 새끼야!" 허면서 밥 줄 때마다 그 구멍으로 손을 내밀엉 경봉으로 열 대씩 맞은 겁니다. 아무튼 그 매 맞으멍도…… 밥은 이 물 컵만큼 헐 겁니다.

미결로 제주도에서 6개월 살안 광주로 보내버렸습니다. 광주 간(가서) 3개월 만에 그때 합의재판해서 검사 기각을 받아십주. 광주에서는 재취조를 안 받았습니다. 한 번 더 나오라고 해서 나가니까 검사가 기각을 해버렸습니다. 그래서 검사 기각으로 나온 겁니다. 기각을 받아가지고 4월 5일 날 잡혀간 사람이 1948년 12월 25일 크리스마스 날, 그날 밤중에 나왔습니다. 다음 날 아침이 설날, 명절 밥을 먹었던 것으로 기억합니다. 이때 나 혼자 나왔습니다. 두 사람은 떨어져버리고…… 기각이면 무죄였습니다.

오빠 양말 짜줬다고 누이동생을 철창으로 찔러 죽여

그땐 소개해서 우리 가족이 동귀로 갔을 땝니다. 동귀로 우리 아버지, 어머니 족은 집(작은 집) , 우리 처해서 동귀 소개해 갔는데, 여동생은 소개 가서 대한 여청(대한청년단 여자 대원)에 다니고 있었습니다.

근데 우리 소개 내릴 때에 우리 누이동생이 양말 한 켤레를 오빠한테 주었노라고, 그 말을 벗한테 해놔두니까 벗은 자기네 외삼촌이 고성 김○○이라고…… 그 사람이 그때 신엄지서에 토벌대로 있었는데, 우리 누이동생이 소개 내릴 때 오라방한테 양말 줬다고, 자기네 외삼촌한테 말해버렸어요. 소개 올 때 오빠한테 양말을 짜 주고 왔다는 말이 경찰에 들어가서 잡혀간 겁니다.

그러니 우리 누이동생을 심어다가 무조건 두드려버렸어요. 지서에선 밥 한 직(한 숟갈)을 주지 않고. 가족이 있어서 갖다줘도 이틀 동안 밥도 안 주고 굶기멍 두드리기만 한 겁니다. 어떻게 하다가 누이동생이 배고프니까 도망쳐 하귀 바당으로 갔어요. 하귀 바닷가에 내려가서 톳도 주워 먹고, 하도 배고프니까. 한 이틀 바닷가에 있다가 밤중에 소개헌 집에 들었습니다.

그 사이에 신엄지서에서는 누이동생이 도망쳐부니까 우리 처를 심어다가 쳐 두드려버렸지요. 등으로 해서 천장에 달아매서 취조했습니다.

취조하다 하루 집에 보냈는데, 그날 저녁은 우리 처가 집에 오니까 누이동생은 다시 바닷가에 숨어들었지요.

우리가 살던 집을 밤중에 누가 올레를 지킨 모양입니다. 그러니 여동생을 심어단 그날 밝으니까 청년단딜(대한청년단)이 오라고 해서 철창으로 죽여버렸다고 합니다.[1]

광주서 수감 생활하고 1949년 가을 귀향

그때 광주에서 석방되어 나와서 집안 소식을 들으니까 지금 들어와 봐도 안 된다는 겁니다. "집도 없고, 고생할지라도 육지에서 살당 오라" 해서 육지에서 일하면서 있었지요. 눔의(남의) 똥지게 지면서 얻어먹으면서 서너 달 일했습니다. 제주도 가도 시끄러우니까 (광주에) 8개월 있다가 왔습니다. 1949년 가을 될 때 (제주로) 돌아온 것 같습니다.

그렇게 해서 살다보니까 일헐 게 나와가지고…… 제주도 재건해서 살려고 한다고 하는 말을 들어져서 (제주도로) 돌아와 재건해서 지금까지 살았습니다. 첨, 오란(와서) 소문을 들으니까 산촌 마을은 전부 불태워버리고 해촌으로 사람들을 피난시켜버렸다고 했습니다. 그 후 고생하면서도 살다보니 다른 사람들 고생한 말덜도 많이 들었습니다.

게난 ㄱ때, 감기 길려 잡혀갔던 우리 동생은 아무 죄도 없이 잡혀간 거지요. 소개 내리면 잡혀간다고 해서 안 내려가부니까 집은 다 불태워불고. 산으로 가서 있다가 잡혀서 정뜨르에서 죽여버렸다는 말을 가족한테, 또 동네 소문으로 들었습니다.

누이동생은 아까 말했듯이 오빠한테 양말 하나 주었다고 벗이 말해

---

[1] 이 증언은 앞서 김옥향의 증언에도 나와 있는 내용이다.

버리니까 잡아다 철창 맞안 죽고. 가족 피해가 컸어요.[2] 우리 처도 매 맞아 병신 되어 고생을 했고 나도 고문 후유증 때문에 지금도 고생하고 있습니다.

저는 먼저 잡혀서, 유죄로 해서 9개월 살았어요. 그때 취조당해서 지금까지 졸바로(똑바로) 걷지도 못하고. 그래도 지금까지 살았어요. 저는 이제 여든아홉이우다. 살다보니 이런 세상 나와서, 나 고생 헌 말 할 수 있어 반갑습니다.

---

2 남동생 강조정은 사망 당시 20세로 정뜨르 비행장 유해 발굴에서 신원이 확인되었다. 처참한 죽음을 맞이한 누이동생 강조순은 사망 당시 18세였다.

빌 레 못 굴 , 그 끝 없 는 어 둠 속 에 서

고석돈

1924년생인 고석돈(高錫頓)은 광령리 출신으로 고향에서 농사를 짓던 중 4·3을 만났다. 마을 사람들끼리 서로 때리게 하는 장면을 목격한 후부터는 집에서 거의 잠을 잘 수 없었다고 한다. 군인에게 붙잡혔다가 도망가는 등 죽을 고비를 몇 번이나 넘겼다. 주민들의 참혹한 죽음을 목격했고, 홍역으로 두 아이를 잃었다.

(채록일: 2006.10.18 | 채록 장소: 애월읍 광령리 자택)

3

눈 뜨고 못 볼 죽음들, 애꿎은 젊은이들만 다 죽었어

난 갑자생이라. 막 고생했다고 허지. 갑자년생들이 고생은 매일 했어. 지금 일제 때 강제 노동헌 것도 확인서가 다 나왔어. 일제 때부터 우린 얼먹었어. 4·3사건? 지금 이 광령에서는 선동자가 얼마 없으니까 4·3사건이 일어난 걸 아주 마지막에야 알았지. 그것이 무자년이니까, 1948년쯤 될 건가?

마을 사람들끼리 때리게 했어

음력 3월경에 전부 누워서 자고 있는데 뭐, 무슨 단? 대동청년단일 거여. 그 사람들이 와서, 아침 밝기 전에 와가지고 젊은 사람들을 전부 심어갔어(잡아갔어). 심어다가 우녁(위) 동산에 양편으로 다 세워 놓았어. 거기 세워서 둘이 서로 막 때리라는 거라. 그러니까 동네 사람들이 크게 못 때리거든. 잘 때리지 못했다고 해서 그냥 막, 창 자락으로 막 때려버린다 말이여. 때리게 시키는 사람? 제주도 사람. 그러니까 이건 때리라고 허면, 세게 때려도 세게 안 때린다고 해서 사람 잡아서 막 때려불고.

때리게 헌 사람들이 서북청년단 아니냐고? 글쎄…… 그것도 저 본토 사람들이 그 사람들을 시킨 거지. 나 생각엔…… 서북청년단, 그 사람들이 어떻게 타 도에 와가지고 그렇게 헐 수가 있어? 그러니까 그때에 좀 요새처럼 경찰관 시험 같은 거 보고 해서 좀 지식이 있는 사람들로 했으면 헐 건디 안 그랬어. 그러니 그런 사람들을 전부 모아다 노니까. 강○○도 일자 무식이거든. 이 씨를 쓰려면 선 두 개 그어서 썼던 사람인디,[1] 그런 사람들(까지) 다 경찰허니까…….

그러니까 우린 뭐가 뭔지를 잘 몰랐거든. 그때는 4·3사건인지 뭔지 몰라가지고 그랬어. 그 사람들한테 많이 맞긴 맞았지. 때리고 나선 그대로 돌려보내더구면. 그때부터는 하……, 이거 잘못하다간 위험하다고 해서. 이제는 밤에 자꾸 와. 밝아오기 전에 집에 찾아오니깐 그때부턴 집에서는 안 자고, 드르(들)에 가서 눕고. 보리왓(보리밭) 옆에 가서도 자고 그랬어.

그 후에 얼마 있어 가니깐 젊은 사람들은 들키면 다 학살시키는 거라. 그렇게 하니까 점점 무서워서 이젠 밤에 집에서 잘 수 없고, 밤에는 어디 드르에 강 밤을 보내고, 낮에는 집에 왔어. 우린 농부니까 일만 했거든. 밤에는 어디 늪의(남의) 보리왓(보리밭) 어디 자왈 트멍에 가서 숨고, 낮에는 드르에 강 일만 했어. 50세 이상은 덜 했거든. 50세 미만만.

사람 많이 죽인 사람은 표창장 탔거든

참 그때는 개놈이라고 했거든. 개놈? 개, 노랑개, 검은개 했거든. 노랑

---

[1] '李' 씨 성을 '二'로 쓸 만큼 무식했다는 말이다.

개? 미국놈들 보고 '노랑개'라고 했어.[2] 이것들은 아무것도 모르는 것들이라노니까(모르는 것들이니까). 검은개는 여기 순경들을 '검은개'라고 했지. 게난 "검은개 올라왐저, 노랑개 올라왐저" 허면 젊은 사람들은 다 피난 갔어. 다 올라가야 돼. 그래서 이제 젊은 사람은, 과히 산 사람이 없어. 안 간 사람은 대부분 죽었지. 잡힌 사람은 농림학교에 가서 조사 받고 더러 돌아온 사람도 있었지만. 농림학교에서 잡아갈 때는 대략 팔월, 음력 팔월 중순 될 때. 순경한테 잡힌 사람은 거기 농림학교 간 사람이 얼마 없어. 거의 죽었으니까.

경찰도 형편없이 죽였어. 그러니 이게 딱 어디 저 젊은 사람들을 산촌에 가서 잡으면 이 사람이 어떤 사람인지 구분해서 죄를 물어야 하는디, 이건 무조건이라, 무조건. 게난 우리 광령에서도 젊은 사람들, 우리 또래 사람들 거의 죽었지.

들에 가서 일 밖에 모르는 사람들이었거든. 경허고 이제 사상이 어떻다는 거 알지 못허고. 이건 뭐 그자 남 도망가면 같이 가곡. 그자 달려만 가면 같이 달려가곡. 이거 아래 사람들이 와서 무조건 학살하니까 무서워서 같이 달리곡 했지. 아무것도 알지 못한 사람들이 죽었으니까. 그러니 참, 여기서 붙잡혀 경찰에 가서 심판을 받았어.

근데 거기 가기 전에 다 죽었거든. 그러니까 이제 산에선 그 사람들이 다 "몇 달 동안 고생허고 있으면 좋은 세상 옵니다" 해서 안심시켜주고, 여기서는 무조건 죽으니까 헐 수 없이 우(위)로 달릴 수밖엔 없었거든. 드르에서 일하는 사람들한테는 당신네 일만 잘 허라고 했으면 그렇게도 안 헐 건디. 이 정부에서 그저 진압시키는 것이 잘못됐지.

---

2 4·3 당시 '노랑개'라고 하면 보통 미국인이 아니라 '군인'을 지칭한다. 구술자의 착각인 듯하며, 미국인이 직접 토벌을 다닌 사례 또한 아직까지 밝혀진 바 없다.

그러니깐 순경들한테 한 번 물어보면 더 잘 알 거야. 그 사람들 표창장을 다 탔을 것이여. 사람 많이 죽인 사람은 표창장 탔거든. 그때 사람 잘 죽인 사람은 표창장 여러 개 탔을 거여. 지금 순경헤난 사람들 중에 표창장 타났다고(탔었다고) 헌 사람을 보면, 이 사람은 사람 꽤나 많이 그런 짓을 했다는 거를 내가 생각허거든. 지금도 그때 순경했던 사람들이 많이 살아 있어.

이 동네 순경들? 이 동네는 없어. 내가 이렇게 다니면서 보면 다른 데선 순경 뎅겨났다고 허는 사람들이 있어. 경허고 내가 농담 비스듬히 해서 그때 표창장 타났구나 허면 표창장 탔다고. 그런 사람들은 확실히 사람으로 생각되질 안 허거든.

그러니까 그때 경찰했던 사람이라면 다 알아 봐야지. 지금은 다 잘 했다고 해. 그때 그렇게 했다고 해도 자기는 해변으로 내려가게 해서 다 살렸다고 허거든.

광령 소개로 젊은이들 하루에 20명 죽어

이 집들 전부 태워서 소각했어. 그것이, 지금 여기 광령이 제일 처음이라. 어디 소개허기 전에 이거 돌연히 와서 소각을 시켜부니까. 지금 이 쪽 끝으로 무수천까지 길가는 전부 소각했거든. 소각시킨 날 저녁 죽은 사람만도 한 20명 넘어.

그날, 나도 저녁에 한 번 잡혀갔어. 그날 길 밑으로만 전부 가면서 불붙여버렸거든. 도로 남쪽, 북쪽 해가지고 죽 가면서……. 그렇게 해서 한 20명이 넘게 죽었는데 그때 내가 잡혔어.

그것도 안 잡힐 건디, 그날이 음력 10월 15일 날(양력 1948년 11월15일) 저녁이거든. 근디 15일 날 외도 군인들 주둔헌 곳에 마을 책임자가 꿀 몇 통을 해서 갖고 갔어. 이제 거기 가서 광령은 아무 그런 일이 없으니까 좀 봐달라고 허니까 군인들이 그러면 구장이 책임지라고 해서 봐 주겠다고 헌 거라. 그러니까 그날 저녁 돌아와서 구장이 그걸 선언을 했단말이여. 광령은 아무 죄도 없으니까 젊은 사람들 안 잡아간다고 말이야.

그래서 (평소에) 들에 가서 밤을 자던 젊은 사람들이 그날은 전부 밤에안 잤거든. 안심허고 집에서 자다가 한 열두 시 넘어가지고 와서 불붙여버리고, 그냥 젊은 사람들을 잡아갔어.

우리 집 안거리에는 불 안 붙였지만 밧거리는 불 붙였어. 쉐(소) 있는외양간에는 안 붙였어. 그러니까 군인들이 다니다가 다시 돌아와서 거기를 불붙이는 거라. 그때 내가 잡혀났지. 잡혀서 어디로 끌고 간 게 아니고, 나를 끌어가지고 좀 다녔어. 그때 나는 잡히니까 아무 생각도 안나고, 그만 정신이 혼동돼가지고 미친놈이나 다름없었어. 갑자기 탁 돌아서라고 허더구먼. 돌아서니 총을 겨누는 거라. 그러니 얼른 생각나는것이 "아이고, 돈 가졍 나오쿠다" 헌 거라. 그러니까 "가정 나와" 허는거라. 돈 갖고 나오라고 해서 나를 몰아갔는데 나는 돈이 없으니까 그냥안으로 들어가서 달아나버렸어. 그거 뭐 한 20미터도 안 될 것이여.

총으로 막 쏘데. 쏘아도 그냥 나간. 경허난 내가 저 외도 근방까지 막도망가 왔어. 달리다보면 사람들이 보여. 불 붙여버려서 겁이 나니까 이제 피난 가는 사람들이 많은 거지. 정신이 캄캄해버리니까 피난가는 사람인데 그것도 몰라서 이 사람들도 나를 쏘려는 사람인가 해서 도망갔어. 그 사람들, 피난가는 사람들 피해서 달리곡 달리곡 허는 것이 저기외도 근처까지 갔어.

그날 스무 명 정도 돌아갔어. 그날 잡힌 사람들이라. 현장에서 그냥죽은 거지. 총으로도 쏘고, 창으로도 쏘고. 그냥 막.

'노랑개' 미국 사람들이 더 나빴어

경허고 미국사람들이 나빴어. 미국사람들이 그때는 미군정 때거든. 그 '노랑개'놈들이 더 했거든. 미국 사람들은 많이 와 갔지. 토벌도 많이 와. 여기 곡식이고 이불이고 뭐고 불 타버렸어. 하나도 없이 다 태워버렸거든. 난 산에서가 아니라 들에서만 살았지. 밤이면 보리왓이나 자왈 속에 가서 잠을 자고, 낮엔 집에 와서 일 하거든. 멀리까진 안 가고. 여기 광령 불태운 후엔, 한 3일간은 우리가 여기 처음 불태운 뒤서, 그냥 바깥에서 살았지. 그러다가 3일 후에는 소개하라고 해서 이제 하귀 가는 사람, 외도 가는 사람, 저 동귀 가는 사람해서 갔지. 아래서 올라와서 막 내려가달라고 허더구먼. 나도 저 외도 가려고 허다가 말이여.

근데 하귀에서 와서 (우리한테 하는 말이) 하귀 내려오면 양식도 당해낼 것이고, 이불도 주겠다고 막 요청해서 하귀를 갔다 말이여. 하귀를 간 보니까, 참 하귀에 잘못 간 거야. 하귀 가서 보니깐 뭐 형편이 아닌거라.

자종이 재건 때 두 아이 홍역으로 죽어

하귀 처음 내려가니까 옛날 고시락통, 그 고시락통에서 일곱 식구가 한 얼흘 살았지. 한 열흘 살다가 방 비위서 그저 요만큼 작은 방 같지도 않은 곳을 하나 빌려서, 거기서 한 6개월. 우리 소개 가서 한 6개월, 7개월 살아졌나? 그러다가 자종이(광령 3리)를 재건해서 왔어. 자종이에 와서 함바 지어서 살았어. 거기서 고성하고 광령 3리 합쳐서 살아노니깐 뭐 형편없어. 위생이 나빴지. 아이들도 몇 명 거기서 없어져버리고(죽어버리고). 우리 아이들이 그때 홍역들 헷주게. 공기가 너무 나빠서 홍역하니까 살 수 있어? 아이들 믄딱(몬딱) 다 거기서 날려버렸지(죽어버렸지).

나 두 명 잃어부런. 네 살허고 두 살 허고.

그냥 요거 함바라고 해서 거기에 사는데, 거 화장실, 요즘은 화장실이라고 허지만 그땐 화장실이 늪의 도야지(돼지) 기르는 그 통시(변소)야. 그거 하나를 해서 근처에 한 50호 된 함바, 그 사람들이 전부 와서 볼 일을 봤거든.

거기 막 그냥 해 놓으면 함바집에 막 버러지(벌레)가 들어오거든. 그런데서 아이들이 홍역하고……. 아이들이 그러니 이제 살릴 수가 있어? 지금처럼 병원이라도 있나, 아무것도 없으니. 그때는 자연적으로 낫게 내버려두니까 거기 가서 아이들 잃은 사람이 많아. 그러니 내가 아이가 셋인디, 셋이 다 홍역해도 하나는 살아나고, 둘은 꼭 사흘 차이로 죽더구먼. 그래서 그때 거기서 자종이에서 한 6개월 살다가, 다시 거기서 여기(광령) 성 쌓아가지고 재건해서 올라왔어.

여기 성 둘러가지고 재건하니까 지금 학교, 집, 출장소를 짓고 했지. 여기도 순경이 왔다 갔어. 우린 하귀 가서 토벌도 다녀보니까 순경허는 사람들, 다 밀어가지고는 안되겠데.

두 여자의 참혹한 죽음 목격

경찰이나 군인이 사람 죽이는 거, 내가 소개 갈 때 봤지. 하귀에서 여자 둘을 묶어가지고 와서는 우리 막 보란 듯이 말이여. 막 모여서라고 해서…… 총으로 죽이는 거는 이건 아주 참 한량이라. 그냥 창으로 헤노니까 당초 눈 뜨고 볼 수가 없는 거여. 여자들을 창으로 말이여.

우리한테 엄포를 놓는 거지. 이렇게 헌다고 엄포 허는 거를 보니 아주 참 추잡허게 허는 거라. 순경덜이 창으로 우리 딱 모여 세워서 그 하귀 비석거리 동산이란 데서 말이야. 눈 터서(떠서) 볼 수가 엇어.

어느 동네 여잔지 모르는디 여자들 옷도 다 벗기고, 이건 시범적으로 허는 거니까 보라고 말이야. 그 근처에 있는 사람들은 다 나왕 보라고 했지. 다 죽은 다음에는 우리가 그냥 흙 덮어버렸지. 그러니 우리가 어떻게 제대로라도 놓고 흙 덮진 못했거든. 그냥, 임시 눈가림만 헌 거지. 그때 다 (나중엔) 가족들이 와서 거둬갔지.

그러니까 하귀 내려간 후에 한 번 딱 공회당에 모여서 젊은 사람들이 자수 허더구먼. 자수하라고 했어. 우리 동네 어느 사람인디 그 사람이 자수할 게 하나도 없는 사람이야. 그 사람은 거기서 그저 쌀이나 한 되 내라고 허면 냈을까 모르는디, 이제 젊은 사람은 자수허라고 허니까. 쌀 한 되 낸 거라도 자수허면 뭔 증을 준다 했거든. 양민증인가?

자수허곡, 심사허곡 헐 시간 없이 저 시체 가져가라

그러니까 조금 편하게 될 거 아닌가 해서 자수허러 두 사람이 갔어. 고성 사람허고 광령 사람이 갓는디, 고성 사람은 아들이 순경허다가 두 모 취조계에 가라고 허니까 그만둬버렸는가? 그 사람이 갈 때는 내가 막을 지켯어 그때 담배를 갖고 오지 못했다고 허면서 나한테 담배 한 대 주면 피우겠다는 거라. 내가 담배를 주니까, "이거 피우고 있으면 돌아와질 거우다" 히면서 갔어. 가서 한 두 시간쯤 있으니까 사체 가져가렌. 죽여버린 거지. "자수허곡, 심사허곡 헐 시간 없이 저 시체 가져가라." 사체 가져가렌헌 거라. 그래서 이젠 그 부모네가 갔어. 우린 그때 그 마을을 넘어가지 못했어. 우린 이쪽에 서고, 부모네는 넘어가서 시체를 가져와요. 거기까지 가져오면 우린 들어서 오곡. 임시 토롱[3]했다가 나중에

---

[3] 임시로 시신을 모셔둔 것을 말한다.

해방되니까 묻었지만.

그러니 단도로 후려버린 거라. 우리 광령 사람은 이 모가지가 딱 끊어졌어. 참······. 그러니 막상 한 시간, 한 시간도 안 돼서 그 사람이 죽었을 거란 말이여. 두 시간 안 된 때에. 언제 심사 받고 헐 시간이 있겠어? 자수허러 가니깐 몇 마디 해보다가 죽여버린 거지. 두 사람이 다 죽었어.

그땐 두 사람만 자수허러 갔어. 하귀 공회당에 모인데서 두 사람이 어떻게 해서 재수가 나쁘니까 걸려가지고 말이야. 동귀리, 저 군항이[4]서.

그 사람? 아이고, 홍○○, 그 사람은 참 세상 법이 잇어도 살곡, 엇어도 살 사람이라. 아, 낮에는 저 일허러 나가고, 밧에 나가고, 참 "개놈들 온다" 허면 그냥 할 수 없이 둘리곡(달리고) 했지 그 사람은.

사상에 안 들어도 다 죽었지

광령에 사상 가진 그런 분은 엇는디 뭐 애꿎은 사람들만 다 죽었지. 우리 광령은 그런 사상 같은 것도 참 몰랐는데, 여기서도 사람들이 죽은 거 보면 경찰에서 그런 사상에 안 들어가도 이 사람은 사상에 물들었을 거다 추측해서 죽은 사람이 많거든.

우리 친족들이, 우리 가지에만 많이 죽었어. 산에 피했다가 죽은 사람도 있고, 아래 내려갔다가 죽은 사람도 있고. 와서 심어가니까 죽었는지 살았는지 행방불명된 사람이 한 사람 잇어. 뭐, 우리 사촌은 하귀에서 죽었으니까 알앗지만.

우리 사촌은 그때 광령 구장이었지. 지금은 이장인데 산에서 왕 죽여 불엇어. 아까 외도 군인한테 꿀 가져갔다는 사람이주. 고○수. 이 사람

---

4 '군냉이'라고도 한다.

이 마을을 위해서 목숨을 바쳤어. 그렇게 위험한 곳에도 그냥 외도 군인들한테 연락을 허러 간 거주. 하귀 내려간 후에도 그렇게 허다가 참, 산사람들한테 죽엇는디.

순경들은 우리한테만 앞에 서라는 거라

토벌 갔을 때? 토벌 다닐 때는 뭐 말할 게 하나도 없지. 그저 순경들은 한 다섯 사람 가면 뒤에만 그냥 따라가서 우리한테만 앞에 서라고 하는 거라. 그냥 자왈 속에고 어디고. 그러니 이거 원, 우린 죽은 목숨이라. 그 사람들이 허라고 허면 허고. 뒤에서 개머리판으로 후려쳐 놓으면 걸어야지 뭐. 그러니까 우린 참, 이건 생명을 막론허고 허라고 허면 자왈 속에라도 기어들어서 봐야지. 자기들이 해야 허는 건데 우리만 시키는 거라.

우리 간 궤(굴)에서는 못 잡고. 우리가 저 '머진궤'라고 하면 알는지 말는지 몰라도, 저 머진궤에 가니깐 군인들이 있다가 양편으로 파견해서 나가더구면. 근디 우린 산사람들 못 봤어. 저 서쪽으로 온 사람들은 몇 사람 잡아와서는 그때 외도에 가서⋯⋯. 외도에서 죽은 사람도 있고, 그 자리에서 죽은 사람도 있고. 그러니 거기 그때는 좌우간 잡혔다면 살 수 있겠다는 생각을 안 했으니까.

동네 사람 악질로 했던 이들 있어

한 번은 내가 저녁에 만난 사람이, 두 사람은 아는 사람이야. 아마 구엄 사람일 거여. 거기 문○○이허고 강○○거든. 그 사람들한테 내가 잡혀 갔으니까, (아마) 문○○이가 책임잘 거여. 문○○이가 그렇게 하고도 하귀 주임으로 와가지고⋯⋯. 그 사람이 원래 양심이 좋은 사람인디 그때는 그렇게 됐어. 그때는 당하니까 그렇게 허더구먼. 그날 저녁에는 아는 체도 안 하고, 그냥 막 열 나고, 정신이 좀 나가서 문○○이가 허라고 시킨 건지 뭔지는 몰라도 내가 강○○ 손에 자칫 했으면 죽을 뻔했단 말이여.

강○○ 얼굴도 내가 알고 있고, 그 문○○이라는 사람은 구엄학교 바로 앞집에 살았어. 그러니까 나가 연성 받을 때 그 사람하고 자꾸 접촉을 했던 사람인디, 대동청년단한테 이런 권한을 주니까 헌 거지.

그 후엔 강○○나 문○○ 씨한테는 다신 해코지 안 당했지. 막 풀어진 후에 문○○이는 내가 한 번 만나 봤는데 만나도 그런 말을 헐 수가 없거든. 외도지서에는 금덕 강○○가 주임으로 왔어. 그 사람 만나서 들어보니까 자기는 그렇게 안 했다고 해.

지금은 강○○도 죽고, 문○○이도 죽고, 강○○도 죽었어. 강○○한테 이 서부에서 우리 또래 사름은 다 이를 갈거든. 그 사람이 여기 못 살아가지고 면소지(면촌)에 가서 살았거든. 거기 가서 한 번 만나보려고 했어. 그 집에 가보니 강○○가 안에 있는 것 같았는데, 부인이 나와서 없다고 허는 거야. 꼭 있는 것 같은 디 없다고 허는 거라. 경헤서 그냥 돌아왓주. 강○○가 여기서만 아니고 저기도 가서, 저 동촌도 가서 막 악질로 논 모양이지.

그러다 사태가 풀어지니까 면촌에서 어디 상이 나민 진토맥 지는 건 그 사람이 지었다는 거라. 진토맥이라는 것은 영장 묻으러 가면 흙 담는 맥, 흙 담아놔서 그때는 전부 둘러메어서 봉분을 만들었거든. 이 서부에서 제일 유명하기는 강○○라.

무수천 돌들 사이 뺑뺑 돌다 살아나

난 농림학교에는 안 가봤는디, 그때 농림학교에 하마터면 갈 뻔했지.

그때 농림학교에서 군인들이 일렬로 해서 쭉 동으로 밀어 갈 때였어.

그땐 난 쉐(소)를 목장에 놔뒀어. 근디 쉐가 발에 군인들이 쏜 총에 맞아서 오몽을 못해(움직이질 못해). 쉐 먹을 촐(풀)해주러 가서 보니까 사람들이 왕왕 허는 거라. 이거 뭔 사람인가 해서 소낭밧(소나무밭)에 가서 보니까 군인들이 이 동네 사람들이 궤(굴)에 있으니까 잡아서 막 모여서게 했더구먼. 하…… 거기 망보는 사람, 한 군인이 내가 소낭밧으로 숨는 걸 본 거야. 군인이 "저기 사람 왔다" 허니까 그냥 동쪽으로 막 군인들이 달려오더구먼. 여기서 잡혀 죽어버릴까, 돈당(달리다가) 죽어 버릴까 하다가 그냥 달렸어. 그때 농림학교 아래로만 달렸으면 그냥 갈 건데, 동녘편이 큰 냇가거든. 무수천이야. 그냥 상당히 높은 데로 뛰었어. 겁나니까 그냥 내창으로 뛰어버렸지. 이거 참, 기적이라. 어디 꺾어지지도 않고 살아서 내창 돌 속에 가서 거기 숨었어.

내가 거기 숨어 있으니까 군인들이 너댓 시간 살았지 뭐. 그냥 내창을 갔다 왔다 허면서 군인들이 있는 거야. 난 돌들 속에 그저 박아졌는데, 그 곁으로 그냥 넘어갔어. 그러니까 난 겁똥을 쌌어. 나중엔 군인들이 가부니까 날은 어두워지고 거기서 밤을 보낸 거야.

나중에 내려와서 보니 광령 사람들도 여럿 잡혀갔더구먼. 그러니 그 사람들은 농림학교 가서 며칠 안 살고 나왔어. 내가 그때 조금만 했으면 아래로도 군인들이 올라올 때니까, 여기가 높은 덴데 허는 생각이 들었으면 잡혔을 거야. 경헌디 그냥 막 겁이 나니까 냇가로 뛰었어. 어디 꺾어져서 다쳐도 다쳤을 건디 다치지도 않았고. 그냥 돌 속에 기어들어서 가만히 있었지. 하, 그 돌들 사이로 뺑뺑 감장 돌고 해도 난 들키지 않은 거라.

5·10선거 반대 피난

이 동네에서도 5·10선거 반대해서 피난을 갔었지. 거, 3일인가 전부 집 비워두고, 마을도 비웠지. 들로 나가 피난 갔어. 한 5킬로미터 남쪽으로.

그때는 산에서 막 투표허지 말라고 해서 산이 무서웠는데, 산에서 와서 막 이동을 허라고 해버렸단 말이여. 그러니 이 마을에는 사람이 없어. 믄딱 올라 가불언. 그때가 3일일 거라. 내려가라고 해서 내려갓주. 산에서 아마도 기일이 넘어가니까 내려가라고 헌 걸 테지.

4·3 희생자 신고는 홍역으로 죽은 아이들은 안 했어. 어려서 죽은 것인디, 뭐 신고를…….

이 4·3사건 하면 일단 정부에 반대헌 거지. 지금은 그렇지만 그때는 아무것도 모르니까……. 이거 정부에 반댄지 무슨 건지도 알지를 못했어. 그냥 그저 어린 아기 모양으로 조금이라도 노력허는 곳에 가고 싶었지. 두드리고 패곡 허는디 가고 싶지가 않지. 게난 지금처럼만 아는 정도가 되어도 어느 정도 파악을 헐 수가 잇엇는디 그때는 아무것도 몰랐거든. 곧 해방 뒈언 얼마 없어서 우리가 이제는 살아질 건가 허당 보난 그놈의 사건이 생겨 노니까.

난 독자야. 독자니까 살 수 있었던 모양이라. 안 그랬으면 죽었을 건디…….

빌 레 못 굴 ,   그   끝 없 는   어 둠   속 에 서

현신생

현신생은 1927년 제주시 노형동 월랑마을에서 태어나 열여섯 살에 애월읍 상가리로 시집을 갔다. 4·3 당시 가슴병으로 자리에 누워 있던 시아버지가 희생당했고, 시어머니와 세 살 아들도 잃었다. 남편이 군인으로 복무하는 사이에 아기구덕을 안고 보초를 서는 등 홀로 시집의 대소사를 치러내면서 며느리로서의 고통을 감내해야 했다.

(채록일: 2007.4.6 | 채록 장소: 애월읍 상가리 자택)

4

돈 때문에 죽은 시아버지, 하도 기막혀 잇지 못허주

우리 집은 가족 피해가 많아. 난 친정이 제주시 노형 월랑이라. 시집 온 이후로 4·3사건을 여기서 만난 거지. 우리 시아버지 성함은 양계생. 시아버지가 젊기라도 했으면 허는디……. 그때 옛날 어른들은 '가슴병'이라고덜 허여. 시아버지는 그때 한 오십여덟이나 돼신가. 오십여덟이라도 팔십 난 노인만큼 팍 늙어버렸지. 옛날엔 그렇게 병에 시달리고 하니까 가슴 아파서 그저 엎어져서만 살앗주. 어디 약이 있나. 난 그것이 (시아버님 돌아가신 것) 제일 억울하지.

시아버지, 밭 사려고 모아둔 돈 때문에 희생

심장병 같은 거, 그런 병인 것 같아. 돌을 따뜻하게 해서 가슴에 올려놓으면 조금 가라앉았다가 또 아프고, 또 아프고 했어. 매일 누워서만 살았어도 집에서 다 중요한 건 주장해야 하는 어른이니까, 돈을 수중에 놨던 모양이라. 시아버지가 가만히 누워 잇는디 군인들이 막 들이닥쳐서 가택 수사를 헌 거라. 시아버진 아파서 저 밧거리 구들에 환자로 누워 잇엇는디…….

시국에 사름덜을 다 죽인다고 해가니까, (그때) 우리 동네 말 장사허던 사름 잇어서. 그 사름이 시아버지 돈을 전부 빌려갔다가 눈 살아 있을 때 빚이라도 물어야주 허면서 빌려갔던 돈을 더러 가져온 거라. 더러 안 가져온 사람도 잇엇주. 다른 집에도 얼마 빌려준 거 있는 거 닮아도 그건 나타나지 않고. 살아 있을 때 들어 온 것만 수중에 난. 근데 그 돈을 털어서 죽여버렸어. 어디 굴체(삼태기)에 놓고 싣고 가려고 했었다고 해.

시아버지가 그땐 현금이 있었어. 밧 사려고 모아둔 돈. 군인들이 그 돈을 찾아낸 거라. 찾아내서 시아버지를 저 어디 '빌렛가름'이라고 허는 데에 끌고 가서 죽여버렸어. 우리 시아버지는 그 시절에 노인이라. 가만히 방에만 박혀 사는 어른을 잡아다가 그 돈 있다고……. 돈만 뺏아가버리지 왜 죽이기까지 헐 게 뭐 잇어게. 소문낼까봐서?

그때 우리 집에 쉐, 암쉐가(암소) 잇어낫주. 그런데 그 쉐덜을 그때 폭도덜이 몰아단 다 잡아 먹어버렸는지 어떻게 했는지, 몰아가서 펀펀(아무 일도 없는 듯). 생전 시아버지 수중에 놨던 거 털어 가져가고, 피살 당했어.[1] 요 빌렛가름이라고 허는 듸 밧에 가서 죽여버리니까 시체는 찾아다가 묻었지. 거기서 가져다 어느 곳인지 토롱했다가 저 공회당에…….

그때 붙잡현간 사름덜이 두 사름이라. 수중에 돈이 잇어버리니까. 돈 없는 사름은 수중 털어보고 없으니깐 죽이진 않았어. 소문 내버릴까봐 헌 거 아닌가 해. 돈 털어 갔다고 말이야. 서북청년단이라고 잇어낫어. 그때 소문에 서북청년단이 어디 사람들을 바당물에 실어다가 전부 던

---

[1] 1949년 1월 24일의 일이다.

져버렸다는 말도 나오고, 나쁜 짓을 하도 해놓으니까. 군인, 경찰이나 같은 쪽덜이주게. 하도 하도(너무 너무) 억울해서 원, 우리도 잊을 수가 없어.

다시 저쪽 하나 사람은 변○○란 사람인디, 우리 남편하고 저 소길까지 토벌 갔다 와서 집에 있으니까 붙잡아다가 그이도 수중을 턴 거라. 털어서 돈이 있으니까. 그 사름은 젊은 사름이었어. 잡아다가 저 빌렛가름에 가서 쏘아불언. 그냥 총으로 쏘기만 해도 좋주. 그 무슨 연유고? 아이고, 세상 징그러와. 그때 나는 안 봤는데 완(와서) 말하는 것덜 들어보니까 기가 막힌 거라.

아, 돈 털고 죽이기까지 했어. 남편한테는 못 말해. 정신 돌아버리니까. 말도 못 하지. 우리처럼 피해당했어도 죽으민 죽으나, 살면 사나 허는 생각을 허는 것은 (우리보다) 조금 젊은 사름덜이지.

스무 살에 제사 명절 열 번 했어

그러니 얼마나 억울헐 거라. 경허난 우리 시어머니는 그때 그 꼴을 보면서 그만 열이틀을 밥도 못 먹었어. 시어머님도 화병 나니까 한 1년 고생허단 막 돌아가셔 불고. 우리 시아버지 소상이 보통 스무닷새 날인디 초닷새 날은 시어머니 돌아가신 날이라. 시아버지 그렇게 돌아가신 그 꼴을 보면서 하도 기막혀 허단 돌아갔으니까. 시아버지 제사가 음력으로 섣달 스무닷새 날.

시어머니 이제 돌아가부난 스무 살에 무슨 분실(분수를) 알아? 아무 분시도 없지. 식게(제사) 멩질(명절) 열 번 허단 보난 이 세월이라. 아이고, 나 경허난 이제 믄딱(모두) 관절염으로 영 움직이지도 못허고.

잘도 피해 많이 본 집이 우리 집이주. 다 망해버렸어, 사람 죽었지. 뭐

원, 세상에 그때 먹을 게 잇어? 군인들도 건빵만 싣고 갔어. 건빵 한 봉지씩, 밀가루 주면 그걸 먹었어.

그 눈 위에 기가 막혀. 남편도 명이 길어서 어떻게 살았는디 나중엔 병이 나서 위궤양으로 맨날 고생만 허다 지금 장기 치료제 먹고 있어. 조금 나아서 살긴 허는디……. 다 죽을까봐 했지. 우리 앞집이 우리 당친척이라. 그런 어른덜은 분시 몰랐주. 그 아저씨네 그때 조금 젊었지만 토벌대로 가지 않고 말이지.

5·10선거 반대로 남편 두 달 징역

4·3사건 때, 봄에는 산이 아니고 요 중간으로 올라 간 곳. 요 소낭밧(소나무밭)으로 올라가났지. 이승만이 정부가 강제로 그냥 막 선거허려고 해가니까 도장 찍지 말라고 해서 그때 다…….

5·10선거 반대 운동이주. 우리는 그땐, 그 당시에는 노형서 살 땐디. 우리 친정어머니하고 할머니는, 할머니가 이제 막 80세 넘은 노인이니까 이제 우리 친정어머니 허는 말이, "너네 나강 살라" 였지. 어머님, 할머니 잇이난 우리 걸어지는 것들만 걸언 간. 그때 5일인가 산에서 살다가 와보난 할머님과 어머니만 있어서 도저히 못 살겠어. 개, 닭 소리밖에 나지 않고 조용허니까 이건 뭐 사람 사는 맛이 도저히 없더라고.

내려오니까 그 5·10선거 반대헤 노난, 반대헷덴 우리 남편을 이제 애월에 잡아다가 두 달 간을 가둔 거라. 백지 날인했다, 도장 안 찍었다 해서 잡아가버린 거라.

이제 우리가 양석(양식) 짊어정 가고, 장작 짊어정 가고. 게난 여름일 때난 배고플까 해서, 보리 볶앙 갈아서 개역(미숫가루) 만들어서 가져가고……. 그러다가 남편은 그때에도 위가 안 좋아신고라 먹지 않겠덴 허면서 오지 말라고 했어. 아, 집안 환경 생각허연 미안해서 오지 말라고 하나 싶어 남들과 똑같이 만들어 갓주. 그건 먹지 못해서 다 놈(남) 줘버렸는지 몰라.

이 동네 35명인지, 37명인지 잡혀강 살았어. 애월면사무소 회의실에 간 합숙생활만 했지. 징역이멍 말멍. 조사해서 보면 어떻게 연루된 사름이고, 연루되지 않은 사름이고 나타나. 거기서 두 달만 살앙 내놓은 거주. 그땐 사름덜이 이녁대로 양식 지어가고 다 해서 살렷주. 합숙만 헌 거지.

합숙 생활 허난게, 집안일 못 해도 손해지. 우리 집 같은 경우에는 집이 양부모 돌아간 상들 모셨지, 뭐 기일, 제사도 많았지, 거기 들어 가난 오지도 못했지. 그런 곤란한 일도 있었지. 경허난 난 도리가 없었어.

그때 이 동넨 집이 소각이 안 됐기 때문에. 경헤도 소문 들어보면 무사한 편이라. 애꿎인 사람 몇 명만 돌아갔지. 여긴 소개도 안 시키고 불도 안 태우고 헷주.

부모상 두고 남편은 군 입대

부모상, 양쪽 상 다 남겨두고 해서 남편은 군인 간. 군인 가면서 이젠 집 지킬 사람이 하나도 없어서 나 혼자였지. 나 혼자일 때 소상을 하고 있으니까 그때 폭도가 들었어. 친족덜과 동네 사름덜이 막 술덜 먹고 있는데, 총소리가 팡팡 나난 '와닥닥'덜 다 일어선 나갔어.

아, 그러니 눈이 푸들푸들 와. 덤벙 눈이 오니, 어이 없이 이 마당에 그저 산더미 같이 눈 완 묻어 버린. 한두 시간 그러는디 동카름(동쪽 동네)에 몇 사람, 네 사람 그날, 폭도 들언 죽엇주. 그런데 그날, 날이 밝아 갈 때라. 우리 애기가 하나 잇었어. 지금 변호사허는 우리 아들, 그 아이 위에 형이 하나 잇어나서. 그때 옛날 약이 어디 잇었나, 애기가 둥글둥글 커갈 적에 감기 걸려가지고 코가 폴락폴락 허는 거 내부니까 죽어불엇주.

남편 토벌 이야기

우리 남편은 토벌도 한라산에 두 번씩 갔어. 한 번은 보름을 살고, 한 번은 일주일을 살았어. 남편이 토벌 다닐 때는 아침에 일찍 나갔다가 15일 간은 산에서 산 거라. 그땐 막 산군이영, 폭도영, 군인이영 싸울 때라. 두 번째 갈 땐 사람마다 막 잡아다가 죽여도 어차피 할 수가 없으니까 이젠 막 달랬어. 이제 국민들을 달래서 죽이지 않으니까 "흔저 옵서, 옵서(어서 오십시오)." 막 그럴 때라. 그래도 국민덜을 죽이려고만 왜 그러는지 무서워서 도망갈 판이지. 목숨 살려고 조금이라도 도망가려고만 산으로 달아났지.

억수로 많은 사름덜이 죽었다고 해. 이제 그 말 시작하니 말하는 건데 아이고, 말 헐 나위도 없고, 볼 나위도 없고……. 토벌 다닐 때 보면 그냥 어린 애기들이나 노인덜이나 엄청 죽은 게 보여. 다들 완전 놀랄 정도라고 말했어. 잊어버리지 않고 말했어.

산에 가서는 먹을 것도 없고, 입을 것도 없으니까 짚신 신고 옛날 보선(미선), 보선 해서 신으면 그 눈비에 완전 젖는 거라. 군인들이 인솔해서 토벌 가는데 그땐 말이 잘 달리니까 말에 건빵 같은 거, 식량 같은 거 막 싣고 갓주. 그땐 구르마도 없을 때니까 그대로 짐을 실었어. 내가 말에다가 짐을 실었어. 지금 낙타에 짐 신건 뎅기는 거 텔레비전에 나오듯이 그렇게 짐을 실었어.

옛날은 저 말에, 쉐(소)에……. 근데 쉐는 들락들락 잘 걷지 못하니까 말에만 실어. 말도 우리 말이 아니고, 저 누구네 할아버지네 말이라. 그러니 이 말도 군인이 쏘아버리려고 했어. 사람 다 죽는데 이 말이 다 뭣이냐고 쏘아버리려 허는 거주.

하가리서 하루 저녁에 스물일곱 명 죽어

이 아래 동네 하가리에서도 하루 저녁에 스물일곱 명 바드드허게 죽었다고, 소문 들었지. 그듸 ㅇㅇ이라고 영 굴으민(말하면) 알지 몰라. ㅇㅇ이라고 하는 사름 마을일 보는 사람이, 그것이 소도리쟁이(소문내는 사람)였다고 했어. 그게 소도리(말전주)해버려서, 아무 데서 회의헌다고 소도리헤부난 와서 바드드 볶아부렀다고. 그러니 그 사람 동네에서 살아질 거라?

우리 시할머님 언니 손자가 하가리 살앗는데, 그때에 스물일곱인가 스물여덟 명인가 한 번은 한 저녁에 회의하고 있으니 파드득하게 볶아부렀다고 말이라. 무고헌 사름덜 그듸 많이 섞어졋주게. 경헤서 하가는 몰수 뒛덴 그 때 막 소문 나 났거든.

먹고 살려고 허난 그런 거지, 경 나쁜 사람은 아니지만은 살 수가 엇이니까 경 산 거라. 더 볼 필요가 없는 사람인디 옛날은 이런 저런 일 봐낫지.

말도 배고픈 시절

우리 주인은 그때 어리니깐 동네 사람이 하이고, 이놈의 말은 아무래도 이끌어 가야 한다고 부추겼어. 하루 저녁 말들을 매어두니 눈은 항아리만큼 퉁퉁 부어불고, 나무도 하나 못 보게 눈을 꽉 묶엇는디, 하루 저녁 지내니까 말갈기, 총을 자기덜끼리 전부 뜯어 먹언 완전 없더렌. 얼마나 시장했으면 말들이 그럴 건가. 나무, 그 매운 나뭇가지는 국두(끝)까지 다 먹어 불고. 하다 안 되니까 말갈기라고 헌 게 이 머리 닮은 거, 꽁지를 다 자기덜끼리 서로 다 뜯어 먹고 없더라고 해.

말도 배고프니까. 아이고, 경허고 허면서 하루 저녁도 그리 살아진 거라. 그 생각만 허민 정말 지긋지긋해. 시아버님이 돌아가시고, 4·3사건 넘은 후엔 괜찮았지. 이 동네는 소각이 안 뒈엇주. 불에 타지 않았으니까.

물애기구덕 지고 보초 살았어

옛날엔 열아홉에 결혼하면 늙은 처녀라고 해서 데려가지도 않았어. 난 열여섯 살에 결혼했어. 아무것도 모를 적에.

그때 그런 사건덜 있은 후에 성담을 쌓앗주.[2] 나도 아기구덕도 있을 땐데, 보초도 두 번 간 서났어.

아, 보초 서러 가라고 왕왕해(시끄럽게 떠들어). 나만 아기덜하고 살고 잇어. 우리 아들, 어린 거 데련 사는디 남편도 군인 가버린 때라. 형제가 다 군인을 가버리니까 나 혼자 살면서 그 역할을 다 허면서 산 거주. 경허난 보초 서레 물애기구덕 지고 가라고 허지 말아야 허는 건데, 동서가 집에 안 붙어버리니까 이젠 나한테 와서 말허는 거라. 에이, 모르겠다, 한 번 죽지 두 번 죽는 거냐 해서 (갔지)…….

아기구덕 지고 아무렇게나 보초 서긴 허는디 벼룩이 많아부난 아기도 몽상몽상 잠을 안 자는 거라. 나도 원, 벼룩 때문에 누원 자다가 폭도가 죽이면 죽는 양 죽음이라도 허지, 이런 마음을 먹었어. 이레 저레 공상이 와서 영 잠을 못 자. 우리 동네 사름덜은 나 보초 서레 그렇게 간 거

---

2 1949년 1월 말에서 3월까지 16세 이상 주민이 축성 작업에 동원되었다.

도저히 모르고 잇어. 다덜 자기덜 구멍만큼 다 해서 사니까(서니까) 모르지. 나만 그런 조건 해서 살았어.

남편이 군인 갔다 와서 화가 나서 말허는 거라. 아니 남편이 군인 갔는데, 저 보초막 서레 아기구덕 지고 가라고 누가 말했냐고. 어느 누구가 그리 했냐고. 이장이고 뭐고 황황해가니 난 속이 상허는 거라. 경허난 "나대로 지원해 간 거니까 조용헙서" 했어.

"좀좀 헙서(조용하십시오.)" 해서 그냥 살았는데 동네 어느 할아버지가 와서 "아, 이 독헌 것덜, 물애기구덕 지고, 초막살이집 허연 지키는 것덜이 어디 있냐"고 해. 그 할아버지 살아 계신 때 난 보초 서러 두 번도 더 갔었어. 두 번도 더. 그땐 폭도 오가던 시절은 조금 지난 때라. 나중에 성문 닫고.

무서운 거? 사름덜 다 죽고 허난 한 번 죽지, 두 번 죽이냐. 막 마음을 먹었어. 죽을 거를 각오하고 간 거지. 폭도 들면 완전 죽을 거지. 다른 사름덜은 보초 서다 졸면 머리도 한 대 맞고 했다고 하지. 졸면 안 될 거주. 자기만 죽는 거면 해도 졸면 보초 서다가 어디로 도망갈 수 있겠어.

이때까지 목숨은 붙언 살안

경해서 우리 집은 망가져버렸어. 사람은 목숨만 있으면 사는 거라고. 우린 이때까지 목숨은 붙언 살안. 나 아래 동생이 있는데, 동생 시아주버니가 하나 있는데 것도 그때 방위대 훈련 나가 불엇어. 우리 시아주버님은 방위대 훈련 받으러 나갔다가 막 바로 군인 보내불엇어. 방위대는 어떤 덴지 몰라. 훈련 받다가 군인 보내고 허던 때였어. 남편은 4·3 지난 후에 군인 갔어. 시아주버니 가고, 그 시기가 조금 지나서 우리 소상 다 지난 후에 우리 주인(남편)은 또 군인 가고, 6·25 참전 용사라고 들었어.

남편은 이런 얘기허면 지긋지긋 허지게 막. 그 고통을 받아나니까 볼 낯 엇어. 신발을 신어? 옛날 고무신이라도 있었으면 좀 나샀지(나았지). 그 짚새기(짚신), 남편은 보름간 눈 위에 살멍 짚새기 신언. 우린 그 눈 위에 짚새기 신언 맨날 방애 지레(매러) 뎅기고. 그 큰일, 대 소상 헷주. 눈이 항(항아리)만큼 헌디 그 물 왈랑왈랑 허는디 맨발이지. 그거 신은 건지 안 신은 건지 그런 느낌이라.

　쉐(소) 열두 마리 잃어버릴 정도가 되기는 헷주만, 잘 사는지 마는지……. 남의 밥 안 먹을 정도만 살고 있었어. 이제 부모님네 거두려고 하니까 우린 빚더미에만 이제도록 앚안(앉아서) 살아낫어. 경헤도 우리 주인(남편)이 워낙 말 무겁고, 참 옛날, 옛날 한문 글 했던 이야기 남한테 말하면 웃으니까 말하지도 말라고 하면서 자기 혼자만 막 힘들게 살아.

　삼춘네는 빚이 얼마 없으니, 밧이라도 팔아서 빚을 물어야 될 것 아니냐 허지만 우리 주인은 그게 아니라. 조상전을 팔면 안 된다고 허면서, 그런 말 허면 남이 물어줄 것도 아니고 조용히 빚 얼마 있다고 말하지 말라고 해. 그러니 그렇게 살면서 막 못 견디게 살았지.

　요즘 같으면 소상도 안 헌다, 허는데 우린 3년 상 쭉 했어. 삼식, 두 그릇씩. 부모님네 두 분 상 모셔서 한 상에 삼식 하고, 돈을 빚 내면서 쌀 받아서 소상했어. 동네 사름딜 다 나눠 주고. 식게(제사) 멩질(명절) 열 번 하고. 시누이넌이 삼 혱제엿는데 다 돌아가셨어. 아이고, "너네 접시 어프젠 말고 돌아봐라, 돌아봐라."[3] 나 그런 말만 들으멍 살안. 기가 막혀, 말로 해서 몰라.

---

3 조상을 돌아보며 살라는 뜻인 듯하다.

친정 피해

내 친정은 노형 월랑. 친정은 또 얼마나 피해가 있었는지 말도 못 해. 친족, 친정 할머니 돌아가시고, 사촌 오라버니는 우리 월랑마을서 아주 이름 났었어. 일등 청년으로 야경단에서 야경 단장도 헤나고……. 그렇게 해서 돌아가셨어. 근데 너무 마음씨가 좋아버리니까 죽지도 않을 건디 제주시에 간 살앗주. 서문통 가서 살 땐디 애기덜을 다 데려 갈 걸로 허고, 옷도 등에 지고, 양식들을 더러 등짐 지고 해서 가다가 다 자기덜 집으로 갔으면 일이 없었을 건디…….

경헌디 우리 친정에 할머니랑 우리 집에 살던 우리 사촌 오라버니는 우리 집에 의지해서 살았어. 큰아버지 돌아가버리고 하니까. 어머니허고 아들뿐이니깐. 그저 우리 집 와서 살고, 우리 아버지가 다 공부도 시켜주고, 결혼도 시켜주고 허면서 친부모나 다름없이 산 거라. 우리도 어디 가서 오늘 무슨 거 배웠나 듣고, 오빠도 우리한테 학교 가서 뭐 배웠나 허면서 집에 오면 듣고 경헐 때라.

친형제간도 그렇게 못 헐 건디 사촌 오라버니가 그렇게 마음씨가 좋았어. 그러니까 할머니하고 우리 친정어머니하고 할머니 모시니 너희들만 도망가서 살라고 했어. 우린 불에 탈 때에, 총 팡팡 해가니까 우린 도망가서 살앗주.

도망간 우린 도두리에 내렸어. 도두리 동편에 가서 숨엉 살면서 있다가 한 이틀 후에는 그 총 쏘아가고, 불은 벌겅헌 양 있어서 돌아왔어. 와 보난 우리 사촌 오라버님이 죽엇주.

좌우해서 높은 어른이었는데, 이제 해방되니까 미군이 들어온 때라. 다른 사름덜은 악수를 하나도 안 했어. 우리 현경호 그 오라버님은 관덕정 마당에서 미국 사름이영 악수 헌 어른이라. 그러니 참 4·3사건 때에 그 경호 오라버님네 광양 물방에(연자메)에 간에(가서) 총으로 쏴. 그 물방에에 불 붙여 부난 완전 타 불엇주. 그러니 제주도 시민이 다 울었다는 거라. 그 현경호도 죽었다고 허니까. 제주중학교 교장도 했었고, 교장 당시에 참 똑똑헌 어르신이니까 경찰들이 알고 완 잡아간 죽여버린 거지. 그 땐 잘난 사람은 다 죽이는 통이었으니깐.

우리 우중이라고 한 오라버님이 그 현경호 사촌 아우야. 가마니에 담아서 그대로 낭(나무) 토막이주게. 불태워버리고 허니 말이야. 가마니에 지어서 오니까 경찰은 "거 뭐냐?" 허고, 우린 "감저(고구마)우다" 해서 매장했어.

어른이고 아이고 노약자고 팡팡 쐈어

그러다가 노형 우리 오라버님이 살다보니 이젠 방광염 걸련. 그런 나쁜 일만 우리 집에서 다 있었어. 우리 사촌 오라버니네 여기 저기 집안일을 다 보다가 이젠 4·3사건에 돌아가버리니까 피해를 많이 본 거주. 그 장례도 그 오라버니가 다 하다가 이장 했어. 40세 딱 된 때.

서광에서 혼자 살앗는데, 이젠 이 정월에 서광에서 돌아가버렸어. 우리 사촌, 저 육촌 오라버님 아들인데…… 현ㅇ담이라고 현ㅇ우 아들도 그리 죽어버렸이. 서광리 할아버시 아들덜은 제주시에 살아도 노형마을에 이제 큰일이 났다고 하니까 우리 그 ㅇ우 오라버님네가 이제 도령마루까지 와서 내부니까 다 불 붙이고, 다 사람 죽였다 해가지고 할 수 없이 돌아갔다고 허는 거라. 그 도령마루에서 부모가 다 돌아갓주게. 도령마루에서도 많이 죽고, 불탈 때 우리 사촌은 불 끄려고 하니까 군인이 쏘아버렸어. 우리 식구들…… 그래서 죽었어. 우리 집이 다 망했어.

우리 친정에서 그때 보리 갈아났어. 그러니 네 집이 식구 나눠 먹으면서 죽이라도 쒀서 먹으면서 목숨만이라도 붙어 있으라고 했지. 사촌 오라버니네 네 오누이 곧게 살아서 이제 잘 헤서 살암주게.

그 시절엔 다 그랬으니까. 길에 보이는 건 모두 다, 놈들이 봐지면 다 쏘아버리니까. 아기고, 어른이고, 노인이고, 노약자고. 다 봐지는 건 퐁퐁 쏘아부니까 노형마을에서 600명 죽었어. 나 책에 쓴 거 가져 왔어.

친정 월랑에서의 삶

난 월랑 살 때 조금 나이 많은 아이들 2년제 졸업하는 간이학교, 그 향교에서 조금 공부를 했지. 제주향교 그 아래쪽에 지금 저 고등학굔가 중학교에 있었어. 조회 같은 건 아침에 가면 북국민학교에 가서 다 하고.

그때 교장선생님도 일본 사람이고, 노형 월랑서 저 용담동 정뜨르, 지금 연병장 허는 데, 연병장 길로 우리 한 때 걸어서 학교 다녀낫주. 그러니까 위로 지금 노형 로타리로 가려고 하면 조금 돌아서 가. 길이 머니까 직통으로 걸어서 가다가 연병장 안길로, 그 정뜨르 길로 해서 학교를 다녀낫지.

한자 조금하고 뭘 배웠지만 이제 다 그 고통 속에 살려고 허니 다 잊어버렸지 뭐. 간이학교라도 가서 부모님이 공부하라고 안 해도 내가 막 하고 싶어서 원, 나대로 헌 거라. 그땐 우리 동네서 어떻게 하냐면 가끔 텔레비전 보면 갓 쓴 양반들 나오지 않아? 망건 만드는 거. 말총으로……. 그거 하면서 나대로 돈 벌면서 하겠다고 헌 거라. 막 공부하고 싶어서.

빌렛학교를 다녔지. 5학년까지 하는 서당. 그러다가 북국민학교는 나이 드니까 거긴 들어가지 못허고. 우리 동네 남자들은 화북 가서 대표 맡은 이들이 많아. 우리보다 조금 윗사름덜. 우리 또래는 없으니까 이제 화북도 멀언. 그런데 걸어서 다니면서 다 학교를 했어. 그래서 거기 가서 졸업 맡고. 이제 빌렛학교엔 헌 거 서중 서녁 길에 그리로 옛날은 왜정 건물 했었지.

왜정시대에 거기에 학교가 있었어. 5학년까지 허는 거. 교양서당이라고 해서 거기서 공부하다가 간이학교도 나 두 해 거기서 있다가 졸업 맡았어. 여자에선 40명 중에 수석으로 하고 나왔어.

이거 자랑이 아니고, 했던 내 역사를 말허는 거라. 선생님은 저 구ㅇ교 선생이라고. 제주시 산지 동네, 집에 선생님이 살아나신디. "도코하라." 날더러 우리 왜정시대 이름을 두 개 성으로 써낫주게. "도코하라 상! 오라, 오라" 해서 갔는데. 가면 선생님이 뭔가 줬어. 그러면 아이들은 아이고, 어떻게 해서 선생님이 도코하라 상만 잘 봐준다고 말했지. 나쁜 일 안 하고, 장난 안 허고 고정하니까(바르니까) 아무래도 그랬던 것 닮아. 커서 이제 생각허여보니까.

그때 같이 다녔었던 친구들은 40명인데 다 육지로 헤어지고 칠성통 남열이라는 한 아이뿐. 현호상이 천데 남열이. 성은 몰라, 왜정 시대에 기무라 상이라고 해났으니까 박 씨인가. 나 촌에 묻어서 사니까 갇혀 있어서 어디로 갈 수가 없어. 농촌 사는 게 바로 거지 삶이지 뭐. 도시허고 비교허민 삶이라? 막 공부허당 시집 왔지. 시국, 왜정시대에 또 얼마나 이게 청년단 훈련한다, 몇 매날 출력 가다, 이기 삶이 삶이 아니라서, 밤에 잠 못 잤어.

일제시대 공출 별 걸 다 했지

공출? 하이고, 공출을 하다마다……. 저 별의 별 걸 다 했어. 머위 줄기해다 바치고, 연병장 하려고(만들려고) 하니까 이제 그 태(잔디), 태 요만씩 헌 것 해가서 쉐(소)에, 말에 싣고 짐으로 지고 그렇게 막 하다가 연병장에 그 태 묻은 것이 우리 등땡이(등)로 지면서 다 헌 거라.

노형 마을은 연병장이 가까우니까, 또 우리 웃드르 태가 좋은 데니까 태 공출을 500장씩 해 나오라고 하면 아무렇게나 해? 태가 암만해도 이만큼 네 개 반듯이 해서 요만씩허게 해서 흙 싹 호미로 갈아서 깎아 두고 얇게 해서 탁, 탁 10장씩 묶어.

그리해서 말과 소에 싣고 등에 지고 와. 어머니, 아버지, 언니, 나랑 해서 지고 해서 연병장까지 싣고 가. 늘 그렇게 헤낫주. 그 때 식구가 아버지, 어머니, 할머니, 동생도 있었지만 동생은 어려서 일 못 했지.

지금 심정

상가리 위령제단에 갈 땐 돈 내고. 작년도 10만 원씩 다 내연 같이 하고. 4·3사건 희생자 중에 우리 시아버지 이름이 제일 먼저 돌아져서(달려 있어). 나이가 제일 많았거든 게. 58세 때난게.

위령제단 만드니까 거기 가면 더 생각나서 더 기가 막히고. 아이고, 세상에…… 하고 한(많고 많은) 사람 중에 왜 노인, 그추룩 헌 환자 어른 잡아단 그렇게 헌 거라. 하도 억울하니까 4·3사건 유족회 시작해서 나 그때부터 시민회관으로, 신산공원 위령제로 갔다 왔어. 봉개서 두 번, 세 번 위령제 지낼 때도 갔다 왔어. 지금까지 두 해만 못 가 왔어. 이 다리 다친 때문에. 경운기 사고가 나서 다친 때문이라. 지금껏 거기 가는 거 나 떨어져보지 않았어. 하도 맺힌 일이 많으니까.

우린 끝끝내 끝막까지 경험을 했기 때문에 큰 고통 속에서도 살아젼. 우리 아기덜도 몰라, 나 아기덜헌티도 이런 말 한 번 해본 적이 엇어. 세월이 많이 가도 마음 풀려고 하면 풀어지는가? 그 연장을 구경헤난 사람이라게, 눈에 꼭 박아질 것 아닌가. 아명(아무리) 굴았자도(말해봐도) 경허난. 경헤도 신산공원에 가오는 사름덜은 가와도, 난 올해 걷지 못하고, 영 다친 때 두 해 못 가고, 그 외에는 나는 동네 사름덜 갈 때부터 쭉 뎅겨나서. 하도 기가 막혀서 잊어버릴 수가 없지.

빌레못굴, 그 끝없는 어둠 속에서

변태민

1940년 애월읍 상가리 태생의 변태민(邊泰敏)은 4·3 당시 중학생이었다. 1949년 1월 24일, 허리춤에 돈을 넣은 전대를 차고 있던 아버지가 진압군에 의해 희생당한 아픔을 겪었다. 그 시기 낮에는 산에 가서 숨고 밤에는 집에 돌아와 숨어 지냈다. 할아버지 대신 보초를 서기도 하는 등 그를 포함한 온 가족이 우여곡절을 겪으며 살아왔다.

(채록일: 2007.6.14 | 채록 장소: 애월읍 상가리 자택)

5

말 판 돈 때문에 아버지 희생됐수다

나의 아버지, 그리고 4·3

아버지는 제가 아홉 살 때. 음력으로 12월 26일 날(양력 1949년 1월 24일). 그날 하필 날씨가 좋아서……. 동네 민보단이란 게 잇어낫수다. 지금 민보단 단장하신 분, 아직도 살아 계신데 민보단원으로 동원이 돼서 새벽에 공비토벌을 나갔어요. 동네 계원덜허고 저 용흥, 소길 중간 지대에. 토벌을 갔다가 돌아온 시간이 그때 어릴 때 짐작으로 한 10시쯤 됐을 거라.

돌아와서, 그때 4·3사건이니깐 사람들이 이제 희망을 다 잃고, 동네에 뭐 쉐(소) 같은 거 말 같은 거 그것덜 처치가 곤란하니까 동네에서 추렴덜을 했어요. 근데 우리 아버지가 마루에서 그 쉐뻬(소뼈)를 사다가 자귀로 잘라낼 때지.

그때 우리 집은 안거리(안채)는 북향이고, 밧거리(바깥채)는 남향이었는데, 어머니허고, 나허고, 동생하고 밧거리 난간에 앉아서 햇볕 따뜻이 맞고 있었어요. 어머님은 동생 머리에 있는 이를 잡아 주고, 나는 옆에 앉아서 이렇게 그냥 놀고 있었지요. 그때 바로 옆집에 할아버지가 계셨는데, 우리 집 울타리가 좀 얕았어요.

그때 갑자기 울타리를 "팍" 하며 여는 소리가 났어. 이렇게 쳐다보니까 저쪽 집에서 연기가 "팡" 솟아오른다 말이여. 사람이 막 왕왕 허고. 조금 있으니까 새파란 군복 입은 사람 셋이 탁 들어오는 거야. 담 착 멜라가지고(무너뜨리고) 말이야. 담 무너지는 소리에 아버님은 마루에 앉았다가 겁결에 집 뒤로 튀어 나갔어요. 우리 집 뒤에 대나무가 아주 울창했었어요.

그 대 속에 가만히 있었으면 아버님은 안 돌아가셨을 건데, 뒤에 들어갔다가 불안해서 그런지 다시 또 마루로 들어올려는 찰나야, 시퍼런 옷 입은 세 사람과 딱 마주친 거야. 마주쳤는데, 우리 아버님 체포는 그때 안 했어. 젤 처음 가서 보니깐 광문을 발로 팍 차더라고. 광문이라면, 옛날 우리말로 고팡문(궤팡문)이지요. 옛날 초가집에 고팡은 전기도 없고 캄캄했어요. 잘 안 보이고 하니깐 젖혀 두고, 방으로 이제 들어가서 궤짝을 싹 열더라고요. 영영(이리저리) 들추다가 아버님을 이제 데리고 나간 거라. 우리 올레로.

경헨 나가서 좀 있으니깐 총소리가 먼 데서 "팡! 팡!팡!" 한 세 발 정도 들려왔어요. 그냥 난 어리니깐 겁도 안 나고 그냥 있었는데, 조금 있으니깐 동네 할아버지가 달려와서 우리 어머님보고, "누구 아버지가 지금 누구네 밧 구석에서 총에 맞아 쓰러져 죽었다" 그래. 지금 그 장소도 있는데. 동구밧, 지금 교회 옆에 조그만 과수원이 있어. 그 밧 구석에 가서 쏘아버린 거야. 두 분을……

돈 때문에 아버님 희생

그때 우리 아버님하고, 양○생 씨 두 분을 끌고 가서 그 자리에서 쏘아버린 거야. 쏘아버린 이유는 우리 아버님이 그때 말을 키우다가 말을 팔아가지고 돈이 있었어요. 그때는 농협도 없고 은행도 없을 때니까 돈을 언제나 전대라고 하면 알지 모르겠는데, 자루를 만들어서 허리에 감고 다녔거든요.

감고 다니다간 불안하니깐, 언제 어디서 죽어질지도 모르니까 우리 할머니한테 "이거 보관해주십시오" 해서 갖다 맡겼어요. 그러니까 할머니는 옛날 애기구덕 알죠? 대로 영 길게 엮은 거? 중간에 새끼(띠)를 매서 위에는 보리낭 깔고 그 밑에다가 죽 보관을 하고 있었어요.

우리 할머니도 이거 아들 돈을 잘못 보관하다가 이제 잘못되면 원망 살 것 같아서 "아, 나 이거 불안하니까 너 이거 맡아라" 그러면서 우리 아버님한테 다시 맡겨버린 거야. 맡기니깐 아버님은 그걸 차고 토벌도 다니고, 밧에도 다니고. 그런 생활을 하다가 가서 수색을 해보니깐 돈이 있단 말이야. 그놈덜은 돈을 빼앗고 나서, 그게 탄로날까봐 쏘아버린 거야.

생각해보니까 두 분 다 돈을 가지고 계셨어요. 그래서 그때, 그 서북청년단이라고 해가지고 제주도 공비토벌을 하라고 해서 그냥 제주도 와서 토벌을 했는데, 그놈들이 와서 마구잡이로 대낮에 집에다가 불 붙이고 걸리는 사람마다 그냥 잡아 끌고 가고, 그런 시기였어요.

학살한 셋이 다 시퍼런 옷 입어

그 셋은 다 서청, 서청이란 건 그러니까 그건 어른들의 말을 들은 추상적인 얘기지요. 내가 보기엔 군인 같애. 시퍼렁헌 옷을 입었다고 하니 군인 같애. 서북청년이 시퍼렁헌 옷을 입을 리가 없는데. 옷을 입혀서 보냈는지 모르지만은…….

그러니까 돈 때문에 돌아가신 거라. 아니 경허고 그날 액이 나빠서 돌아간 거주. 우리 아버지는 그냥 대왓(대밭) 속에 가만히 있었으면, 아무 일 없이 지나가 버릴 건데. 토벌 갔다 와가지고.

돌아가신 시간? 한 두 시나 세 시쯤 된 거 같애. 내 짐작으론 아버님을 동네 분덜이랑 친척 분들이 집으로 모시고 온 시간을 보니까. 그 때 내 짐작으론 세 시나 네 시쯤이야. 이 사람들은 작정해서 완전 막 궤짝 열어 보고. 이건 계획적으로 공비 토벌한 것이 아니라 계획적으로 탈취하려고 한 거라. 제일 처음 와서 광문을 발로 "탁" 차더라고. 내 눈 앞에서.

광문을 "탁" 차니까, 광은 캄캄허거든. 옛날 초가집 창고라고 해서 (손가락으로 바닥에 원을 그리면서) 요만큼해서 구멍만 뚫어서 내버린 거라. 안 보이니까 그 다음은 궤를 와서 "팍" 열더라고. 궤를 열어서 보니깐, 뭐 촌에 옛날 옷가지 몇 개 있고, 별 거 없으니까 이제 나와서 아버지를 데리고 나가더라고. 그때까지만 내가 봤어요.

상가리 마을 뒤 궤에 가족이 숨어

그때 상가리 분위기는 낮엔 산으로 가서 숨고, 밤엔 집에 내려와서 숨고 그랬어요. 저도 어렸을 때 기억이 훤헌데. 낮에 어머니, 아버지가 밧에 가면서 우리를 옛날 초가집 작은 구들이라고 해서 우리 집 부엌 옆에 조그만 방이 있었는데, 그건 창문도 없고 컴컴한 방이라. 그 방에 우리보고 거기 있으라고 해서 문딱(전부) 닫아 두고 밧에 갔다와서 또 열고 그렇게 했어. 또 밤에는 이 마을 뒤에 궤(동굴)가 있어, 돌 아래. 그 궤에 가서 며칠 생활한 기억이 나고. 아버지도 이 상가리가 뭔가 위험해진다 생각하니까 탁 들어왔다가 도망가고, 그렇게 된 것 아닌가 해요.

젊은 사람은 위험하니까 할머니가 밥을 해서 나르고. 우리 어렸을 때 그 궤가 막 얕아가지고 사람 하나 들어가서 기어만 들어가서 이렇게 앉을 정도도 (허리를 구부려 앉으면서) 안 될 정도였어요. 나오다가 몰라서 머리를 "탁" 허게 몇 번 부딪힌 기억도 나고. 그 궤가 지금도 있어요. 그 궤엔 우리 가족만 숨었지요.

다 자기네 식구끼리 숨을 공간덜을 마련한 거지요. 그러니 폭도도 무섭고, 군인도 무섭고. 그러니깐 위에 가서 숨고, 집에 와서 숨고 그랬어요. 그리고 중요한 귀중품은……. 내 눈으로 훤히 봤는데, 우리 집 옆에 큰 (양팔을 크게 벌리면서) 돌무더기 쌓인 큰 잣(성(城))이 있었어요. 우리 아버님이 그 잣에 돌을 다 파내가지고 거기에 뭣을 묻었는지 모르지만 조그마한 궤짝까지 거기 묻었던 것도 기억이 나요. 나중에 다 파냈겠지요.

아홉 살에서 열 살까지 할아버지 대신 보초

아마 아홉 살에서 열 살까지 보초를 섰어, 내가. 할아버지 대신해서 대리 보초를 서러 갔어요. 9남매지만 고모들 다 시집가고, 삼촌들은 나보다 다 아래였고 해서 제가 갔어요. 보초는 두 군데서 섰어. 지금 농협유통센터 허는 그 옆에 막이 하나 있었는데, 거기하고 또 거기서고. 고내봉 중간쯤에. 고내봉 입구에 막이 하나 있었는데, 거기 두 군데 서난 기억이 나요.

밤에 보초막에는 세 사람이 섰어. 세 명, 세 명 해서 기억이 잘 안 나는데. 한 시간 섰나? 두 시간인가? 섰어. 세 명이 담당해서 돌아가면서 잠 자고. 밤새 거기서 잠자고. 새벽에 밝아가면 집에 오고. 그 밤에 세 명이 지키는 거지. 다른 데는 시간별로 밤에 몇 개조로 교대허기도 했지만,

편의로 했겠지. 게난 막을 지어서 보리낭 툭 깔아놓고 해서. 춥지 않게.

경찰이 순찰 와서 들켜 본 것도 없고. 근데 내가 가서 보초 선 곳(손으로 먼 곳을 가리키면서)은 저 젤 안전한 곳이니깐. 그쪽으론 폭도덜이 올리가 엇주.

게난 뭐, 그 당시 동네 인심도 좋고, 또 우리 할아버지가 권위가 있어서 그런지 "어린 것이 왓저" 허는, 그런 잔소리는 안 하더라고.

아이고, 그 옛날 일본군인덜 내버린 망토라고 알아요? 망토. 담요 닮은 길이에 거뭏게 오버를 만든 거. 근데 일본 놈덜이 입다 버린 거. 근데 그것이 따뜻하거든. 그걸 우리 할아버지가 어디 하나 주워다가 꼭 그걸 입혀서 보초를 보내더라고. 밤에······. 아, 겨울에 얼마나 추워요. 그 추워서 고생한 걸 하나도 잊어불지 않아요. 막 보초서면서 말입니다.

성담은 어려부니까 쌓으러 가지는 않았지. 상가만 쌓았는데. 이 상가만 엄청 튼튼하게 쌓았지. 거의 한 2미터 반쯤 높이 해서. 지금 흔적이 하나도 다 없어져버렸어요. 그때 길목마다 성문이라고 해서 소나무로 든든하게 쌓아가지고, 양쪽 문을 닫곡 열곡 쿡가시(붉가시 나무) 해다가 밤에는 탁 쌓고.

아, 나의 어머니

우리 아버님은 큰아들입니다. 제 기억으로도 훤허고 동네분덜도 다 얘기를 하는데, 아주 내성적이어서 얌전하고, 말수가 없고, 대외적인 활동을 일절 안 하신 분이었어요. 단원으로 나오라고 하면 그냥 따라 나가고. 그렇게 하시다가 스물여덟 살에 돌아가셔버렸어요.

우리 할아버지가 팔자가 기박해서 상처를 두 번 했어요. 그래서 할머니가 세 분인데, 제일 큰 할머니는 우리 아버지허고 큰 고모님 두 분 낳으시고, 두 번째 재혼해서 또 우리 고모님 형제 낳으시고, 또 상처를 하고 또 재혼해 오 남매 낳으시고. 그래서 우리 아버님네가 구 남매예요.

어머님이 몇 살에 저기 일 하러 나가셨냐면 아버지와 두 살 차이니까 스물여섯에 과부가 돼 삼년 상을 치르다보니까, 한 스물아홉 살 정도 됐겠지요. 동생 낳고 삼년 상을 치르고 나갔으니까. 생활하다가 시대에 쫓겨서 어머니는 방직으로 간다고 해서 이 갓난 애기만 데려서 나갔어요.

어머니가 데려간 막내는 그때 한 네 살쯤에 데리고 들어왔어요. 할머니, 할아버지가 그때 여름철에 그 보리클(보리를 떠는 농기구)이라고 해서 옆에서 영 주워 주면 또 옆에서 이렇게 흩트고 보리를 한창 흩를 때였어요. 어머님이 애기를 데리고 딱 들어오니까 우리 할머니, 할아버지가 야단을 치는 겁니다.

그땐 어머니가 내 이름을 부르면서 "이리와라. 이리와라" 했어요. 그런데 그땐 할머니, 할아버지랑 어렸을 때 분수를 모르니까 계속 세뇌 교육을 시켜 어머니가 무지하게 나쁜 사람이라고만 생각이 들었어요. 제 생각에는, 어머니는 나쁜 사람이다 생각이 들어서 "태민아, 이리오라. 같이 가자" 해서 데리고 나가려는 걸 내가 절대 안 나갔어요. 그 기억이 나고.

또 애월초등학교에서 운동회를 할 땝니다. 초등학교 2학년 때, 어머님이 그 옛날에 까만 빤스(팬티)에 하얀 줄 그어진 운동복, 그걸 사가지고 와서 나를 주었어요. 근데 내가 "싫다. 필요 없다. 나 엄마 없다."그래서 안 받았어요. 그러니까 어머님은 그 동생허고 와서 집에 못 들어오니까, 요 동네에 방 하나 얻어서 동생허고 생활을 하는데, 나보고 계속 오라고 해도 나는 절대 안 갔어요. 그러니 거기서 한 몇 개월 쭉 생활을 허는데도 자식들도 냉대하고 또 시집 식구들도 냉대하고 허니깐 또 나가버린 거라. 그래서 방직에 나가버린 겁니다.

조부모 밑에서 삼 남매 생활, 어머니와의 재회

그 당시 내가 아홉 살로 장남이고, 밑에 동생이 일곱 살, 또 밑에 여동생이 네 살. 근데 막내 동생은 아버님이 돌아가신 후에 유복자로 태어났어. 그러니까 삼 남매만 할아버지, 할머니 밑에서 생활했지요.

나중에 어머님은 재혼을 했어요. 내가 열아홉 살에 재혼했어요. 재혼해서 생활하다가 내가 해야 될 일 중에 뭣이 젤 중요한 일인가 생각해보니깐 어머님을 찾아야 되겠다는 생각이 든 거지요. 아버님이 일찍 돌아가셔서 혼자된 게 참 외롭고 불쌍하시다는 생각이 들어서 어떤 일이 있어도 어머니를 찾아야겠다고 생각한 거지요. 면사무소에 가서 호적을 추적해봤어요.

경기도 어디에다 호적이 가 있었어요. 그때 내가 한 스물다섯 아님 여섯 살쯤인데, 이거 세상 어디 상가 마을 밖에 나가보지도 않고 겨우 애월중학교 왔다 갔다 한 거뿐이어서 찾아가려고 해도 겁이 났어요. 그래서 어딜 나갈 수도 없고 해서 외가에 갔어. 외삼촌이 서울에 있으니깐 외삼촌 주소를 달라고 했어요. 그래서 외삼촌 있는 서울로 찾아갔어요. 한 일주일 살면서 두 번째 올려진 호적을 추적해서 찾다보니깐 저 경기도 문산에 가 계신 것을 알 수 있었어요.

거기 가서 어머님을 만나니깐 "양심에 가책을 느껴서 나 도저히 집에 갈 수도 없고, 너희들 볼 면목이 없다" 하시는 겁니다. "그게 아닙니다. 동생들이나 저나 어머니한테 원망을 하지 않고, 이 시대가 그렇게 만들었다는 걸 이해하니깐 조금도 미안해하지 말고 집으로 오십시오" 하니깐 죽어도 안 오시겠다고 해요. "그럼 좋습니다." 그때 우리 동생이 군인 해병대 있을 땐데, 동생 면회를 가서 어머니를 찾았다고 하니깐, 경혜도 "어머니가 죽어도 안 오겠다고 한다. 너네 집 주소를 어머니한테 적어

드렸으니깐 몇십 년 후에도 좋고, 몇 년 후도 좋고, 어머니가 그 집을 나오고 싶고, 갈 데 올 데가 없을 때는 동생 집을 찾아오라고 얘기를 했으니까, 너 휴가나 생기면 어머니를 한 번 만나봐라" 했어요. 동생헌티 어머니 주소를 적어 주면서……

어머닌 그렇게 해서 동생네 집에서 몇 년 살고, 다시 여기 와서 살다가 또 손자네 집에서 살다가, 나중에 돌아가신 지 한 삼 년 됐어요.

어머님은 호적 입적을 못 해서 저하고 동거인으로 됐어요. 재혼을 해서 호적을 떼어가버리니까. 저희 아버님이 사망해버려서 호적 복원을 못 시켜 드렸어요. 아무튼, 잘했든 못했든 동생덜도 이제 다 커서 어머니가 무슨 필요있냐고 원한에 찬 소리가 있길래, "그게 아니다. 그 시대가 그렇게 만든 거지, 어머니 잘못이 아니다. 다 우리에게 주어진 숙명으로 받아들여서 어머니를 이해해라. 문제는 너네덜, 자식을 낳거나 우리 자식을 낳았을 때, '우리 할머니는 어디 계세요?' 하면 대답헐 말이 없지 않냐? 무조건 이해를 해서 어머니를 모셔 와야 된다" 해서 모셨지요. 그렇게 제가 말년에 한 몇 년, 여기서 모시다가 어머니께서 삼 년 전에 돌아가셨어요. 아버지 옆으로 가서 쌍묘로 모셨어요.

(어머니가) 저쪽에 처음 갔을 때 아들을 하나 낳고, 호적상으로 보니까 두 번째 가서 형제를 낳았어요. 근데 어머님도 (우리한티) 미안해서 절대 거기에서 생활하던 것을 이야기 안 하고, 나도 또한 그 아픈 상처를 건드리고 싶지 않아서 절대 물어보지 않았거든요. 근데 (그쪽에서도) 전혀 소식이 없어요. 분명 호적상으로 볼 때는 아들이 삼 형제가 있는데, 전혀 연락이 안 와요. 어머님이 여기 와서 오래 사셔도 절대 그 자식에 대한 얘기를 안 허고……

모두 친자식인데 어머니의 그 아픈 상처를 건드리지 않는 게 도리가 아닌가라고 생각해서 일절 내가 안 물어봤지, 돌아가실 때까지. 제 생각으로는 아무리 이복동생이라도 형제는 형제니깐 서로 알고 지내면 좋 잖아요. 알고 싶은 생각은 있지만, 어머님이 일절 내색을 안 하시니깐 물어볼 필요가 없다 생각했지요. 그러다가 돌아가셨지요. (그 형제들이) 지금 어디엔가 있어요. 살아 계신지 죽었는지는 모르지만 아들 삼 형제를 낳았으니까.

그래도 어머니 살아온 과정을 가만히 지금 생각해보면 우리 어머님도 그렇게 막 애가 썩을 정도로 고생은 안 해봤어요. 재혼한 남자 분덜이 다 순수한 분덜이고. 그래서 다 편안하게 생활하다가 이제 우리한테 와서 손지덜 키우고, 편히 지내다 돌아가셨어요.

어머님은 돈으론 그리 어려움은 없으셨던 분 같아요. 우리 집에 와서도 손지덜이 용돈 드리고 하면 계속 돈을 모아서 그저 당신 먹고 싶은 대로 사다 잡숫고 어디 가고 싶은데 가고, 그렇게 하다 돌아가셨으니까. 돌아가신 후 보니깐 돈이 한 이백오십만 원 통장에 다 보관되어 있더라고. 그건 우리가 생일 때, 명절 때 드리고 손주도 드린 돈이지요.

교사의 꿈, 열아홉 살 결혼으로 산산

공부? 우리 작은아버지 되는, 삼촌뻘 되는 나보다 세 살 밑에 (사름이) 있는데, 할머니가 세 번째 할머니다 보니낀 학교를 안 보낼려고 했어. 그러다가 그 할머니가 우리 삼촌을 학교를 보내게 되니까, 삼촌은 보내고 손지는 안 보낼 수 없으니까 같이 보낸 거야.

그러니깐 세 살 차인데 동창이라. 초등학교랑 중학교랑. 그래서 학교를 쭉 다니는데 제 자랑이 아니라, 제가 초등학교 1학년에서 6학년까지 쭉 반장, 부반장을 했어요. 그리고 꼭 일등 아님 이등을 해서 초등학교를 졸업을 했는데, 구 남매에다가 우리 열 한 식구가 한 집에 살려고 하다보니까 그 당시 흉작이 엄청 들어가지고 양식이 언제나 모자랐어요. 그러니까 친척덜한테 차용을 해다가 먹었어요. 그러다가 그것도 안 되면 저는 전분쭈시(전분 찌꺼기)로 만든 떡도 먹어보고, 밀집(밀체)으로 만든 떡도 먹어보고. 경허단보니 우리 할아버지가 우선은 집을 상양하기 위해선 이 큰 손지를 팔아서 이것덜을 맡겨버려야 당신이 편안하고 또 집 지킬 경향이 될 거니까, 이것을 장가를 보내자고 해서 중학교 졸업해서 열아홉 살 나니까 나를 장가를 보내겠다고 한 겁니다.

나는 중학교를 졸업하면서 꼭 선생님이 되고 싶었어요. 그래서 사범학교를 가고 싶었죠. 그때는 참 어리니깐, 동네 밖에 안 나가고 하니깐 제주시가 어디 붙었는지도 모르고 어쨌든 "장가를 안 가겠습니다" 하니깐 우리 할아버지 집이 여기서 한 50미터 저쪽에 있는데, 거기에서 장가 안 간다고 막 도망갔어요. 경허난 할아버지가 "이놈의 새끼 혼내겠다" 해서 나를 막 따라오면서 잡으러 오고, 내가 도망가니 욕도 나오고…….

내가 장가를 안 가겠다고 하니깐 이제 할아버지 힘으론 안 되고, 친족덜, 넛할아버지, 오촌들을 다 모아서 문중회까지 하면서 나를 설득을 한 거예요. "결혼해서 살면 되지 공부해서 뭘 하겠느냐? 공부 안 해도 밥 되고, 충분히 살 수 있다." 그런 식으로 막 하는 겁니다. 난 순진해서 지금까지 자랑이 아니고, 동네 친족이나 어른이나 할머니, 할아버지나 너이 일을 하라 하면 아무리 힘든 일도 "저 못 하겠습니다" 이렇게는 안 해봤어. 무조건 순종했어. 그래서 그게 훈련이 돼서 이젠 결혼하겠다고 하니깐, 그때 우리 동네에서는 우리 할아버지 형제고 증조할아버지 형제고 문벌이 좋았어요. 이 동네 안에서 그러니깐 어느 집에서든 사돈하겠다고 희망하더라고. 양쪽에 문헌을 드렸는데 다 허가가 되니깐 "너 어느 쪽을 하겠냐?" 하니깐 난 "요쪽을 하겠습니다" 했지. 그때 할아버지 하는 소리가 "그쪽은 아니고 저쪽을 해라" 허니, "무사마씸?" 여쭤봤지.

(그랬더니) 우리 1,500평 밧이 있는데 이 입구에 400평짜리 남의 밧이 있어. 그래서 길이 없는 거야. 그래서 그 집에 장가를 가야 밧에 출입할 수 있다 이거야. 그 집에 장갈 가야 출입할 수 있고 농사지어서 살 수 있다 이거야. 그래서 결국 거기랑 결혼을 했는데 이제 결혼하니깐 길도 사고 다니게 됐는데.

30센티미터 철창 아버지가 만든 것 있어

30센티미터 정도 되는 이 철창은 동네에 그 민보단원이 조직돼가지고, 죽창을 다 만들라고 하니까 내 생각엔 우리 아버님이 대장간에 가서 만들어 사용하다가 그냥 놔둔 거 같아요. 동네에서 한꺼번에 제작한 게 아니고, 개인별로 델 가서 제작해 간 것 같아. 처음엔 왕대도 있었어요. 대가 어느 정도 길이냐 하면 (양팔을 크게 벌리면서) 우리 발로 한 발쯤. 그건 지금 한꺼번에 했는지, 개인별로 했는지 확실히 자세히는 모르겠어요. 민보단장이라 해서 지금 89세 되신 분이 살아 계셔요. 근데 연로해 가지고 뭔 말을 들어볼 수가 없어요. 바로 요 옆에 계신데…….

풀무 대장간? 그 당시에 저 돌아가신 분인데 저쪽 골목 안에. 저 그 이름이…… 그 이름 잊어버렸어요. 산에서 만들게 하려고 대장장이덜을 잡아가기도 했다는데. 대장간에 습격 들었다든가 하는 건 모르겠고. 산에 납치되거나 그러진 않았어. 이 막대는 보초서면서 마을 지키기 위해서 만든 거니까.

(30센티미터 정도 되는 철창을 가리키며) 이거는 그때 이후에 그냥 보관만 허고 아예 써보진 않고. 그냥 가정만 다녓주. 이거 손지덜한테, 아들덜한테 주젠 이거. "그 시절엔 이런 일들이 있었다" 해서 주려고 헤낫주. 가만히 보관헤낫주.

민보단 동원

아버지는 그 민보단에 미리 가입한 것이 아니야. 강제로 그냥 민보단에 (끌려간 거지). 다, 동네 젊은 사름은 자동으로 다, 단원이 된 거지요. 그러니까 토벌 나오라고 하면 토벌 나가고 그랬으니까. 그렇게 산에서 활동했던 이 마을 사름덜? 우리 마을이 동마을, 서마을 해서 두 개 동네로 나뉘었는데 동마을에 몇 분이 있었어. 아주 열심히 활동한 몇 분 있었지요.

그 시절에 아버지가 우리한테 주의를 준 것은 없고, 밧에 갈 때면 "너희들은 방에서 가만히 나오지 말고, 숨어 있어라." 그것만 주의를 준 건 확실해요. 그 외 다른 말은 들은 적이 없어요.

변○남 삼촌하고 나가 열세 촌이라. 겐디 삼촌한테 아버지에 대해서 들어본 일도 없고. 민보단이 무슨 일 하는지도 몰랐고. 하여튼 "민보단장, 민보단장" 했어. 경허고 민보단 하는 일은 토벌 다니는 거. 아버지가 허는 거 보니까 군인덜이, 경찰덜이 와서 동원 시키라고 허면 동원돼서 나가는 거. 그거 허는 일이랏주.

대왓 속에 앉아서 보면 하늘이 벌겅

습격 와서 우린 대왓(대밭) 속에 앉아서 보면 하늘이 불 벌겅허고, 총소리 "팡팡" 나는 거밖에 몰라요.

아내: 그때는 알로(아래로) 총소리 "팡" 허게 나면 무서워서 우트레(위로) 막 달아나고. 우에 강 낭 구멍에 영 곱았다가 또 우로 총소리 "팡" 나면 다시 아래로 막 달리고. 그냥 어디 갈 줄을 몰랏수게. 그때 우리 한 열

살쯤에……. 게난 저 동네 사는디. 놀러 가자고 해서 친구가 놀러 강 오는디 이거 길로 그냥 "폭도여!" 해서 막 아래로 내려. 이젠 무서우니까 집 밖에 나가서 이 대왓 속에 곱앙(숨어서) 앚앙보난(앉아보니) 이제 그 집에도 막 폭도가 들어왔어. 그 할머니 하나는 안 곱아서. 경허난 그 할머니한테 쌀을 푸대해서 거기에다 비우라고 하면 이 할머니는 꾀가 있어서 푸대에 쌀을 비우면서 아래로 잘잘잘잘 막 헐어버리는 거라. 경허민 이놈의 할머니는 꾀가 있는 할머니라고 막 욕 허곡. 또 거기 영 숨어서 보니깐 쉐를 막 몰아가지고. 어식어식 하면서 막 몰아가더라고. 저 편 집에도 불을 붙여부니까 불귀가 나서 막 내려오고. 그런 걸 본 적도 잇수다.

우린 집집마다 우리가 숨는 듸(데) 만들어 낫수다. 집 안에 (집 구석을 가르키며) 이런 듸 굴을 파서 곱아서. 어디 안 강. 밤에 곱앙 잠도 자고 헤 낫수다. 어머니는 그냥 안 들어가고. 애들만……. 여기선 낮에도 다 숨고 밤에도 숨고 뭐, 그때는.

'말 양태수' 이야기

그 당시는 폭도도 무섭고, 군인도 무서울 때라. 무작위로 막 잡아가니까. 그땐 폭도가 더 무서왓주게. 신탁통치를 결사반대 해가지고 그 동네 사람덜이 모여가지고 거리로 막 데모허듯이 돌아다닌 거, 막 어릴 때 본 기억이 나요.

강태수라고 젊었을 때, '말 양태수' 별명을 붙였는데 키도 크고 빠르고 이 사람이 막 영글었어. 게난 '말 양태수'엔 헷주. 거짓말도 잘허고……. 겐디 폭도가 들어가지고 허난 외양간 뒤에 가서 쉐 뒤에 영 숨어 잇는디 쉐를 끌려고 강 보난 사람이 이시난 같이 끌고 가분 거야. 그 사람이 날래니깐 도망쳐 나완. 지서에 가서 이제 도망쳐 나와서 그 소굴에 있다고 허니까 "그럼, 가서 가리켜라" 해서 그 사람을 안내자로 해서 토벌 가다가 교전이 벌어정 죽어분 거야. 그 남자, 아주 용감한 남자. 그 사람은 잘헌 사람인디 억울하게 죽어불었어. 토벌대덜 길 안내허다가…….

이후 가족의 삶

이 마을에서 내가 보고 느낀 건 따로 없고 들은 말로는 우리 동네 분덜 몇 분 돌아갔지만 이 마을 뒤 산 쪽으로 가서 농사일 하고 집에 돌아오다가 그냥 갑자기 잡혀서 총을 쏘아버리니까 돌아가신 분도 두 분 계시고.

전부 다 우리 친족이라. 여긴 강, 양, 변 (씨)이주게. 상가는 다 강, 양, 변. 진자 규자가 저희 아버님인데. (명단을 가르키며) 변창래는 아명으로 부르던 이름이고, 호적명이 변진규.

우리 또 구남매 중에서는 아무도 희생자가 없고. 여기 상가 쪽으로 소개 온 사람덜? 소길리에서 두 사람이 와서 살당 간 걸로 알아요. 다 무사히 살다가…… 지금 다 살아 계시고.

난 우리 아이들한테도 "할아버지가 이렇게 돌아가셨고, 내가 이렇게, 이렇게 고생하며 살아왔고 너희들 이렇게 키웠다" 해서 얘길했어요. 부모님 안 계시고, 할아버지 밑에서 자랐지만 반항심 같은 거는 전혀 없었어. 그게 몸에 배어가지고 나이가 들고 결혼을 해서도 일가 어른덜이 뭐 심부름 시켜도 일을 잘 했어. 게난 말을 잘 듣는다고 뭐 할아버지, 할머니 아니면 오촌, 칠촌 돌아가시면 어디 가서 택일해 오는 거. 그런 거 다 담당허고. 경허고, 옛날 산 보러 뎅길 때, 정시가 오면 점심 갖고 같이 가는 거지. "태민아, 같이 갓당 오라" 허믄 바로 "예" 헷주게.

할아버지가 무척 나를 아꼈고, 장손이라고 해서……. 할머니나 동네 분덜 말씀 영 들어보니까 2년 차로 우리 동생이 태어나니까 그 당시 진짜 우유도 없고, 어려울 때니까. 요새 아프리카 아이덜 텔레비전에 나오는 모양으로 그냥 목숨만 붙었어. 그러니까 우리 할아버지가 꼭 나를 데려다가 그 옛날 쌀밥 따로 해서 보리밥 옆에 한 숟갈 놓아가지고 그걸 씹어서 나를 먹였다는 말을 내가 많이 들었거든. 우리 할아버지가 자손을 엄청 많이 애꼈어요. 게난 그 어떤 일이 있어도 제사 4·3사건 경조사 칩은 나를 꼭 데려갔어요. 떡 받아 주젠……. 그 시절엔 밀채 사다가. 양식을 불릴려고 헷주. 밀체도 팔앗어. 푸대에.

우리 장모님이 워낙 돈독한 어른이라서 평생 돈을 누구한테 단돈 10원이라도 꿔보질 안헌 분. 백 세에 돌아가셨는데. 부인도 2남 2녀 중에 작은딸이고, 친정에 살 때는 돈 어려운 줄 몰랐는데 여기 와서 돈 어려운 줄 알았다고 해요. 학교는 안 시켜주고 일만 시키려고. 큰 처남은 공부를 많이 해서 경찰관 하다가 이제 돌아갔고. 작은 처남은 사범학교 시켰어요. 나허고 중학교 동창인데 부산으로 발령 나서 부산에서 교편생활 하다가 이제 정년퇴임해서 부산에서 잘 살아요.

난 경찰관 시험을 볼려고 생각을 했었는데, 그때 육촌 형님네랑 오촌들이랑 "그거 서푼 월급 받앙 살지 못허여. 농사지엉 사는 게 편히다. 잘못 생각하고 있다" 했지. 그래도 경찰관 모집할 때 시험 한번 볼려고 생각했던 때가 있었어요. 그때 경찰관 시험을 봤으면 합격될 자신도 있었고, 공직 생활 할 수도 있었는데. 이제 후회돼요. 그때 내가 조금만 이 셈이 좀 들었으면 그냥 가출해서 뭐 고학을 했든 뭐했든 사범학교에 갔어야 됐을 것을…….

그러니 우리 동생도 절대 거역하는 버릇을 안 해요. 할아버지가 교육을 잘 시켰어요. 아버지도 그래요. 동네 분덜이 남녀노소 할 거 없이 그러는데, 참 우리 아버지 칭찬을 많이 해요. 법이 잇이나 엇이나 사실 분이라고. 동생덜? 저만 중학교를 나오고. 나머지는 국민학교밖에 못 나왔어요. 우리 막내 동생은 제가 중학교 시키고, 제주상고 야간 시키고.

"어려도 칠팔십 인생을 산 사람"

그러니 자랑이 아니고 내 뭐 누구 친구덜한테나 혹은 친족덜한테나 나이는 몇 살 안 됐지만, "내가 칠팔십, 구십 세 난 사람만이(만큼) 내가 삶을 산 사람이다" 허고 자랑을 하기도 했어요.

이제 세상이 다 바꿔져버렸는데, 4·3에 대해서는 정말 원망이 많아요 저는. 집 안이 쑥밭 뒈부런. 초등학교 졸업하니깐 할아버지가 죽어도 중학교를 안 보내줬어요. "밥 먹고 살기 바쁜디 학교가 뭔 필요가 있냐?" 해서. 지금도 살아 계시지만, 제주시에 사는 강○봉 선생님이 우리 할아버지한테 와서 며칠을 사정을 했어요.

그때 우리 초등학교 담임 선생님이 큰 기대를 가져서 중학교 입학시험은 등급별로 다 표시했거든. 합격자 발표헐 때 '틀림없이 나는 5등 안에 들 것이다.' 막 기대를 가졌는데 발표헐 때 강 보니까 11등이더라고, 180명 중에. 애월중학교에서. 여기서 걸엉 왔다 갔다 했는데…… 공부 잘허고 못헌 것 상관 엇수다. 복이 좋아야지.

빌 레 못 굴 , 그 끝 없 는 어 둠 속 에 서

이만수

이만수는 1920년 한림에서 태어났다. 열여덟 살에 애월읍 광령리로 시집가 살다가 4·3을 만났다. 1949년 12월 9일 남편이 산사람과 연루됐다는 누명을 써 토벌대에게 죽음을 당할 때, 시아버지가 대신 죽겠다고 나서다가 한날에 부자가 목숨을 잃었다. 이후에도 많은 죽음을 목격했던 그녀는, 당시 임신 4개월의 몸으로 성담을 쌓으러 다니기도 했다.

(채록일: 2007.6.12 | 채록 장소: 애월읍 광령리 자택)

6

남편 대신 죽겠다는 시아버지 같이 죽여

나같이 망헌 사름 방년 천지엔 엇어

우린 원래 광령에 살앗어. 난 친정이 한림이라. 남편은 열일곱, 난 열여덟에 시집 온 거라. 시아버님은 홀로 살고 잇엇고. 아이고, 광령에 시집 완 살단 소각을 당헌 거라. 경헌디 산간 마을을 다 태와부니까 우린 완전 당했어.

총소리에 사름덜이 도망가단보니까 집에 와서 불 붙여분 거라. 믄딱(모두) 안거리, 밧거릴 다 태우고 숟가락 하나도 엇이 믄딱 타불엇주. 완전 소각을 당해버리난 우린 어쩔 거라. 그땐 입을 거나 먹을 거나 다 험했어. 목숨만 무서완. 나 같이 망헌 사름은 방년 천지엔 엇어. 그 사름덜이 왕 총 막 내놓으멍 허니까 꼼짝 헐 수가 있어야주.

그건 법에서 헌 거지. 총을 어떻게 그냥 가정 다닐 수 있나? 나도 어린 때지만, 어린 생각에도 그 생각이 들었어. 검질 매는 사름헌티 총 잇어? 광령이야 검질만 매고 살지 무슨, 다른 거 허는 게 엇어. 보리 허곡, 조허곡, 콩 허곡, 팥 허곡 경 살당보니까 불 질러분 거 아니라? 밤에 와서 불을 질러부니까. 그때까진 곱게 살앗는디. 우린 곡식 하나 엇이 문딱 불에 타버린 거라.

다른 동네는 미리 3, 4일 전에 "내려가라, 내려가라!" 해서 불 지른 거니까 자기들 사용헐 건 다 가져갓주. 근디 우린 전부 소각당해서 숟가락 하나 엇어노니까 아무것도 엇어. 불 지를 거렌 미리 말을 듣지도 못허고. 경허난 우린 완전히 소각당헌 집이라. 경헤도 우린 가만히 있어야지, 별 수가 있겠어?

남편 대신 나섰다가 함께 희생당한 시아버지

시아버지 제사는 음력 11월 9일(양력 1948년 12월 9일). 부자간이 한날한시에 돌아가분 거주. 남편 (이름은) 양창열, 시아버진 양기선. 우리 아버지는 을유생. 형제간도 원 없고. 시누이도 하나 없고. 다 죽어부난. 남편은 외아들이니까 멀리 보내서 공부시키고 했어. 그때 시절엔 경허엿주.

우리 남편은 공부헌 사름이니까 법에서 "와 주십서" 했어. 면에서 와 주십서 허고 사정해도 안 가고 허면서 살았어. 그렇게 살단보난 남편이 죽어불엇어. 그때 남편이 내복을 입었어. 몸이 단단했어. 좋은 내복을 눔이(남이) 갖다줬어.

근디 난 만주까지 갓다 온 사름이라. 게난 만주에서 온 옷을 입으라고 남편한티 내놓앗주, 무서우니까. 사름이 다칠까 해서. 남편이 그 옷을 입으니까 이건 대장이라는 거라. 키도 크고, 훌륭하고, 차려 입은 의복도 틀리고 허니까. 내복을 입어서 몸도 단단허니까, 아무리 봐도 우리 남편이 대장이니까 (산에) 안 올라가서 있는 거라고…….

경허난 잡아강 죽여가니까 시아버지는 가만히 허질 못하지. 우리 시아버님을 나가 모시고 살았어. 나라가 망해가고 마을이 망해가면 당연히 나이 젊은 사름은 대표로 나가는 건 사실 아니라? 삼국지 봐실 거라. 그때 같이 나갈 건 사실 아니라? 그러니 젊은 사름(남편)까지 나간 거지. 근디 아버지까지 왜 죽여?

우리 시아바진 막 나이 많도록 살면서 아들 하나 난 거 키워서 지금 외국 유학허듯 학교 졸업시키고 헸어. 시아버진 그 전에 상처했어. 혼자 아들을 키우고 헷는디 그런 아들을 그렇게 죽이젠 허니까 "아들을 죽이려 허는 거라면 나를 죽이라"고, 그 사름을 왜 죽이느냐, 대신 죽겠다고 나서서 죽은 거지. 우리 시아버진 나이 많은 어른인디 살겠다고 헐 거라게.

남편허고 시아버지허고 돌아가실 때…… 밤 열두 시 넘어가니 동네 막 친헌 사름이 있으니까 그 사름이 와서 말해준 거라. 게난 남편이 아홉 시, 열 시 전에 죽엇는디 우린 밤 열두 시 돼야 묻었어. 묻어줄 사름이 없으니까. 이건 밤에 간 보난 아버진 총 맞앙 죽었지만 아들은…… 아이고 (고개 저으며). 신체(시신)들은 저 산에 갔어. 아버지는 우리 공동묘지에 놔두고 아들은 그 전에 묻었어. 왜 그렇게 빨리 묻었냐면 토롱만 해서 놔두니까, 친정 우리 아버지가 이렇게 놔두면 여름 5월 장마에 물이 들어버리면 못 쓴다는 거라. 게난 그 전에 암만해도 이묘를 해야 헌다고 해서 부자간이 이묘헨 묻엇주. 토롱허연 놨다가 묻엇주. 나중엔 길 난다고 신고해오니까, 두 번 이묘를 헌 거지. 그때 말은 난 허고 싶지도 않아. 그땐 무사 죄가 있는 사름만 닦달을 허주, 무사 죄 엇인 사름도 믄딱 죽이는 거라. 아방도 죽이고 어멍도 죽이고.

하귀 동산 나무에 임신한 여자 매달아

하귀에서 동산에 있는 나무에 애기 밴 여자를 매달 땐 주위에 본 사름이 많지.[1] 아이고, 많고 말고. 그때 막 사름덜 하영 죽었어. 거기서……. 그 동산에, 개물 동산 폭낭(팽나무)에 그 여자 달아매서 죽였어, 난 이 말을 누구한테도 안 굴아난디(말하지 않았었는데) 굴암시난(말하니까). 개물 가서 이렇게 말 허면 혹시 아니라고 헐지도 몰라.

경혜도 정말이라. 그 자리에 나가 있었으니까. 그 옆에 믄딱덜 앉으니까. 나도 이렇게 앉아 있었어. 경헌디 난 나가는 게 늦은 모양이라. 나오라고 허니까 일어서젠 허면 누가 나 옷을 잡고 못 일어서게 허는 거라. 무사 나가려고 허느냐고 날 잡아서 누르는 거라. 자꾸 나를 눌러 앉혀서 일어서질 못허게 했어. 그러니까 살아났지.나를 눌러 앉힌 사름이 누군지 이제 몰라. 누가 나를 살려줬는지……. 당신 때문에 살아서 이 애기 낳고 살앗는디. 경허연 살아난 거라.

거기에 나무가 있어. 그 여자 남편이 도망갔는지, 아무래도 남편이 산에 올랐다는 말을 누가 해부니까 그렇게 당했을 거라. 이게 그 사름 각시라고 안 허민 알 수가 있나? 이 사름 남편이 그렇다는 것을 누가 나타내버리니까 그런 행실들을 허엿주. 만약에 그렇게 말헌 사름이 살아있다면……. 아무튼 눈으로 볼 수가 있을 노릇이라? 그땐 내가 임신 헌 것도 몰랐구나. 몰라, 몰라. (남편 살았을 땐) 애기 하나도 없고 다음해 나야 애기 생견.

하귀 개물로 소개

우린 하귀 개물이라고 허는 곳에 소갤 갔어. 여기서 개물이 어디라? 내려가야 했어. 내려가 살다보니 살아졌어. 같이 살려주겠다는 사름, 먹

---

1 주요 4·3 용어 해설, '비학동산 학살사건' 참조.

이고 살려주겠다는 사름이 잇이니까. 그때 개물에 화북국민학교 졸업하고, 지금 구십삼 세로 돌아가신 시궨당(시댁 친족)이 잇엇주. 이젠 죽어불엇는디 그 사름이 우리가 가면 잘 해주겠다고 허니까 그 빽을 믿은 거라. 아무것도 가져 갈 것도 엇이 요만큼 헌 것도 하나도 엇이니까.

난 여기서 크지도 안헷주만 광령에선 곱게 산 사름이라. 이제 법에서 우리에 대해 말을 많이 허니까, 듣기에 귀가 아팠어. 사름이 상허니까 그러지 말지. 우리 남편은 스물넷이니까 어린 사름 아니라? 어린 사름이라도 청년이니까 키가 컸어.

거긴 가서 그냥 나무 해다주고 살았어. 우린 편안허게 여러 말덜이 많이 들려도, 그러지 말고 그냥 거기 살기로 했어. 남편은 하귀 개물에 내려간 후에 마을 서기를 헷주. 그 이재민덜 살 길을 찾아주려고 헌 거라. 우리도 그런 사름이니까 보리를 갈아 먹어야 살앗주게. 그 시국엔 그땐 보리 갈 밧을 정해주고, 소개민덜을 마을 책임져서 챙겨 주다가……. 전부 이름 적어서 다니다가 죽엇주. 어떻게라도 그런 일을 허지 말았으면 살았을 건디.

집주인 "사름 아니고 폭도 데리고 살앗저"

우리 시아버지는 성질이 막 좋은 어른이었어. 성질이 하도 좋아서, 전부 광령 집덜 불 지르고 허니 돼지 하나가 타다 남았어. (시아버지가) 돼지를 심어가서 그 마을 사름덜한테 줬어. 그러니까 마을 사름덜이 조금이라도 돈을 거둬서 주겠다고 해서 돈을 줫주. 그땐 그 돈도 많은 거니까 돈을 더러는 마을 사름덜한테 주고 해서 왓는디…….

개물에선 잘 사는 개물 할망, 그 주인 할망이 뭐라고 허냐면, "사름을 데리고 살아졌나 헷는디 하나는 폭도를 데련 살아졌구나" 그렇게 허는 거라. 한 사름이(남편) 죽으니까 폭도라고 허는 거라. 짚으로 만든, 옛날 어른덜 등짐 져서 다니는 짚 배로 마당을 두드리면서는 날 보고 "이년! 들어오지 말라! 이년! 들어오지 말라!" 경허는 거라.

그때 개물엔 장전 사름도 갔고, 우리 칠촌 조카도 같이 갔어. 우린 남편 권한으로 갔지. 우릴 살려주겠다 허고 갔는데 살려주긴 뭘 살려줘? 사름을 겪어보면 그때 살려주는 사름이 엇어. 막 어렵게 되고 보면 살려주는 사름이 엇어. 이젠 죽음뿐 헐 수가 엇어.

임신한 몸에 풀 뜯어 먹으며 살앗수다

성안에(제주시) 들어가니까 우린 양 칩이니까 양 씨 궨당(친족)이 와서 자기 집에 살라고 허는 거라. 교육 받은 사름, 막 부자로 사니까 시아버지가 종손이라고 잘 해줬어. 양상돈이라고……. 그 사름이 우영(텃밭)을 하나 주니까. 우영에 집 지어서 살았어. 나중에 이쪽으로 나오니까 우리도 살아졌지.

우리 시집에도 친정 친족 하나가 있었어. 나중엔 그 친족네가 친정에 가민 살려주겠다고 허니까 나도 같이 간 거라. 경헌디 꿈에, 나가 하도 울면서 다니니까 우리 아버지 하는 말씀이 "경 울지만 말아라. 우린 광녕이니까 광령 요 집 터에 와서 집 짓고 해서 살면 될 거나 울지 말고……." (울음) "그리 상심 말라" 허는 거라. 그렇게 말해도 소용이 없던 거라. 거기 가봐도 살지도 못허고…….

그때 시절엔 먹을 것도, 입을 것도 요만큼도 엇엇주. 그때 우리 불태와분 집에 강 보니까 풀이 나 잇이니까 그걸 먹었어. 그걸 먹으니까 나가 아파버렸어. 안 먹는 풀을 먹어부니까. 풀이 막 돋아나서 좋다고 허멍 그걸 캐다가 삶앙 먹었던 거라. 배는 이만큼 불러서 쑥을 뜯어다가 주머니에 담앙 다니면서 먹은 거라.

갓난아기 데리고 성담 쌓으러 다녔어

옛날은 성을 쌓안 살앗주게. 크게 마을을 에워싸서 말이주. 총 맞을까 봐서 그 안에 들어가서 살안. 성담 쌓을 때도 출력해사 살앗주. 경허니까 나도 아기 데려서 성담에 출력허연. 그렇게 해서 성담 쌓은 거지. 아이고…….

(그때) 난 죽어도 좋은디 저 아들, 4개월 된 거는 꼭 살리젠 허엿주. 그때 품은 거 다음 해 5월 뒈야 낳았어.

성담 쌓을 때는 힘들지. 그렇게 해버리니까 지금 난 걷지 못해서 이렇게 줄락줄락허면서(갑자기 나오는 것처럼) 살아. 살아보젠 그자……. 살아보려고 밥도 어렵고 쌀도 어렵고 해도 살려고. 그래도 잘 살던 사름이라부니까 살려고 허니깐 이젠 살림이 너무 작은 것이 아니라? 못 살아난 사름은 못 살게 되어도 그냥 사는디, 잘 살던 사름은 못 살면 남들이 웃는다고 했어.

그때 재산? 많이 잇엇주. 이만큼 해다가 쌓은 거 몬딱 태와 부런. 경허난 못 사는 사름은 괜찮아도, 살단 사름은 못 살민 억울해서 못 산다는 거라, 눈이 까져서. 나같이 망헌 사름은 엇어.

대를 이을 수 있어 기뻐

그래도 난 후손이 이어지니까 기뻐. 아이고, 시아버지가 살아 계셨으면 말 허고 싶어. 우리 시아버지는 (돌아가시기 전에) 후손 없어서 섭섭했을 거 아니라. 그래도 저거 낳아서 손자에 손손자도 있어. 손자가 성제(형제)고. 아들은 자식이 지 하나뿐이니까 아버지 못 보는 게 한인 거라. 어떤 땐…….

살다 보면 싸워지지. 그러면 아들은 "그런 게 아니우다. 몰라서 그런 거주. 그런 게 아니우다" 허면서 술을 올려 주고. 경허면서 살다보니 아들이 이제 육십 세 뒛어. 이제 쉰일곱. 딸도 하나 없고 저거 하나뿐.

이제는 우리 애기덜이 날 잘 모셔줘. 막 극진히 나를 모시주. 그러니까 대를 이어주니까 기쁜 거라. 내가 살았으니까 대가 이어진 거라. 저건 작은 손자. 십년 차이라, 성제(형제)가. 가운데 두 갠 여자 아이. 남의 집에 가부난. 아이고, 요전에도 제사에 왔어. "할머니, 집에 옵서, 옵서" 허는 거라. "난 가기 싫다게. 영 오몽허기(움직이기)가 싫다게. 이 듸(허리를 가리킴) 아판……." 경헤도 그자 "할머니 오십서" 허난.

나 하나만 살앗주게. 시누이도 없고, 동서도 없고. 아무도 엇이난. 시아버님 제사 허니까. 여기 와서 같이 잡숫고 여기 앉으시라고. 나도 이런 날이 있구나.

그러니까 저 아들 키워서 이 집을 크게 불리고, 아들은 저것들 성제(형제) 낳고, 손자 낳고 허멍 사는 거주. 이제는 울 일이 엇어. 아들 하나, 6개월, 7개월 만에 아들 하난 낳으니까 그 아들로 해서 이렇게 사니까. 며느리가 하도 좋으니까. 나만 못 허게 사는 사름도 하주(많지).

4·3 금기 시절

이젠 이렇게 하소연 허고 경허지만. 그땐 아무 말도 못 헐 때라. 어느 땐가 우리 집에도 책 만들라고 어떤 학생이 매일 날 찾아왔어. 난 매날 일해야 살 때라. 동네 사름이 이렇게 말을 허는 거라. "이 집인 학생 하나가 매일 찾아옵니다" 허니 한 번은 만나니까, "당신도 살고 나도 살곡 허려면, 우리 집에 다니지 말라. 난 서방 죽은 각시라부난 당신이 날 알아서 다니면 큰일 난다" 허고. (그 학생이) 책을 내겠다고 허더라고. "책을 내쿠다(내겠다)" 허니 내가 "아이고, 날 찾아서 다니지 말아." 막 그러니깐, 그 사름도 다시는 날 찾아오지 않기 시작헷주.

그때는 사태 후라. 나가 너무 험헌 말 들으니까 그 사름은 어디 여기 절간에 올라가서 살면서 온 거지. 소문 들기에, 당초 다니지 말라고. 나를 살려주려면 다니지도 말고, 당신도 살고 허라고 그렇게 했어. 이런 말을 입에 올리면 죽어진다고 내가 했어. 그때 그 사름, 그 후엔 안 봤어.

누구 책임지는 사람 잇어사주

언제 이 사건 조사허는 사름 나오니까 난 상관이 없다고 했어. 다른 사름일랑 누락되지 말게 잘 올려서 후손이라도 잘 되게 해주라고 했어. 누구 책임을 지는 사름이 잇어사주. 책임지는 사름 없으면 안 되는 거니까.

이제 죽은 사름덜 위령제 헐 때면 아이덜도 다 같이 가고 있어.

제4부

교사는 등사판 지키고

1 등사판 지키는 숙직도 했어요
2 발령 받고 간 국민학교가 군주둔지 돼 있었어

빌레못굴, 그 끝없는 어둠 속에서

조승옥

1924년 애월 태생의 조승옥(趙昇玉)은 4·3 당시 애월국민학교의 교사였다. 그는 당시 3·1절 기념식에 학생들을 데리고 참가했다. 해방 이후 교내에서 좌익교사와의 갈등, 방위장교 역할 등 많은 일을 기억하고 있다. 1998년 '제주4·3사건 희생자 위령사업 범도민추진위원회' 위원장을 맡아 위령제를 지냈으며, 2000년 제3대 제주도의회 의장, 제주도반공연맹지부장 등을 역임했다.

(채록일: 2006.3.22 | 채록 장소: 제주시 용담동 자택)

1

등사판 지키는 숙직도 했어요

내가 겪은 3·1절 기념식

이건 내가 겪었던 경험입니다. 그 당시 나는 애월국민학교 교편 생활을 하고 있었어요. 그때 애월국민학교 교장선생님은 김ㅇ희 교장선생님이셨지. 일제시대 때 교장은 야마구친가 하는 일본놈. 나중에는 이북청년회(서북청년단) 직원이 소위 교원 발령을 받고 교원으로 가면을 쓰고 침입하는 거야. 그 이름은 모르겠어. 미리 선생들은 아니까 상대를 안 하려고 했어. 시끄러우니까.

그니까 내가 6학년을 담임하게 되니까 관덕정에서 3·1절 기념식을 한다고 참석하라고 해서 애월에서 학생을 데리고 여기(제주읍)에 왔어요. 우리는 애월 신작로를 따라 그대로 오는 거야. 일주도로로 바로 관덕정, 북교로. 그때 북교 운동장으로 모이라고 했어. 그런데 집단행동이 안 됐어. 사고 나버리니까. 참석한 사람 다 잡아간다고 허니까 제각기 살기 위해서 피해버린 거지요. 그렇게 해서 바닷가로 피한 놈도 있었어요.

제주시까지 오려면 거리가 멀어서 새벽에 일찍 나가야지. 요즘 아이들은 잘 못 걷는데 그 당시 아이들은 잘 걸었어요. 큰 아이는 뭐 학교 가보니까 나하고 한 살 차이야. 그 당시는 의무교육이 아니니까, 내가 열아홉 살에 선생허다보니까 열일곱 살, 열여덟 살인 학생들도 있더라고.

3·1절 기념식 참가했다는 이유로 구류

난 3·1절 기념식에 단지 참가했다는 걸로 경찰에 잡혀갔죠. 그때 참석한 교원들은 모두 잡혀갔지. 제주경찰서 간부급도 아니고 육지서 왔노라고, 범 같이 생긴 친군(경찰)데 이름도 이호여, 이호. 왜 거기 참석했냐고 고래 고래 (소리를) 지르는 거야. 3·1절에 참가한 건 사실이니까, "참가했다" 허니까, "왜 참가했느냐?"고. "참가하라고 해서 왔다, 시키는 대로 따라했다"고 했어요.

며칠 사니까 풀어주더라고. 그때 구류 처벌을 받았어. 유치장에 3일인가 4일 있다가 석방됐어. 그때는 재판 없었어. 나뿐 아니고 그때 참석한 공무원, 다른 학교 직원들도 다 잡혀 들었으니까 유치장이 꽉 찼지요.

이호는 그 당시 계급으로는 경찰서 경감이나 그쯤 됫주. 제복을 안 입어서 모르는데 이놈이 주도해서 조사를 했지. 교사 중에서는 나만 잡혀갔지요.

4월 3일의 기억

(제주경찰서에 다녀온 지) 얼마 없어 4월 3일 날은, 또 읍에서 출두하라는 연락을 받았을 거야.[1] 학생들을 데리고 그 당시엔 차가 없으니까 걸어서 갔어요, 애월에서. 어디 가서 문제가 됐느냐면 신엄 오니까 경찰

관이 통행을 못 하게 하는 거야. "왜 이리 막느냐?"라고 하니까, "저기 앞에 보라"는 거야. 앞에 보니 길거리에 가마니를 몇 개 덮었는데 속에 뭐가 있는지 모르겠어. "왜 그러냐?" 허니까, "어젯밤에 신엄지서에 습격이 들었는데, 몇 사람 사살돼서 저기 있다" 이거야. 그러니 여기 건너지 말라 이거야. 그러니까 이게 4월 3일 날이여. 그게 우리가 말하는 4·3사건의 시초야. 그때부터 (4·3이) 시작이 됐어요.

4월 3일 날 가다가 신엄지서에서 돌아갔다고 헌 것은, 어쨌든 제주읍으로 오라고 명령을 받은 거야, 학교가 다 같이. 무슨 체험인지 무슨 프로그램, 그런 건 없고 모이면, '으샤! 으샤!' 이런 거밖에 없었어. 하여튼 뭔가 있으니까 우리가 말이여…… 먼 곳을 걸어갔겠지.

그때는, 그 당시 봉화는 본 거 없고 단지 먼 거리에서 멈춰가지고 말이야, 몇 사람 나오라고 해서 "앞에 가마니 덮어 있는 게 시체다" 이랬어요. 그래서 '아, 뭐가 터졌구나' 생각했지요. 그래서 할 수 없이 우리는 학교로 돌아갔어요.

해방 후 적색가 부르는 학생, 교사와 갈등

우리가 맨 처음 일제시대 선생을 했어요. 일제시대에 전라남도 도지사 발령을 받아서 (선생을) 하게 되었어요. 그때 나이가 스무 살이야. 그니까 일제시대에 선생 노릇하다보니까, 해방이 돼불엇주. 내가 생각하기에는 사실 3·1절 그 당시 참석할 때도 좌우라는 거는 별로…… 신경 안 썼어. 이게 어디서 주관하고, 지금 같으면 뭐 주관이 어디고, 주최가

---

[1] 구술자는 1948년 4·3사건 발발일과 1947년 3·1절 발포사건을 모두 1948년의 일로 착각하고 있는 듯하다.

어디고 이랬었는데, 그 당시엔 그자 도지사가 오라고 하믄 그자 이거 우인지 좐지 신경 쓰질 않았어요.

당시야 일제 때 한글 교육을 안 받다가 해방되고 나서 선생님들도 본격적으로 한글 교육을 시켰지요. 교재? 지금은 검정이라고 있는데, 그런 선까진 모르겠어. 하여튼 내가 보기엔 그 당시 교과서 내용도 무신 좌익계를 두둔하거나 그런 내용이 없는 걸로 봐서 아마 우익 진영에서 나온 걸로 봐요.

물론 애들 모양이 달라진 건 말할 필요도 없지. 머리도 기르고 구두도 신고 별걸……. 이젠 해방이 됐다고 애들이……. 그래 나왔는데 문제는 우리 교원들 간에 일어난 일이야. 벌써 몇 달 동안 공강을 두었던 까닭에 그 당시 다정했던 친구 교사들이 어디 가서 이념 교육을 받은 거야.

그걸 왜 하냐 하니까…… 우리 그때 선생님이 열둘인가, 몇 분이 있었는데 아침 조회를 하기 시작하면 이념 갈등이 생기는 거라. 근디 그 친구들은 "적색가를 부릅시다" 허는 거라. 아침 조회 시간에 뭐 적색가가 어딨냐 말이여, 저 애국가를 불러야 되는데. (그래서 그때부터) 뭐 자꾸 갈등이 생기는 거야, 선생들끼리. 그때 이론은 그네들(좌익)이 참 멋지게 해요. 하지만 결과로, 수로 대항할 때는 우리 우익에 당허질 못했어. 그니까 적색가를 부르자면 말이여, 나머지 선생들이 말이여, 쓸데없는 소리하지 말라고 말이여 하고 안 따러주니까 별 수 없었어요. 이젠 이때부터 아, 이것은 단순한 문제가 아니라 이념 투쟁이란 걸 알게 됐다 말이야.

그 당시 학교 선생이야 글만 가르치면 됐지 뭐, 그니까 학교에서 적색가 부르는 좌익 학생하고 선생하고 충돌하니까. '아, 이게 그거, 이게 같은 거로구나' 허는 거지요. 그니까 우리들도 몸도 조심히 하고 그러다보니, 여기저기서 살상 관계는 계속되는거야. 제일 먼저 뛰어들어 온 게 철도경찰이 먼저 들어왔어. 육지로부터. 그건 뭐 철도 운행만 관리허는 경찰인데, 이게 아무것도 모르고 뛰어들어서 덮어놓고 체포를 하기 시작한 거야. 그러다가 거기서 경찰이 딱 구분을 짓게 되는 거지요.

4·3과 서청

4·3사건을, 쉽게 마무리할 수 있는 문제를 이놈들(서청)이 와서 문제가 됐다 말이야. 그래서 우리가 학교 선생을 하면서도 언제든지 오라면 붙들려 가야 할 거고……. 그러다가 그것들이 조금 기가 살아지더니 서북청년단이 들어왔어요. 우리 우익진영에는 대한청년단이라고 있었어요.

서북청년들이 들어와서 한 학교에 하나씩 그건 정보원으로서지만, 이름은 교원이라는 감투를 가지고 침입을 했어요. 이것이 결국은 내가 그 당시 그 놈하고 좀 다정한 까닭에 독방살이하는 방에 가보니까 말이야. 이놈이 거기서 살인자 명단을 전부 만들어내는 거야. 그래서 누구한테 이런 명단 어디서 얻었느냐 하니까, 이 마을은 누가 가져오고, 이 마을은 누가 가져오더라는 거지요.

고놈들을 가만히 조사해보니까 평소 동네 사람들에게 미움 받던 놈이, 이○○이가 원수풀이하려고 해서 그 상대방 명단을 올린 거야. 그니까 이걸 뭘 할 거냐 허니까, 이게 지금 처벌을 해야 할 인간들이라는 거예요. 그 다음은 애월, 내가 근무하는 학교에다 토벌 경찰의 힘으로 모자라니까 군인이 왔어요. 부대가 있었는데 부대장인지 연대장인지 그 놈 이름이 주○남이라고 했어, 주○남이라고. 왜 잊어버리지 않느냐면 "너는 남쪽에서 피를 흘릴 거라"고 해서 '붉을 주'라고 했어요. 아니나 다를까 토벌 갔다 죽었다 말이야. 그래서 이름대로 됐다 했어요. 그래서 그 다음은 경찰이 복수를 한다고 해서 결국 애매한 백성들을 죽이기 시작한 거야.

교사들에게 맡긴 '요감시인명단'

그 당시 우리가 할 수 있었던 것은 밤에 숙직을 철저히 하는 거지. 우리야 뭐 학교에서 선생 노릇을 하니까. 등사판이라고 하면 알겠어요? 옛날 인쇄, 우선 산에서 와서 이것을 가지고 삐라를 등사해 가니까 등사판을 감춰가지고 이걸 지키라고 했지. (말 그대로) 등사판을 지키는 숙직이야. 그래서 하루에 몇 번씩 밤에 순찰했어. 그게 우리들에게 주어진 거고.

다음 전세가 조금 수그러지기 시작하니까 뭘 또 지시를 내렸느냐면 말이야. 자기가 선생을 하는 지역에 정부에서, 뭐 정부랄까 경찰에서 보는 '요감시인명단'을 주면서 이 사람의 행동을 감시하라 이거야. 경헤서 감시하는 책임을 우리에게 떠맡긴 거야. 그렇다고 학교 선생이 공부나 가르치지 말이야.

청년방위대 방위장교로

그 다음은 어쨌든 이제는 이쪽 군의 힘이 강하게 되니까 자연히 저쪽은 힘이 약할 것 아니야? 밀려 뎅기기 시작하니까…… 아, 그 전에……. 그 선에 빙위훈련학교를 나와서 내가 육군 예비역 소위로서 애월면 일대의 치안을 담당하게 됐어요.

내가 1945년에 20세니까 1948년이면 23세, 그 정도 아닌가? 그때 6·25는 터지기 전. 내가 그 청년방위학교를 나왔지요. 강○건 위원이 책임자로 있을 때, 나도 예비역 소위였지요. 나도 그 당시 6·25 동란이 터지니까 국군들이 후퇴해서 한림에 3교육대대가 들어올 때 내가 이제 대대부관을 했거든요.

청년방위대는 전국 단위야, 전국. 그게 왜 해체됐냐면 말이야. 그 당시 중앙에 방위청년부 사령관 김○○이가 공금을 횡령했나 했던 부정 사건이 있었어요. 그래서 김○○를 없애버리자 해서 없애버렸지요. 방위군 일들은 주로 치안 관계입니다.

지역에 있어서 토벌에 필요한 데는 가야지. 각 면단위로. 일개 중대는 아니고, 그 당시는 편대장이여. 일개 읍면이면 편대장이라고. 그 밑에 부대장이었나? 이젠 계급도 잊어버리겠다. 서귀포에 사령부 본부가 시에 있을걸?

물론 그런 일도 있을 거야. 방위군들, 그 당시 우리가 총기를 소지할 수 있는 권한도 있었고. 우리 애월읍 관내는 그렇게 무슨 정면으로 싸울 만한 그런 사건들이 없었어. 결국은 하나둘씩 침투하면 그걸 적발하는 그런 거지요.

아이들 교육도 하면서 따로 방위대, 그니까 겸직을 하는 거야. 학교 선생으로서 그 학교를 간 거야. 무슨 월급도 안 줘. 자체적으로 생활도 처리하고.

하다보니 경찰하고도 충돌이 생기고. 저쪽은 나쁘게 말하면 없애버리자는데, 이쪽은 안 된다고 자꾸 갈등이 생기고. 가령 산에서 침입한, 그 당시에는 폭도라고 하지. 폭도를 우리가 잡게 되어도 이놈들은 자기네가 잡았다고 해서 상부에 보고해버리고 했지요.

참 갈등이 많이 있었어요. 그래서 그 당시 지금도 쉬이 잊어버리지 않는 게 있어요. 하루는 숙직을 하고, 새벽에 학교 마당을 나오니까 말이여. 총소리가 나는데, 새벽이었어. 바로 밑에 보이는 애월지서에 습격이 들어서 지서를 보니까, 그 당시에는 망루대란 게 있어서 그 위에 경찰관이 올라서 밤새 사방을 살폈거든.

그 교대하는 시간을 이용해서 쳐들어왔어. 거기서 말이여. 경찰관 서

너 명이 죽었을 거야. (경찰들이) 현관으로 나오려는데 뒤에서 쏘아부니까……. 그래서 만세 삼창을 부르고, 자기네도 부상을 당허니까 역시 담가(들것)로 해서 메어가지고 올라간 일이 있고.

그 담에 또 한 번은 애월면 고내리 가기 전에 고갯길이 있는데, 제주읍에서 군수 물자를 싣고 가는 트럭이 고갯길에서 습격을 당했어요. 운전기사는 쏘아 죽이고 말이여. 그러니까 거기 트럭에 있는 물자는 전부 운반해서 산으로 도망치니까 그걸 추적해야 한다고 해서 했지만 우리가 뭐 따라 잡겠어요? 그런 일이 있었고…….

그 담에 마을에 방화가 있으면 할 수 없이 밤에 불 끄러 가봤지만은 모두가 허사여. 우리 고향이 애월 위에 납읍인데, 우리 부모님이 고향에 계셨어요. 부모님이 걱정이 돼서 애월로 오시도록 했어요. 그니까 거기 농사짓는 거 있어서 올 수도 없고 해서 (부모님께서) 밤에는 보릿눌 속에 가서 자는 거요. 누가 쳐들어와도 안 죽으려고.

그렇게 하다보니 자연히 군경 수도 늘어나고 이제는 정말 걷잡을 수 없는 전쟁으로 돌변해분 거라. 나는 그 당시 애월면 일대의 방위 책임자로서 치안이랑 경찰과 협조해서 하고. 그래서 나는 뭐 자연스럽게 조직 생활을 하게 된 거야.

솔직하게 다른 분들은 직장 있으면 직장 내의 관계만 얘기하지만 나는 직장 외부에 관여히니까 알 수 있어요. 그래서 뭐 정말 경찰하고 큰 충돌을 내가 일으켜서 말이야, 문제가 되기도 했어. 왜 그런가 하면 제주도에 방위사령부가 있었는데 저 서귀포 강○건 씨, 그 밑에 나는 편대장이었거든요.

감시 대상자가 교원들한테 몇 명씩 할당됐지요. 나는 둘인가 셋인데, 결국은 그 양반들이 전부 모든 걸로 봐서 나의 선배 되는 분들이야. 그니까 그 당시 그걸 말만 했다 뿐이지 행동을 해서 보고하거나 그렇지 않거든요.

납읍리는 내가 감시해봤자 뭐 허는지 알 수 있나. 교원 중엔 감시 대상자가 없어요. 그 당시 그저 어떻든 경찰에 잡혀가거나 한 후에는 모르지. 어떻게 됐는지, 죽었는지 저쪽으로 넘어갔는지. 그것은 오직 가족들만 알고 있을 거야. 가족들도 잘 모를 수도 있어요. 교원으로 가장해 들어온 서북청년단, 고런 거 명단을 보고 내가 그랬어요. 살인자 명단 이건 아니다, 이건 거짓말이다, 이거 갖다 준 놈, 그놈이 나쁜 놈이다, 그놈을 죽이라고 허고……. 그놈은 나중에 끄트머리에 처리해버렸어. 이거 억울한 사람 얼마나 죽인 거냔 말이야.

설득하니까 그건 이해가 가. 또 조사해보니까 과거 이 사람이 동네에서 버림 받았다는 것도 확실히 드러나고 하니까. 주로 우리 동네 근처, 우리 나이엔 다 알아. 그래서 애매한 사람 많이 죽었어요. 위령제에 (가 보니) 감시 대상자 가족들이 왔더라고.

적색가 부른 학생을 빼내다

학생들 중에 산 쪽에 가담하거나 했던 우리 학생은 없어요. 한 번은 나를 중정(중앙정보부)에서 오라고 해서 간 적이 있는데, 내가 그때 한국반공연맹 제주도 지부장(현 한국자유총연맹) 헐 때야. 나야 뭐 사상이 확실허니까……. 왜 불렀냐고 허니까 참 우스운 일이지. 그 당시 내 제자 하나가 말이야, 애월 아인데 술 취해서 술 취한 자리서, 적색가를 불러버렸다는 거야.

경헤서 이놈 다 조사하니까 이거 누구한테 배웠냐고 허니까 조승옥 선생한테 배웠다고 헌 거예요. (그 사람들이) 날 불러서 배워줬냐 허니까, 그 당시에 흔히 부르던 노랜데 금기사항도 아니야. 배워줬다고 했지요.

아침 조회 때는 적색가를 부르는데 뭐, 다 불러. 그니까 그 당시 천진난만한 아이는 이게 우리나라 노래인줄 알았던 거야.

제자는 무사히 나왔는데 나만 잡혀간. 그니까 책임은 내가 지지요. 그 아이들 무슨 죄가 있어요? 가자니까 간 거지. 그때는 문제 생긴 거 없어요. 하여튼 3, 4일간 유치장에서 살았을 뿐이지.

선생님들 중에 잡혀가거나 희생된 분들 없어요. 그때 저 적색가를 부르자고 해서 좌익을 선동하던 친구는 잽싸게 저쪽으로 가버렸단 말이야. 이름이 이○○이여. 아주 머리빡도 좋고 아주 훌륭한 선생인데…….

(나는) 애월국민학교에서 한 6, 7년 있다가 그 다음은 고향에 납읍국민학교가 새로 설립을 해서 그쪽으로 옮겼어요. 그러다가 그만 밤에 와서 불을 질러버리니까 또 새로 지은 곳, 거기 책임자로 가서 몇 년 하다가 그 다음은 저기 귀일중학교로 갔다가……. 거기 있으니까 또 고산에서 고산공립국민학교(1945년 5월 1일 설립)가 중학교로 설립을 추진허는데 거기 와서 도와달라고 해서 고산리 가서 고산중학교로 학교 설립을 하고, 거기서 몇 년 있었어요.

4월 3일, 동생은 애월지서에서 근무

(그때) 좌익 교육이나 회합 같은 거 나오라고도 히지 않았어요. 벌써 시골에는 딱 찍어서 누구누구는 이건 안 된다 이거야. 괜히 자기네 일행 중에 갖다 놓으면 비밀이 폭로된다고 해서 안 해. 가령 우리 선생 가운데 동생이 경찰이거나, 형이 경찰이거나 이런 사람은 우익으로 알아서, 소위 그 사람들은 우리들을 반동분자라고 해요.

우리 동생도 경찰이었어요. 그땐 납읍이 경찰 출신이 제일 많았지요. 우리 동생은 추자면 부면장으로 갔다가 거기서 순직했어요. 죽은 지 몇

십 년 됐지.

4·3 때 우리 동생이 애월지서에 근무할 때였어. 그래 난 거기서 죽은 줄 알았는데 나중에 보니까 살아 있더라고요. 이게 사방에서 총으로 들이쏘니까 그걸 피해서 도망쳤어요. 지금도 이제 돌담해서 이웃으로 물이 흘러가거나 뭐 하라고 밑에 구멍을 뚫어둬. 그 구멍으로 빠져서 저쪽 집으로 도망갔어요. '사람은 이래서 사는구나' 생각했지요.

이때 습격으로 3, 4명 희생당했다면 큰 습격이죠. 그러니까 복수로 그저 양민이고 뭐고 희생은 다 됐겠지요. 그것은 아마 지금 기록을 남길만한, 본 사람이 엇을 거라. 우리 같이 동생이 거기 있어서 신경을 쓰니까 허지, 그렇지 않고서 그냥 습격 들었다 그런 걸로 끝내버리는 거지.

근데 뭐 그때 지서를 습격한 사람 이야기도 왔다 갔다 했을 거야. 애월 사람인데, 그 당시 그 친구가 거기 총책임자라고 하데. 근데 그 사름 이름은 지금 밝힐 수가 없고. 그래서 자기네 부상자는 부상자대로 업고 올라가더라 이거지요. 이분은 지금 살았다는 이야기는 없어요. 죽었을 거야. 나이를 봐도, 내 나이보다 위였으니까 죽었을 거야.

밤에는 인민공화국, 낮에는 대한민국

인민위원회란 게 아까 말했지만, 그들은 우리를 아예 우익으로 쳐서 말이야. 그런데 무슨 관여하지도 않고 또 와서 참가하라고도 안 해. 5·10 선거? 저기 저 서부서는 투표를 못 하게 됐지. 애월면은 투표했어. 김도현 씨라고.

애월쪽 성담? 그것들도 돌이 어디 있어서 마을마다 그걸 쌓겠어? 근데 문제는 그게 있어. 애월하고 납읍 사이에 말야…… 밤에는 그 중간 지점에 돌담을 이렇게 자기네가 쌓았어. 밤엔 인민공화국기가 꽂혀 있고. 아침 밝으면 우리가 치워서 태극기를 꽂고. 그건 뭐 계속 돼. 계속. 하여튼 그만큼 시대가 밤에는 인민공화국, 낮에는 대한민국.

방위대 하면서 생긴 일

그 당시 어떤 일이 있었는가 하면, 그때 광령은 소개당해서 집을 새로 지어서 새 살림 들어갔어요. 그니까 방위라고 충분하겠어요? 그 당시 우리 방위대는 방위 예비군이라고 해서 총탄도 있고 무기도 다 가져서 한 20명 가까이 됐어요. 상비군 중에 한 애가 광령 사람이었는데 자기 친구 결혼식이 있다고 했어요. 거기 참석하겠다고 얘기해서 참석해라 했는데 거기서 문제가 된 모양이라.

애가 결혼식장에 가서 안방에 앉아서 식사를 하고 있으니까 경찰관, 당시 그놈이 경감이야. 이놈이 부하 몇 명 대동하고 와서 "방을 비워라" 했단 말이야. 그래서 충돌이 생겼어요. 그 소식을 본대에 연락을 하니까 본대에서는 규율부원들하고 광령에 가서 광령지서 경찰관들을 혼내고 온 거야.

나는 애월에서 연락만 받고 그 당시 차편이 없으니까…… 그 당시 광령까지 가려면 상당한 시간이 걸리거든. 그래서 나중에 지나가는 트럭을 잡아타고 호위하는 놈하고 같이 갔죠. 그놈이 "총을 몇 개 갖고 갔으면 좋겠다" 허길래, 뭐 하려고 그러냐면서 사고 나면 안 된다고 했지. 그러곤 내 권총을 네가 갖고 가라고 줬어요. 사고 나면 안 된다고 당부하고요.

가보니까 시에서 오는 패들이 먼저 와서 파출소 직원들을 혼을 내고 있었어요. 밖에 끌어내서 꿇어 앉히고 이럴 수가 있느냐고. 손님이 있는데 손님을 나가라, 마라 하느냐 말이야. 그 당시는 가보니까, 거기 책임자가 우리 고향 선배여서 "형님 이거 미안허다, 참 미안허다" 하고는 나왔지요.

그 당시 참 이상헌 게 말이야, 수화기를 붙잡은 직원은 매를 맞으면서도 수화기를 안 놔요. 내가 지금 생각하면 토벌대가 깔려 있으니까 토벌대로 연락을 한 거 같아요. 폭도가 들었다고……. 예감이 이상해서 "우리 내려가자, 내려가자" 하고 나왔는데 아닌 게 아니라 내려오다가 당한거라. 하귀까지 중간쯤 오니까 저 위에서 새까맣게 몰려 온 거야, 우리 잡으러. 막 총 쏘면서 오는데 위험하단 말이야.

우리 총은 몇 개 있느냐 허니까 권총 하나 하고, 다른 놈 소련식 총 하나밖에 없어. '야, 이거 큰일 났다' 하는 생각이 들더라고. 그 당시 신엄지서장 하던 사람이, 이 친구도 평소에 나하고 사이가 좋지 않았다 말이야. 우리를 완전 포위했어. 방법이 없잖아. "다 앉아라." 그러니 뭐……. 그 당시는 들에는 폭도들이 산담을 전부 무너뜨렸거든요.

그래서 내가 나서서 책임자가 누구냐고, 책임자 나오라고 허니 총은 이제 발사는 안 허고 저놈들은 전부 밭도랑에 엎드려 있는 거지. 책임자 나오니까 과거 신엄지서장 헐 때 나하고 문제가 생겼던 놈이야.

아, 이거 이상한 데서 우리 만났다고 말이야. 우리가 폭도냐? 봐라. 그렇게 하는데 잽싸게 누가 제주시로 가서 우리 본부에다가 연락을 했어요. 지금 광령 중간 쯤에 큰 사건이 터졌다고 말이야. 그러니 경찰 스리쿼터 하나가 올라오더라고. 전부 타라는 거라. 타가지고 하귀지서에 갔어요.

하귀지서에 가는 도중에 외도에서 우리 일행하고, 경찰 일행하고, 응원 부대하고 마주쳤다 말이야. 그 응원 부대 가운데는 현역 헌병들도 같이 끼어 있었어. 거기 가니까 헌병이 와서 "차를 멈춰라" 하는 거야.

그 당시는 헌병 명령이면 절대 따라야지. 그니까 헌병이 전부 내리라고 해. 내려서 나에게는 폭행을 못 하지만은 우리 대원 한 놈에게 말이야. "야! 이 자식아, 싸우면 싸워서 죽지 경찰관한테 졌냐?" 하면서 그 자막 발로 차는 거야. 참 보면서 안 됐어요. 그래서 그 헌병이 제주시로 들어가지 않고 차를 돌렸어요. 모슬포 헌병대로 가서 이 경찰관을 총살해야겠다고 차를 돌렸어요.

하귀지서에 오니까 그 경찰관 하나가 헌병에게 뭐라고 사정하느냐면, 우선 거기 가기 전 상관에게 그 사실이나 보고해두고 가겠다고 말이야. 그래서 가다가 차가 멈춘 동안에 거기에 탔던 경찰관은 전부 내려서 도망쳐버렸어요. 그 전화하는 놈만 붙들고 시에 들어온 거야. 시에 와서도 헌병 오니까 경찰서 마당으로 차를 들이대니까 이놈이 서장한테 인사하고 가겠다더니 이놈도 도망가버렸어요.

돼지 잡는 칼 갈다 경찰에 잡혀 죽어

우리 집은 애월에 전부 소개를 내려왔는데 소개한 집에 가보니까 돼지우리에 돼지가 있어. 게난 팔촌 동생이 그 돼지를 잡아먹으려고 말이야, 칼을 갈고 있는데 경찰관이 들어와서 우릴 죽이려고 하냐고 잡아가. 그걸로 끝이야.

참, (팔촌 동생 이름이) 조재환일 거야. 내가 손써볼 틈도 없었어. 그 당시는 토벌대 가면 용서 없지. 죽여버렸는지 어쨌는지 알 도리 없지. 죽은 데라도 알려 주면 뼈다귀라도 주워 올 건데⋯⋯.

뱅뱅 돌다 살기 위해 교사 했어

열네 살에 일본 갔다가 결혼한다고 고향에 도망쳐 왔는데, 또 이제 여기에 오니 사람들이 모두 비행장 만드는 데 동원이 됐어. 나도 거기 동원됐는데 "우리 동네 남자가 없더니만은 자네 잘 왔네" 하면서 마루 공사를 하라는 거라. 징용이지. 사람 대접이 이럴 수가 있느냐 그거야. 이젠 일본 국민학교 교장선생을 찾아 간 거야. "선생님, 저에게 일본에서는 군인 가라 하지, 도망쳐 오니 (여기선) 마루공사 가라고 하지, 난 어떻게 하면 살아갈 길이 있습니까?" 하고 물었지요.

마루 공사 안 가려면 경찰관이나 공무원이 되면 안 간다고 하는데, 그때 그 일본 교장선생님이 날 도와준 거라. "그러냐. 그럼 오늘 부로 자넬 이 학교 임시직으로 발령을 낼 테니까 이제 얼마 안 있으면 광주에서 교육이 있으니까 당당한 선생이 되고 와라" 하시더라고.

그래서 사실 되고 싶어서 선생의 길을 걸은 게 아니고, 살기 위해서 그렇게 된 거야. 뱅뱅 돌다보니 그렇게 된 거야. 그래서 나중에 그걸 갖다 턱 보여주니까 이제 마루공사에도 안 가게 되고, 선생으로 되어서 그러다보니 선생 길을 아주 빨리 택하게 된 거라. 저, 뭐 사람 팔자라는 게 아무도 몰라. 내가 일본 구주(큐슈)에서 도망쳐서 대판(오사카), 동경을 한 바퀴 돌아가지고 또 이렇게. 아휴, 다 옛날이여.

4·3은 전체로 보면 안 돼

그동안 내가 추진위원회[2]에서 젊은 세대들하고 이야기해보니까 조금 뜻이 안 맞아. 나는 실제로 그때 체험한 사람인데 이 사람들은 책을 보고 읽으니 말야. 나도 소위 ○○○ 씨가 지은 책이라든가 ○○○가 쓴 4·3 책들을 봤는데, 결국은 일방적으로 한 이야기를 중심으로 쓰니까,

---

2 '제주4·3사건 희생자 위령사업 범도민추진위원회'를 말한다.

안 본 사람 입장에서는 이해가 안 간다 말이야. 이제 내 이야기도 책으로 내면 또 다른 사람은 안 맞는다고 헌단 말이야.

그래서 뭐, 추진위원회 위원장을 2년간 하면서 인생의 회한을 느낀게 말이야. 그 위령제할 때 보면 수많은 지방지[3]들이 붙어 있고, 수많은 유족들이 참배 오는데 말이야. 그 가운데는 내가 학교 있을 적에 이 사람 남편을 감시하라고 헌 감시 대상자의 부인이 나오고, 또 자제분이 나온다 말이야. 그러니 그런 사람이 "우리 아버지는 죄 없이 죽었습니다" 할 때 내 그 앞에서 뭐라 대답하겠어? 참 어려운 일이야.

그러니 이 4·3사건에 대해서는 이것은 어떻게 하다 내가 경험한 것 뿐이지, 다른 데서 뭐가 일어났는지는 난 몰라. 그렇게 결론을 지어야지, 전체로 이걸 보면 안 된다고. 이건 내가, 나만이 겪은 경험담이야.

체험자들 한 걸음씩 양보해 서로 포용해야

이제 증언해줄 사람? 없어요, 없어. 아이고, 진짜로 없어. 나도 이거 사실 거절하려고 하다 모처럼 또 하는데. 하여튼 내 하는 이야기가 제삼자에게 전부 마음에 흡족한 얘기냐면 그것도 아닐 거란 말이야. 그런 건 뭐 내 스스로가 조용해버려야지.

나도 위령제할 때도 그 얘기했어요. 이 위령사업은 억울하게 죽은 희생자를 위한 위령사업을 하자고, 억울하게 (죽은) 어떤 부녀라든가, 어린 애라든가, 죄에 대해서 가담하지 않은 사람들 죽은 사람 영혼을 달래주자고…….

아이고, 맨 처음 '4·3 위령제'라고 하는데, 나는 '4·3사건 위령제'로 하

---

[3] 신위(神位)를 적은 종이.

자 했어. 이 '사건' 자를 놓고 한 동안 말이 많은 모양이었는데, 이젠 뺀 모양이라.⁴ 가해자와 피해자가 있으면 '무신 사건'이지 어디 '사건' 자를 빼느냐고. 4·3이란 일종의 숫자에 지나지 않거든. 저기 미국 놈도 9·11테러라고 하지, 그냥 9·11이라고 안 해. 뭐 하여간 다 해야지.

지금 4·3 돌아가는 거 보면 제대로 궤도에 올라가는 거 같은데. 어쨌든 지금 내가 말하고 싶은 건 그 당시 우리 체험자들이 어느 한쪽에 치우쳐서 고집부릴 것이 아니라 서로가 한 걸음씩 양보해서 서로 포용하게 만들어야 하는 거지요. 저건 우리 아버지 죽이고, 저건 우리 형 죽이고……. 설마 그런 거 있더라도 이제는 더러 잊어버리고, 잊어야 한다는 걸 알아야 해요. 그걸 마음속에 두면 안 돼.

그걸 마음속에 두면 자식들과 손자들도 또 얘기 들어서 마음에 간직한다 그거야. 그러면 나는 이제 평화가 안 나온다고 생각해요. 내가 위원장할 때도 늘 그랬어요. 남의 잘잘못을 따질 필요 없이, 하여튼 제주도민들이 일종의 운명으로 받아들이자고.

---

4 현재 '4·3사건'으로 정의되어 있다. 구술자가 혼동하는 듯하다.

빌 레 못 굴 , 그 끝 없 는 어 둠 속 에 서

홍문수

홍문수(洪文殊)는 1929년 애월읍 납읍리 태생으로 제주중학교 3학년 시절 4·3을 겪었다. 제주도의 중산간 지역에 있는 금악국민학교에 초임 발령되었을 때, 학교가 군 주둔지가 되어 있어서 놀랐던 기억을 생생하게 들려주었다. 제주도 내 초등학교의 분위기에 대해서 단편적으로 기억하고 있다.

(채록일: 2007.3.22 | 채록 장소: 애월읍 납읍리 자택)

2

발령 받고 간 국민학교가 군주둔지 돼 있었어

여기 납읍은 상당히 박한 곳입니다. 어려운 듸(데)죠. 감귤농사를 시작하면서 생활이 좀 나아졌지, 여기는 큰 밭이 없어요. 한 500~600평 정도 그런 밭이지, 1,000평 정도 되는 밭은 많지 않습니다. 전통적인 유림 마을, 유림촌이라 이야기하지만 입으로만 전해졌지, 그런 것을 증명할 흔적이 없어요.

제주중학교 시절 겪은 4·3

일제 해방될 때는 애월국민학교 6학년 때, 열다섯 살 적인가? 그때 국민학교는 졸업했는데 중학교로 바로 진학은 못 했어요. 해방돼서 중학교가 생기니까 그때야 진학을 했지요. 난 제주중 2회거든요.

동창들 중에 좌익계열은 두 사람이 있었는데, 행방불명이라. 중학교 다닐 때 우리는 세 사람이 자취 생활을 했지요. 한 방에서 세 사람이 자취 하다가 보름날쯤 집에 가자 하면 가고.

4·3사건이 일어난 게 3학년 때일 거요. 4월 3일 기해서 일제히 밖으로 터진 것이지요. 이제 지서도 습격했고, 사방에 외부적으로 나타난 거고……. 그 전에는 내적으로, 소위 말하면 무슨 교육현이라고 해서. 내부적으로 모든 게 된 것인데, 그게 밖으로 튀어나온 것이 4월 3일이 될 거예요.

금악국민학교 초임 발령과 양민증

그때가 내가 거의 열아홉 아니면 스무 살이었어요. 그렇게 해서 9월 달에 제가 (국민학교 교사) 발령을 받아 금악교로 간 것이죠. 그때가 9월 21일경 발령 받아 금악에 가보니까 군부대가 장악을 해서 학교 기능이 안 되었고, 직원은 아무도 없었어요. 학생도 학교에 못 나오고 직원도 모두 모슬포에 잡혀가 있었으니까요. 선생님들은 1차로 다 잡혀갔어요. 군인이 1개 중대가 주둔해 있었고요.

그래서 중대장한테 "어떻게 된 거냐" 물으니까 "직원이 전부 잡혀 갔다. 여기는 근무할 여건이 돼 있질 않으니까 집에 가 있어라. 양민증을 써주겠다"라고 해요. 경찰관이나 군인이 이야기할 적에 이것만 제시허면은 통과되니까. 요런 종이짝 하나에 양민증이라고 써준 거지요. 그 중대장이 도장 찍어주니까 통과했어요.

그렇게 해서 중대장이 양민증을 해주더군요. 그걸 가지고 집(납읍)에 돌아와버리니까 잡혀가지 않은 거지요. 그 다음 계엄령 내려서 직장 복귀 안 하면 뭐 한다는 조항 있었다고 들었어요. 여기있던 김ㅇ일씨가 "너 빨리 직장에 안 가면 큰일 난다." 그런 이야기해서 한림국민학교로 갔어요.

한림국민학교에서 임시 근무

그렇게 해서 결국은 10월 말쯤 한림국민학교로 갔어요. 그때 금악도 소개됐어요. 금악국민학교도 소개당하면서 불탔지요. 그 당시 산간에 있는 국민학교는 거의 불탔지요. 한림국민학교에서 직원들이 같이 임시로 근무했어요.

한림국민학교 생활할 때는, 결국은 민가의 사람들을 실어왔다고 하면은 뒷날 아침에 보면 취조하고, 그런 것이 있었던 것 같아요. 문 열고 취조허는 것이 조금 보여요. 그 뒷날 아침에 한 차 싣고 나가면 빈 차로 들어오곡. 이렇게 했으니까.

납읍리 소개

한림에서 같이 수업 보조도 하면서 지내다가 납읍리 소개 소식을 들었어요. 납읍리가 1948년 11월 14일 소개됐는데, 제가 얘기 들은 것은 소개령 내린 이유가 장작관계가 있다고 했어요(외도지서 장작사건). 외도주둔소에서 와서 장작을 해달라고 했는데 거절한 것 같애요. 그렇게 해서 홧김에 소개령을 내렸다고 하는 말이 들렸어요. 그때 납읍만 소개령을 내렸거든요. 봉성도 그대로 있었고, 상가도 그대로 있었는데 말이지요.

여기 계신 분들이 한림주둔소에 가서 사정한 덕을 많이 봤지요. 그러니까 집은 전부 뜯어버렸는데, 그렇게 하지 않으면 집에 불 붙이겠다고 해요. 그러니까 전부 뜯은 거지. 그렇게 해서 방화 안 했어요. 다른 데는 전부 우에. 산간은 전부 방화예요. 소개 내린 데는 전부 방화했거든요. 저 안거리는, 저쪽은 그냥 그대로 지금 더꺼있는(덮어 있는) 것이 그대로 되어 있어요. 내부 구조는 그냥 있지요. 애월 소개 갔다가 1949년 4월 29

일에 여기 재건이 되어서 돌아왔어요.

그래서 한 사흘에 걸쳐서 임시로 식량하고 의복을 가지고 일부는 애월 쪽으로 가고, 일부는 곽지 쪽으로 갔어요. 결국은 곽지에 가신 분들은 그런대로 살고, 애월 쪽에 가신 분들은 희생되기도 했어요.

난 나대로 소개령 내리기 전에 간단한 것 가지고 한림에 갔다가, 소개령 내린 후에 또 와서 가지고 나갔어요. 그렇게 한 것이 이제 결국은 4·3사건 때 서로 식구들이 뿔뿔이 흩어지는 형편이 된 거예요.

외할아버지와 빌레못굴

그때 우리 집 형편이 어떻게 되었냐 허면, 그때 부친은 제가 아홉 살 때 돌아가셔서 모친하고, 동생하고, 외할아버지하고, 할아버지하고 이렇게 해서 다섯 식구가 되었거든요. 제가 한림으로 나가서 네 명이 납읍에 있었는데 소개령을 내리니까 갈 곳이 없었어요. 애월 간다고 해도 갈 곳이 없었는데 마침 약간 인연 있는 곳이 있었어요. 방 한 칸 짜리여서 외할아버지는 다른 곳에 살게 돼 그때 갈린 거죠. 외할아버지는 "나 걱정은 허지 말라"고, 당신은 당신대로 그렇게 허겠다고 해서 나갔던 건데, 결국은 빌레못을 택한 거죠. 이 동네에서 여러 사람이 갔거든요. 나중에 들었는데 한 사람이 이음리에 사시는 분, 그때 갔다 오셨다고 이야기하시던데…….

빌레못에서 희생되신 분들이 사상적으로 그렇게 된 사람들이라고 하면 우리도 납득이 가지요. 그런데 칠십이 넘은 할아버지, 할머니, 한 살짜리 어린아이도. 살인이야! 생각해보세요. 아무리 죄를 짓는다 해도 정말 사람이 할 노릇이 아니거든요.

외할아버지 시체가 거기 있다는 것은 빌레못 사건 나니까 안 거지요.

외할아버지 시체 수습한 부분은 나도 확실한 건 몰라. 나중에 수습을 해서 집에서 장사 지내고, 제사는 저희들 모친 계실 때 모친이 직접 했었고, 그 후에 쭉 지금까지도 제사를 지내고 있거든요. 어머니는 무남독녀지요.

납읍리 재건

저기 '사장'이라고 해서, 국민학교 터가 있었는데 거기도 그때 다 타버렸거든요. 그곳에 함바(합숙소)라고 임시 초가집 만들어서 동네 사람, 마을 사람들이 공동생활을 했어요. 그러다가 점차 안정이 되니까 각 가정으로 돌아간 거지요. 또 이 주위에 성을 전부 쌓았지요. 크게 만들지 못했어요, 초소 정도는 만들었던 걸로 보이고.

그때 저는 한림에 있었어요. 여기는 할아버지가 계셔서 모친하고 동생하고 재건이 되니까 올라왔어요. 지금 리민회관 있는 쪽에 초가집으로 양쪽 안팟거리 해서 지서가 있었거든요. 아이들이 거기서 요만큼한 (작은) 방에 모여서 공부했지요.

그러다가 현재 있는 자리에 양철집을 마을에서 짓고, 또 보조 받고 지어서 했지. 그전에는 기막힌 생활을 많이 했지. 학교에 동생들 데리고 가곡 같이 놀곡, 그런 식이 되었지. 지금 같은 분위기가 아니지. 아이가 밑에 둘이 있으면 전부 같이 데리고 가는 거지. 그렇게 해서 교육을 받았으니까 공부가 제대로 될 리가 없지.

학교 등사판 사건

그때 납읍에서도 발령을 받고 현지에 가신 선생님은 전부 돌아가셨거든요. 그러니까 그때 발령 받고, 그 학교에 가서 근무 하던 분들은 돌아가셨거든요. 그때 잡혀가서 거기서 얼마 근무도 못 하고. 제 생각엔 별로 사상이라고 볼 수 없거든요. 그런데 결국은 그런 의심을 받을 수밖에 없었지요.

납읍국민학교 근무했던 김○일이라고 하는 분도 돌아가셨는데 우리가 보기에는 사상적으로 그런 뭣이 없었거든요. 학교 등사판이 있었는데 그걸 빌려줬다는 거지. 결국은 죄목이 그것이거든요. 여기 ○○ 부친도 봉성국민학교 있다가 돌아가셨는데 사상적인 뭣이 아니었거든요.

결국은 우리가 보기에 약간은 무슨 트집을 잡아서 그렇게 하는 것이지요. 등사판 아니면 풍금 관계, 풍금을 옮겼다는 이야기가 있었어요. 그런 것을 옮기니까 서로 연락이 된 것이 아니냐? 그때 뭐 뒤집어 씌우는 것은 뭐……. 뭐라고 이야기해도 통허질 않으니까. 교직에 있던 다섯 사람인가 전부 돌아가셨거든요. 윗동네 계셨던 분도 도평으로 발령받아서 갔다가 돌아가셨고. 또 한 분은 저 동동네 있던 분이 돌아가셨고, 저 봉개에 가신 분도 돌아갔지요.

신촌국민학교 시절 개인 집에서 수업해

그때 정보요원이리고 그런 붓(말)을 들었어요. 이북 사람들이 아니라 우리가 보기에는 여기 제주도 사람 몇 사람이 들어가 있었어요. 그때 뒤에서 속닥거리는 이야기를 들었을 뿐 정식으로 들은 것은 아니어서 모르지. 인제 서북청년단이라고 해서 왕 그러니까 그 사람들한테 많이 시달렸지요. 그 때문에 많이 죽기도 했고.

이제 그러다가 결국은 조금 모든 게 질서가 잡히고 나서 1년이 채 안될거요. 그 다음에 신촌으로 발령받고 (1949년) 나갔어요. 신촌국민학교에 가보니까 이미 습격에 불타 있었고. 그래서 널찍헌 개인 집 이용하고 있더군요.

거기서 공부하다가 조천중학교로 와서 수업을 했거든요. 인제 그것이 조금 나아지니까 그 다음 국민학교는 국민학교대로, 중학교는 중학교대로 되는 거지. 조천중학교는 연세 있는 분들이 그 학교를 지었다고 해. 일본서 돈을 많이 보내와서 지었다고. 그래서 그 학교는 살아났고 국민학교는 불타고. 신촌 쪽은 정상적으로 교육이 되었지요. 근데 군대식이 들어갔지. 그리고 보니까 제식교육이 이뤄졌지요.

거기 애들은 그런대로 좋은 것 이용했어요. 신촌은 일본과 관계가 상당히 많았거든요. 그때 사건과 관계해서 일본 쪽으로 많이 가셨고. 우리 간 후에도 밀항 관계로 몇 번 갈라고 하면 갈 수 있는 형편이었지. 그 곳 아이들은 학용품 쓰는 것을 보니까 일본산이 있었어요. 신촌이 생활이 좋거든요, 본래. 요즘도 신촌은 좋지만, 그런대로 토지도 좋고, 재일동포들허고 아주 밀접하니까.

회고

군대는 갔다 왔지요. 근데 6·25 참전이 안 되었지요. 우리가 일차 소집이 되어 있었는데, 징병 소집 일차에 해당 뒈엇는디, 마침 교직에 있다고 해서 보류, 보류 하다가 네 번째 가서 군에 갔어요. 6·25 휴전될 해에 10월 달에 군대 갔죠. 그러니까 6·25 참전이 못 된 거죠. 7월 달에 휴전협정이 되니까.

1954년에 4·3사건이 종결되고, 이후 군대 갔다 오고 나서 교직에 다시 들어갔습니다만 그때 초등에서는 4·3에 대해 별 말이 없었거든요. 선생님들 사이에서도 그 당시 이야기하는 것이 별로 없었어요. 좌익, 우익

하는 것이.

　교사 생활하면서 별로 신변 위험은 안 느꼈지. 그러니까 직장을 다니니까 그랬을 겁니다. 현재 보다시피 키도 작고 허니까 학교 때 그렇지 않았으면 잡혀 갔을지도 모르겠지만. 그 후로는 4·3사건이라고 해서 괴로움이나 시달림을 받아본 일은 별로 없거든요. 저는 교직 생활은 그런대로 좋게 지냈습니다.

구술 정리를 마치며

겨울 산 하나를 넘었다. 그 해 그 날의 깊은 골짝에도 펑펑 눈이 쌓였겠지. 그 사람들의 겨울을 떠올린다. 그렇게 혹독한 시국을 살아남은 이들은 살아서 그 날을 증언하였다.

애월(당시 애월면)! 이름만으로도 애잔한 지역이다. 이곳에서 옹기종기 마을공동체를 이루며 살아가던 중산간마을 사람들은 화산회토의 퍽퍽한 돌밭을 가꾸며 농사를 짓던 사람들이었다. 소와 말, 돼지를 키우던 소박한 사람들이었다. 4·3의 모진 광풍이 불어닥치기 전까지는.

광기와 야만의 시대, 마을의 운명은 조상들이 각기 터를 잡은 위치에 따라 좌우되었다. 군경 주둔지인 해변마을 주민이라면 군경의 명령에 따를 수밖에 없었고, 중산간마을에서는 무장대의 요구를 거부할 수 없었다. 그들에게는 '낮은 토벌대 세상, 밤은 무장대 세상'이었다. 위도 무섭고 아래도 무서웠다. 꽃피는 청년들이 뚝뚝 떨어졌다. 애꿎은 주민들이 매 맞고, 고문 받고, 죽음을 당했다. 어디론가 행방불명되었으며, 삽시간에 불에 타 잃어버린 마을이 되기도 했다.

이 증언집은 살아남는 게 곧 희망이었던 사람들, 그들의 기억이다. 남이 죽는 것만 봐도 곧 자신도 죽을 것 같았다 했다. 그때 본 것은 인간이

할 짓이 아니었다고 했다. 그 시국을 만난 건 하나의 운명이라고 했다. 죄가 있어서 죽고, 죄 없어서 살았던 세월은 분명 아니라 했다.

빌레못굴에서 오돌오돌 떨며 굶주림과 공포에 갇혀 살아야 했던, 지옥도를 상상하는 건 그리 어렵지 않다. 그 끝없이 깊은 어둠 속에서 아내의 이름을, 딸의 이름을 절규하듯 부르던 죽은 자의 목소리가 들리는 듯하다. 험한 청춘을 건너온 그들, 수십 년 세월이 지났으나 어떤 기억은 너무나 생생했다. 증언은 그런 것이다. 비록 그 현장에 있었다 하더라도 증언이 우리가 볼 수 없었던, 그 순간을 그대로 재생해줄 수는 없다.

1,000인 구술 채록을 한 지 이미 7년이 지났다. 1차 채록의 목소리를 가감 없이 담으려 했으나 그 날을 그대로 전달하기란 쉬운 일이 아니었다. 무엇보다 당시 증언했던 구술자들이 고령이라는 점에서 그들의 기억에 한계가 있었을 것이다.

시간이 속절없이 흘렀다. 아쉽다. 다시 만나고 싶어도, 증언자 중에 이미 세상을 뜬 이들이 많다. 그럼에도 우리는 그 기억을 붙잡고, 기록하고, 읽어야 한다. 그래야 그들의 이야기가 역사가 된다. 여기 수록된 소박한 민중의 기록은 공백의 역사를 채워줄 조각들이다.

아무리 세월이 지나도 잊히지 않는 기억이란 게 있다. 죽음을 피해 천장에, 보릿눌 속에, 궤(동굴) 속에 숨어야 했다. 죽은 사람과 죽어가는 사람을 눈 앞에서 본 순간을 어찌 잊을 수 있을까?

4·3. 벌써 65년이다. 오늘 다시 그들의 목소리를 불러낸다. 그 참혹했던 광풍 속에서 고문당하고, 죽음을 당하고, 도망을 다녔던 사람들. 이들의 이야기를 정리하는 내내 가슴이 저렸다.

또한 이들의 구술을 정리하는 데도 한계가 있었다. 제주어는 말의 생략이 강하다. 해서 표준어와 섞어 쓰면서도 술술 읽어내기 껄끄러운 대목이 많을 것이다. 증언자에 따라 표준어를 주로 쓰는 이가 있는가 하면, 제주어를 섞어 쓰는 이가 있었기 때문에 각 증언에 따라 편차도 있을 것이다. 증언을 마을별로 엮다보니 중복되는 사건들, 같은 사건이라 해도 사람들이 경험한 상황에 따라서 약간의 차이가 있을 수 있다. 하지만 큰 테두리에서는 그리 벗어나지 않을 것이라 생각한다. 이 책의 교열에 기꺼이 눈 품을 함께해준 조미영, 조정희 님에게 고마움을 전한다.

그 날의 상처를 다시 꺼낸다는 것은 당사자에게 무척 고통스러운 일이었을 거다. 그분들, 살아남아 증언을 해준 분들에게 감사의 마음을 전한다. 새봄이 온다. 다시 한 번 당신들에게서 희망과 용기를 얻는다.

허영선

제주4·3연구소와 제주4·3 구술자료 총서

1. 4·3 구술증언 채록과 구술자료집 발간의 시작

　2013년, 4·3 발발 65주년을 맞아 도서출판 한울과 다시 손을 잡았다. '제주4·3 구술자료 총서'를 5권부터 해마다 두 권씩 발간하기로 계약을 맺은 것이다.

　4·3에 대해서는 그간 숱한 상처를 안으로만 떠안고 인고의 세월을 보낸 만큼 할 이야기가 많다. 또한 고개 숙여 듣고 기록해야 할 이야기도 많다.

　1989년 5월 10일 창립한 '제주4·3연구소'가 4·3 이야기에 눈을 돌린 것은 창립 2년 전부터였다. 연구소의 초기 활동가들은 창립을 준비하며 제주시와 가까운 조천읍과 애월읍을 대상으로 구술증언 채록을 시작했다. 이 두 지역을 선택한 이유는 교통 문제도 있었지만, 4·3 당시 이 지역이 다른 지역에 비해 변화의 바람을 가장 갈망하고 있었다고 판단했기 때문이었다.

　25년 전, 일주도로변에 면한 해안마을에는 시내버스가 자주 다녀 왕래가 비교적 쉬웠다. 그러나 중산간마을의 경우 하루에 버스가 세 편 정도밖에 없어 한 마을을 찾아 조사하려면 한 시간 이상을 걸어야 했다.

대놓고 4·3 이야기를 해달라고 조를 수도 없었다. 에둘러 마을 이야기를 나누다, "4·3 때는 어땠습니까?" 하고 넌지시 물어야 했다. 구술자의 이름은 물론, 구술에 나오는 여러 사람의 이름을 그대로 실을 수도 없었다. 구술자는 성은 있으나 이름은 없는 '김○○'이 되었다. 그렇게 1989년 연구소를 개소하며 증언자료집 두 권을 펴냈다. 제목도 4·3 경험자들이 '말을 하고 싶어도 하지 못해 가슴 깊이 꽁꽁 묻어두었던 이야기를 이제야 합니다'라는 의미의 『이제사 말햄수다』였다.

이렇게 경험자들이 4·3을 말한 지 딱 23년이 되었다. 이제는 제주어 표기법도 바뀌어, '말햄수다'는 '말햄수다'로 써야 옳다. 이것은 이 책이 그만큼 고전이 되었다는 의미도 될 터이다. 『이제사 말햄수다』가 그 후 4·3 진상규명 과정에서 여러 가지로 기여한 공로는 말로 다 할 수 없지만, 한 가지 덧붙이면 강요배 화백의 4·3 역사화 <제주민주항쟁사: 동백꽃 지다>(1992)는 강 화백이 이 책을 통독한 결과였다. 강 화백은 4·3 역사화를 그리며 『이제사 말햄수다』를 열 번은 더 읽었을 것이라고 술회했다. 강 화백의 역사화 중 <천명(天鳴)>은 1984년 11월 하순의 어느 날 군경토벌대가 중산간마을을 모두 불 질러 온 동네가 벌겋게 타는 광경에 '하늘도 울었다'는 사실을 그린 것으로, <동백꽃 지다> 전시를 시작하는 첫날, 이 그림 앞에 선 사람들의 가슴을 까맣게 타들어가게 만들었다.

이제 23년 만에 제주4·3연구소는 제주4·3 구술자료 총서를 다시 도서출판 한울과 손잡고 펴내게 되었다. 23년 전 구술 채록과 총서 발간의 목적이 진상규명에 있었다면, 지금의 목적은 그간 채록된 수많은 구술자료의 공개를 꾸준히 요구해온 연구자들의 요구에 일정 부분 부응하면서 구술사의 학문적 연구에 기여해야겠다는 시대적 당위성에 있다.

제주4·3연구소는 제주도의 각 지역을 빙 둘러가며 매해 연차적으로 구술총서를 두 권씩 엮어갈 것이다. 2013년 한림읍을 시작으로 한경면·대정읍·안덕면·중문면·서귀포·남원읍·표선면·성산읍을, 그 후에는 최근 몇 년 전부터 채록되고 있는 9연대, 2연대 군인들과 경찰·우익 단체원들의 구술을 차근차근 엮어, 4·3의 날것 그대로의 얼굴을 다시 한 번 세상에 내놓을 것이다.

2. 시기별 4·3 구술증언 채록

제주4·3연구소가 1989년 창립된 이래 가장 중점적으로 사업을 벌인 분야가 4·3 체험자의 구술증언 채록이다. 이러한 연구소의 채록 작업을 시기별로 구분해보면 다음과 같이 나눌 수 있다.

1) 『이제사 말햄수다』 탄생에서 연구소 창립까지(1987.6.10~1989.5.10)
   · 연구가·활동가들이 개별적으로 연구소 창립 기념 증언집 발간을 위해 준비하던 기간이다.
   · 결과물로 1989년, 『이제사 말햄수다』 1, 2권이 발간되었다.

2) 현장채록 정착기(1989.5.11~1998.4.3)
   · 이 기간에는 4·3 연구소의 기관지 『4·3 장정』과 무크지 ≪제주항쟁≫(1991)을 통해 채록된 구술이 발표되었다. 그중 ≪제주항쟁≫에는 당시 개인적 증언도 꺼리던 시대 상황 속에서 제주4·3 연구소 현장채록 팀이 한림면을 조사해 「통일되면 다 말허쿠다 — 증언으로 보는 한림읍의 4·3」을 게재하기도 했다.

- 또한 4·3 50주년 이었던 1998년에는 제주도의 '잃어버린 마을'을 집중 조사해 『잃어버린 마을을 찾아서』를 발간하기도 했다.

3) 「4·3 특별법」 정착을 위한 채록 조사기(1998.4.4~2003.12.31)
- 이 기간에는 4·3연구소가 「4·3 특별법」 제정과 정착에 매진하게 됨에 따라 이에 도움이 될 수 있는 구술 채록에 주력하고, 1999년 12월 「4·3 특별법」 제정 후에는 4·3의 진상규명에 도움이 될 수 있는 구술의 채록에 주력했다.
- 2002년에는 4·3 수형 생존인을 만나 증언을 듣고, 『무덤에서 살아나온 수형자들』을 간행했다.
- 이 시기부터 녹취 장비들도 점차적으로 디지털화되었다.

4) 1,000인 증언 채록기(2004.1.1~2008.12.31)
- 이 기간에는 '제주4·3 1,000인 증언채록 사업'을 기획해 더욱 집중적이고, 과학적인 채록 사업을 벌였다.
- 이 사업은 당시 「4·3 특별법」에 따라 정부에서 이루어지고 있던 '4·3 진상규명 작업'의 보완적 측면도 있었다.
- 이 사업은 전국적으로 이루어진 과거사 관련 증언채록 사업 중에서 그 유례를 찾을 수 없을 정도로 방대한 작업이었다.
- 5년간 도 내외 체험자 1,028명으로부터 생생한 증언을 채록했다.
- 또한 이 기간에 이제까지 구술조사를 벌이며 확보했던 모든 아날로그 자료를 디지털화했다.

5) 주제별 채록 및 구술자료집 발간기(2009.1.1~현재)
- 이 기간에는 주로 '주제별 구술 채록 사업'을 벌여 1차로 4·3 당시

군인·경찰·우익단체의 단체원을 중심으로 채록 사업을 진행했으며, 현재도 이루어지고 있다.
· 그동안 4·3 연구소가 채록한 구술자료의 발간계획을 수립해 2010년부터 해마다 두 권씩, 제주시에서부터 각 읍면별로 연차적 발간 사업을 진행해나가고 있다.
· 2010년, 제주4·3 구술자료 총서 1권 『갈치가 갈치 꼴랭이 끊어먹었다 할 수밖에』와 2권 『아무리 어려워도 살자고 하면 사는 법』을 발간했다(4·3 당시 제주시에 거주했던 체험자들의 증언집).
· 2011년, 제주4·3 구술자료 총서 3권 『산에서도 무섭고 아래서도 무섭고 그냥 살려고만』과 4권 『지금까지 살아진 것이 용헌 거라』를 발간했다(4·3 당시 조천면과 구좌면 거주자들의 증언집).

3. 4·3 구술증언 자료집의 발간

제주4·3연구소는 그간 많은 구술증언 자료집을 발간했다. 『이제사 말햄수다』처럼 단행본 형태의 구술자료집도 있었지만, 기관지 『4·3 장정』과 『4·3과 역사』를 통해 부분적인 구술조사 자료를 계속해서 세상에 내놓았다. 그중 대표적인 것은 <표 1>과 같다.

〈표 1〉 제주4·3연구소 구술증언 자료집

서적명	발간연도	출판사	주요 내용
이제사 말햄수다 1	1989년	도서출판 한울	제주도 조천읍 증언조사
이제사 말햄수다 2	1989년	도서출판 한울	제주도 애월읍 증언조사
4·3 장정 1	1990년 4월	도서출판 갈무지	4·3 증언채록
4·3 장정 2	1990년 8월	백산서당	4·3 증언채록

4·3 장정 3	1990년 11월	백산서당	4·3 증언채록
4·3 장정 4	1991년 10월	백산서당	4·3 증언채록
4·3 장정 5	1992년 4월	나라출판	4·3 증언채록
4·3 장정 6	1993년 9월	도서출판 새길	4·3 증언채록
제주항쟁	1991년	실천문학사	제주도 한림읍 증언조사
잃어버린 마을을 찾아서	1998년	학민사	'잃어버린 마을' 증언조사
무덤에서 살아나온 수형자들	2002년	역사비평사	4·3 수형생존자 증언채록
재일제주인 4·3 증언채록집	2003년	도서출판 각	재일제주인 4·3 증언채록
그늘 속의 4·3	2009년	선인	4·3 경험자의 삶을 중심으로
갈치가 갈치 꼴랭이 끊어먹었다 할 수밖에	2010년	도서출판 한그루	제주4·3 구술자료 총서 01 (제주시)
아무리 어려워도 살자고 하면 사는 법	2010년	도서출판 한그루	제주4·3 구술자료 총서 02 (제주시)
산에서도 무섭고 아래서도 무섭고 그냥 살려고만	2011년	도서출판 한그루	제주4·3 구술자료 총서 03 (조천면·구좌면)
지금까지 살아진 것이 용헌거라	2011년	도서출판 한그루	제주4·3 구술자료 총서 04 (조천면·구좌면)

4. 4·3 구술증언 채록의 이론적 생각

제주4·3연구소는 구술사에 대한 여러 논란 속에서 지난 20여 년 동안 4·3 체험자들을 만나며 그 나름대로 작업을 꾸준히 진행해왔다. 그 작업의 방대함이나 성과는 민간 연구소임에도 불구하고 엄청났다. 그러나 앞으로는 좀 더 명확한 구술조사의 지향점이 필요하다. 양적 관리 작업에 매달리기보다, 질적으로 향상된 구술조사를 통해 4·3의 진상과 체험자들의 아픔을 마주해야 하는 전환점에 서 있다.

국사편찬위원회는 2004년부터 구술자료 수집 사업을 시작했다. 당시

이 사업의 목적은 "격동의 20세기를 살아온 다양한 인물들의 경험을 구술로 채록·정리함으로써 문헌사료의 제약과 공백을 보완하는 새로운 근현대 역사자료를 생산"[1]해, 근·현대사 연구와 이해의 폭을 넓히겠다는 것이었다. 결국, 이 사업은 장용경의 표현대로 "문헌사료의 제약과 공백을 보완하는 역사자료 생산의 일환"이었던 것이다. 그러나 이러한 문제의식은 인류학계의 구술사 방법론인 "구술의 주관성에 대한 맥락적 이해를 통한 개인적 삶의 전략에 대한 이해 또는 경험의 확장"이라는 지향과는 다소 차이가 있었다.

사실 역사학계 내에서도 '관행적 사실과 개인의 기억 사이의 긴장'은 피할 수 없는 것이었다. 이러한 긴장 관계에서 객관적 사실(Fact)을 지상제일로 여기는 역사학자들은 구술 자료를 불신해 상대 진영을 공격하기도 했다. 4·3의 구술증언 채록을 통한 진상규명 과정도 이와 비슷한 면이 많았다. 지금까지의 4·3 구술증언 채록 작업은 이 두 논점이 공존해온 면이 많았다. 이것은 4·3이 단순한 '사실'만의 문제가 아니라 희생자와 유족의 아픔까지도 감싸 안을 수 있어야 한다는 시대적 요청이 있었기 때문이다.

구술사가가 즐겨 쓰는 말 중에 이런 말이 있다. '구술자는 면담자와 이야기를 나누는 과정에서 스스로 자기 자신을 재구성하면서 자신의 삶에 의미를 부여한다'는 표현이 있다. 이는 여러 가지로 해석될 소지가 있다. 그러나 4·3 구술증언 채록자들은 이 인류학자의 말을 다음과 같이 인식할 필요가 있다. '구술자는 구술을 통해 한풀이를 한다. 구술은 구술자의 상처 치료에 많은 도움을 준다.' 4·3 구술증언 채록이 여전히 '면

---

[1] 장용경, 「구술자료의 독자성과 그 수집방법」, 『구술자료 만들기』(서울: 국사편찬위원회, 2009), 5쪽.

담자와의 신뢰를 바탕으로' 진행되어야 하는 이유가 바로 여기에 있다. 그러나 그럼에도 허호준의 다음과 같은 토로는 분명 경청해야 한다.2

"제주4·3사건의 구술 채록은 「4·3 진상조사 보고서」나 기존의 연구에서 다하지 못한, 역사적 사건들을 직접 경험하거나 목격한 사람들이 아직 살아 있고, 60여 년의 세월이 흐른 시점에서 대부분 연로한 이들이 돌아가시거나, 기억력이 더 이상 흐려지기 전에 그들의 증언을 기록해 놓을 필요성에서 출발했다. 이것이야말로 '밑으로부터의 역사'의 전형이기 때문이다. 역사를 생생하게 목격한 사람들의 목소리, 잊혀가는 사람들의 목소리를 수집하는 데 구술사는 매우 강력한 수단이다. 이러한 점에서 그동안 4·3 진상규명 및 명예회복 과정에서 소외되었던 부분들에 대한 조명은 필요하며, 활동가들의 구술증언이나 그 가족들이 평생 당했던 고통스러운 이야기, 후유장애 불인정자, 연좌제와 호적으로 인한 갈등 등의 이야기는 중요하다. 역사를 탐구하는 데 행위자의 생각이나 활동이 주목을 받아야 한다는 입장에 서면, 4·3 전체에서 한 부분인 이들의 이야기에 대한 구술사의 가치는 아무리 강조해도 지나치지 않다."

---

2 허호준, 『그늘 속의 4·3 : 死·삶과 기억』(서울: 선인, 2009) 14쪽.

주요 4·3 용어 해설

계엄령

1948년 11월 17일, 제주도 전 지역에 계엄령이 발포되었다. 이 계엄령으로 더 많은 민간인이 희생되었으며, 당시 정부의 계엄령 선포가 불법이었다는 주장이 있다.

남조선국방경비대(南朝鮮國防警備隊)

한국군의 모체로 1946년 1월에 설립되었다. 경찰력 보충과 국가 중요 시설 경비, 좌익의 폭동 진압, 4·3사건 진압을 목적으로 시작되었다. 1946년 6월 15일 '조선경비대'로 명칭을 바꾸었으며, 1948년 8월 15일 대한민국 정부가 수립되자 9월 1일 국군으로 개편되었으며, 9월 5일 대한민국 육군으로 개칭되었다. 11월 30일 「국군조직법」에 따라 정식으로 대한민국 국군으로 편입되었다.

대청(대동청년단)

1947년에 결성되었던 청년운동단체이다. 상하이(上海) 임시정부의 광복군 총사령관을 지낸 지청천(池青天)이 1945년 12월 환국한 뒤, 당시의 모든 청년운동단체를 통합해 대동단결을 이룩한다는 명분으로 결성한 단체이다.

민보단
1948년 5·10 총선거 때 조직되어 1950년 봄까지, 경찰의 하부 지원조직으로 활동한 민간단체이다. 제주도에서는 4·3 기간에 각 마을의 청장년을 중심으로 민보단이 결성되어 성을 쌓고, 보초를 섰다.

민애청(조선민주애국청년동맹)
민청이 1947년 6월 개명한 조직의 이름이다.

민청(민주청년동맹)
좌익단체의 청년 조직이다. 1945년 12월 11일 조선청년동맹(약칭 청총)으로 발족했고, 1946년 4월 조선민주청년동맹(약칭 민청)으로 재조직되었다. 그러나 민청은 미군정에 의해 해산명령을 받자, 1947년 6월에 조선민주애국청년동맹(약칭 민애청)으로 이름을 바꿔 활동했다. 제주지역은 1947년 2월에 리 단위까지 민청이 조직되었고, 활동이 활발했다.

비학동산 학살사건
1948년 12월 10일, 하귀리의 개수동 비학동산 앞 밭에서 경찰이 개수동 주민과 소개민을 모아놓고 그중에서 36명을 골라내어 학살한 사건을 말한다. 이날 경찰은 한 임산부를 팽나무에 매달아놓고 죽창으로 잔인하게 학살하며 사람들에게 강제로 현장을 지켜보도록 했다.

빌레못굴 학살사건

봉성리 구물동이 무장대에 습격당한 뒷날인 1949년 1월 16일, 토벌대와 민보단은 대대적인 합동 수색작전을 벌여 어음리 빌레못굴에 숨어 있던 사람들을 발견했다. 당시 토벌대는 굴속에 있던 강규남의 가족(어머니, 아내, 아들, 딸, 누이)과 송제영, 강성수, 양신하, 양승진, 양세옥 등 29명을 학살했다.

서청(서북청년회)

대공투쟁의 능률적인 수행을 위해 북한에서 월남한 청년들로 조직된 우익 청년운동단체로, 1946년 11월 30일 설립되었다. 우익세력의 선봉으로 경찰의 좌익 색출업무를 전면에서 도왔다. 제주도에서는 1947년 11월 2일, 서북청년회 제주도본부(위원장 장동춘)가 발족되어 4·3 진압에 나섰으나 그 방법이 가혹해 많은 원성을 샀다.

소개(疏開, 소카이)

적의 공습이나 화재 등으로부터 손해를 적게 하기 위해 한곳에 집중되어 있는 주민이나 시설 따위를 분산시키는 작전이다. 일제 강점기에 일본군이 주민들을 미군의 공격으로부터 분산시키기 위해 소카이 작전을 벌인 것이 시초이다. 제주도에서 4·3 기간에 군경토벌대가 초토화 작전을 벌이면서 중산간마을 사람들을 해안마을로 이주시킨 것을 당시 체험자들은 '소까이'시켰다고 표현한다.

수장(水葬, Water burial)

수장은 원래 사람의 시체를 물에 넣어 장사 지내는 장례 관습의 한 가지를 말한다. 하지만 제주도에서는 4·3 당시 학살의 한 유형으로 많이 자행되었다. 수장은 학살을 은폐하기 위함이 그 목적이었으나, 현재 당시 수장된 유해가 일본의 대마도에서 발견되고 있다.

예비검속(豫備檢束, Preventive Detention)/ **보도연맹사건**(保導連盟事件)

예비검속의 법적 의미는 피고인의 석방이 사회에 이익이 되지 않는다는 전제하에 재판 전에 피고인을 구금하는 것이다. 그러나 1950년 한국전쟁이 발발하자 정부에서 이를 명목으로 전국적으로 보도연맹원과 양심수 약 20만 명을 검거해 집단학살했다. 이 사건을 타 지방에서는 '보도연맹사건'이라 한다.

제주도에서는 4·3 등에 연루된 사람들을 예비검속해 A·B·C·D급으로 분류하고 그 중 제주·모슬포·서귀포경찰서에 구금되었던 C·D급 예비검속자들을 총살했다. 그러나 당시 성산포경찰서 문형순 서장은 이 학살명령을 부당하다고 여기고 이에 거부해 많은 인명을 구하기도 했다.

외도지서 장작사건

1948년 12월 5일, 외도지서에서는 월동용 장작을 하러 간다는 명분으로 하귀 주민을 불러 모아놓고 그중 37명을 지서로 연행해 폭행한 사건이다. 그 후 이들은 타 지방 형무소로 보내진 후 행방불명되었다.

유해봉안관

4·3사건 당시 암매장되었던 유해들을 발굴해 화장한 후 봉안한 곳으로, 제주4·3평화공원 내에 있다. 현재 이곳에 안치되어 있는 발굴유해 396구 중에는 DNA 감식으로 유족을 찾은 유해 71구도 함께 안치되어 있다.

육시우영 학살사건

1948년 11월 13일 새벽, 원동마을로 향하던 제9연대 군인들(중대장 전순기 중위)이 애월면 하가리를 지나다 정순아 씨 제삿집에 있던 사람들과 그 이웃 사람들을 강제로 마을 안의 속칭 '육시우영'으로 끌어내 학살한 사건이다. 이 날 27명이 공개적으로 집단학살되었고, 주변 가옥 16채도 전소되었다.

잃어버린 마을

1948년 11월 중순 이후 약 한 달 동안, 군경토벌대는 중산간마을과 산간마을에 소개령을 내려 주민을 해안마을로 이주케 했다. 이 과정에서 주민을 무차별 학살하고, 마을을 모두 불태워 인적·물적 희생을 키웠다. '잃어버린 마을'은 4·3이 끝난 후에도 원주민이 마을로 돌아오지 않아 지금까지 복구가 되지 않고 사람이 살지 않는 마을을 지칭한다.

애월읍의 잃어버린 마을은 현재 하귀리의 광동, 상귀리의 부처물동, 광령리의 덴남밧·상태·진밧, 고성리의 웃가름, 장전리의 자구나미, 소길리의 윤남비·원동, 유수암리의 동카름(범미왓), 어음리의 고지우영·뒷동네·너산밧·송아물·빌렛거리·새동네·동돌궤기·봉송리의 자리왓, 지름기·말밧·고도리왓·열류왓, 화전동 솔도 등으로 조사되고 있다.

정뜨르 비행장 4·3 유해 발굴

4·3 당시 정뜨르 비행장(현 제주국제공항)에서 있었던 집단학살 암매장지 2개소를 제주4·3연구소가 2007~2010년에 발굴했다. 그 결과 4·3 유해 총 380구와 다수의 유물이 발굴되었다.

제주4·3평화공원

제주시 봉개동 일원, 39만 6,700m^2(12만 평)에 자리 잡은 제주4·3평화공원은 4·3 희생자의 넋을 위령하고, 유족 및 도민의 아픈 상처를 달래는 한편, 평화·인권 교육의 장으로 2003년 4월부터 조성되기 시작했다. 총 3단계로 나누어져 진행된 조성사업은 1단계 사업으로 112억 원이 투입되어 위령제단, 위령탑, 추념광장, 상징조형물을 조성했고, 2단계 사업은 2004년에서 2008년까지 총 480억 원이 투입되어 위패봉안실, 주차장, 조경·전기 시설 등의 기반시설과 4·3평화기념관, 기념관 내 전시시설 등을 조성했다. 그러나 문화센터 등을 건립할 3단계 사업은 정부가 예산을 지원해주지 않아 지연되고 있다.

제2연대

조선경비대의 향토연대로 대전지역에 창설된 연대이다. 1948년 12월 29일, 4·3사건의 진압을 맡고 있던 제9연대와 교체되어 제2연대는 제주도로, 제9연대는 대전으로 이동 배치되었다.

제9연대

조선경비대(남조선국방경비대)는 각 도(道) 단위마다 한 개의 향토연대를 설립했다. 1946년 11월 16일 제주도에 마지막으로 향토연대가 창설되면서 제9연대가 되었다(초대 연대장, 장창국).

초토화 작전

1948년 10월 17일, 제9연대 연대장 송요찬은 해안선으로부터 5km 이상 들어간 중산간 지대를 통행하는 자는 폭도배로 간주해 총살하겠다는 포고문을 발표했다. 이어 11월 17일 계엄령이 선포되었다. 이때부터

제9연대는 중산간마을 주민을 해안마을로 강제 소개하고, 집들을 불태우는 초토화 작전을 벌였다. 무장대의 거점을 없앤다는 명분으로 시작된 이 강경 진압 작전으로 중산간마을과 산간마을 주민이 가장 많은 인적·물적 피해를 입었다.

하귀국민학교 눈 감으라 사건

1948년 12월 20일경, 토벌대는 하귀국민학교에 하귀리 주민과 인근 마을에서 소개 온 주민을 모아놓고 눈을 감게 한 후, 산에서 잡아온 아무개를 데려와 아는 사람을 지적하게 했다. 이 때 지적된 사람 72명은 제주 읍내로 끌려갔다가 12월 28일, 자운당에서 학살당했다.

하귀중학원(단국중학교)

중학원은 해방 직후 정규 중학교 설립인가를 받지 못한 단계에서 주민이 중심이 되어 임시로 세운 학교를 말한다. 당시 제주도에서는 자주적인 학교 설립운동이 지역마다 활발하게 벌어지고 있었다. 하귀중학원은 1945년 10월 15일, 하귀리 학원동 출신 고창옥 씨를 학원장으로 6학년까지 수용하는 고등교육기관을 목표로 제주도에서 가장 먼저 설립되었다.

그 후 하귀중학원은 애월면 주민의 노력으로 정식인가를 받아 부지를 확보하고 교실 신축에 들어갔다. 그러나 4·3 발발 후, 서울에서 내려온 조정구가 학교를 인수하고 교장에 취임하면서 이름도 단국중학교로 바뀌었다. 단국중학교는 1948년 여름과 가을에 일부 학생을 대상으로 집중 강의를 하고 수료증을 수여했으나, 조정구가 제주도를 떠난 그 해 12월경 폐교되었다.

학련(전국학생총연맹)

1946년 7월 31일, 서울에서 결성된 우익 학생단체이다(약칭 전국학련). 재경학생행동통일촉성회 등의 좌익 학생단체에 대항해 반공·반탁운동을 펴기 위해 반탁학련·독립학생전선 등의 우익 학생단체가 모여 결성한 단체이다.

행방불명 희생자 표석

제주4·3평화공원 부지 내에 행방불명된 희생자의 표석 3,500여 기가 세워져 있다. 이 희생자들은 4·3 기간에 제주도 내에서 행방불명된 이들과 도외 형무소에 수감되었다가 한국전쟁 이후 행방불명된 이들이다.

4·3 축성(築城, Fortification)

어느 지역의 자연적인 방어력을 증강하고 적의 행동으로부터 사람과 물자를 보호하며 적군의 행동을 제한하고 아군의 병력 절약을 위하여 그 지형에 적합한 군사시설을 구축하는 것을 말한다. 제주지역의 4·3 축성은 1948년 11월 이후, 주민들이 해안마을로 소개했다가 다음 해 봄에 대부분 고향마을로 돌아오면서 자신의 마을을 무장대로부터 보호하기 위해 마을을 빙 둘러 돌로 쌓으면서 시작되었다. 지금도 당시 흔적이 마을마다 조금씩 남아 있다.

「4·3 특별법」

「4·3 특별법」은 제정 2000년 1월 12일, 개정 2007년 1월 24일, 일부 개정 2007년 5월 17일의 과정을 거쳤다. 「4·3 특별법」은 '제주4·3사건의 진상을 규명하고 희생자와 유족의 명예를 회복시켜줌으로써 인권신장과 민주발전 및 국민화합에 이바지함'을 목적으로 하고 있다.

제주시 애월읍 지도

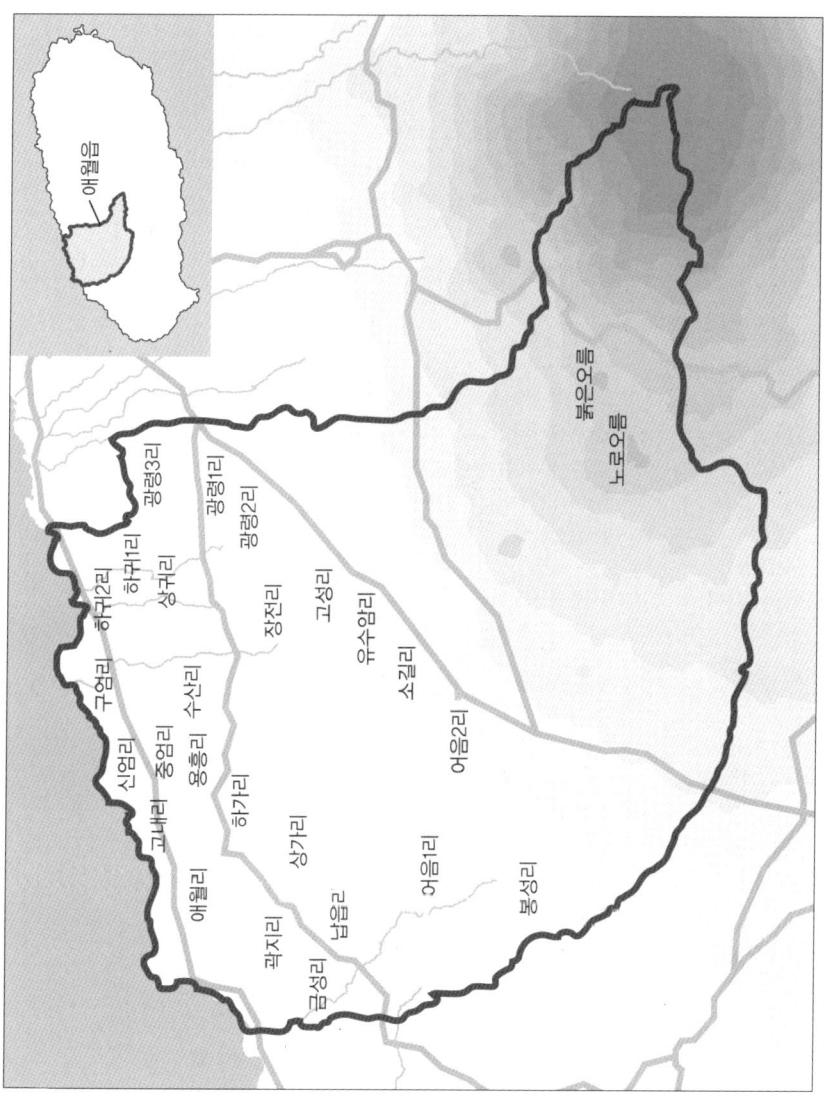

제주시 애월읍은 2012년 12월 기준으로 주민 약 3만 명이 64개의 자연마을에 거주하고 있는 지역으로, 면적은 약 202km² 정도이다. 1935년 신우면이 애월면으로 개칭되었고, 1980년 북제주군 애월읍으로 승격되었으며, 2007년부터 제주시에 편입되었다. 제주4·3 구술자료 총서 5권과 6권은 이 지역 주민의 증언을 바탕으로 만들어졌다.

주요 제주어 용례

-곡 [연결어미]	(표준어) -고 이듸서 밥 먹곡 ᄒ멍 놀암시라. ¶여기서 밥 먹고 하면서 놀고 있어라.
-ㄴ덴 [연결어미]	(표준어) -ㄴ다고, -ㄴ다고 하는 그 사름 오늘 온덴 소식 와서라. ¶그 사람 오늘 온다고 하는 소식 왔더라
-ㄴ디, -는디 [연결어미]	(표준어) -는데 비 오는디 어디 감디? ¶비 오는데 어디 가고 있니?
-난 [연결어미]	(표준어) -니까 봄 뒈난 날이 둣둣ᄒ다. ¶봄 되니까 날이 따스하다.
-난게 [연결어미]	(표준어) -니까 잡을 수 어신 장수난게. ¶잡을 수 없는 장수니까.
-덜 [접미사]	(표준어) -들
-라나신디 [연결어미]	(표준어) -았었는데 옛날은 저 폭낭의도 올라나신디 이젠 보호수렌 ᄒ멍 못 올라가게 ᄒ여. ¶옛날은 저 팽나무에도 올랐었는데 이제는 보호수라고 하면서 못 올라가게 해.
-라수게[1] [종결어미]	(표준어) -랐습니다. 저 오름도 올라수게. ¶저 오름도 올랐습니다.
-라수게[2] [종결어미]	(표준어) -았(었)습니다. 건 우리 집 쉐라수게. ¶그것은 우리 집 소였습니다.
-라시난 [연결어미]	(표준어) -랐으니깐, -랐으니까는 물건 깝 막 올라시난 돈 더 ᄀ졍 가라. ¶물건 값 막 올랐으니깐 돈 더 가지고 가거라.
-레[1] [연결어미]	(표준어) -러 어멍은 일ᄒ레 밧듸 갓저. ¶어머니는 일하러 밭에 갔다.
-레[2] [연결어미]	(표준어) -려고 무싱거 보레 와시니? ¶무엇 보려고 왔니?

-ㅁ- [선어말어미]	(표준어) -고 있- 느 어디 감다? ¶너 어디 가고 있니?
-ㅂ주 [연결어미]	(표준어) -ㅂ지요 저건 우리 쉡주. ¶저건 우리 소지요.
-ㅅ- [선어말어미]	이야기하는 시점에서 볼 때 (이미 이야기가) 완료되어 현재까지 지속되거나 현재에도 영향을 미치는 상황을 나타낼 때 사용. 먹언 감서. ¶먹고 간다.
-ㅇ¹ [연결어미]	(표준어) -서 오랑 상 갑서. ¶와서 사서 가십시오.
-ㅇ² [연결어미]	장차 할 일을 말하는 데 쓰임. (표준어) -고 그 사름 닐 옵네뎅 굴으라. ¶그 사람 내일 옵니다고 말해라.
가의, 가이 [명사]	(표준어) 그 아이
경 [부사]	(표준어) 그렇게
	* 경허고 (표준어) 그렇게 하고 경헤도 (표준어) 그래도, 그렇게 해도 경헤서 (표준어) 그렇게 해서 경헨 (표준어) 그렇게 해서 경헷다가 (표준어) 그렇게 했다가
그듸 [대명사, 부사]	(표준어) 거기, 그곳
그르후제 [명사]	뒷날의 어느 때
뎅기다 [동사]	(표준어) 다니다
	* 뎅기밍 (표준어) 다니면서
뒈다 [동사]	(표준어) 되다
	* 뒈곡 (표준어) 되고 뒈난 (표준어) 되니까
마씀, 마씨, 마씸 [종결보조사]	서술어 뒤에 연결되어서 존대를 표시함. 이젠 밥도 잘 먹엄서마씀. ¶이제는 밥도 잘 먹고 있습니다. 이제랑 가게마씨. ¶이제랑 가십시다. 책 보암서마씸. ¶책 보고 있습니다.

멧 [관형사]	(표준어) 몇
밧 [명사]	(표준어) 밭
불다 [동사]	(표준어) -아/어/여 버리다 이거 저레 치와 불라. ¶이거 저쪽으로 치워 버려라.
사, 이사 [조사]	앞에 나오는 단어를 한정하거나 뜻을 강조할 때 사용. (표준어)야, 이야 느사 거 못ᄒ크냐? ¶너야 그것 못하겠냐?
사름 [명사]	(표준어) 사람
쉐 [명사]	(표준어) 소
실렵다 [형용사]	차가운 느낌이 있다. * 실려와서 (표준어) 시려워서
-아근에, -어근에 [연결어미]	(표준어) -고서 경 앚아근에 무신 거 햄시니? ¶그렇게 앉아서 무엇을 하고 있니?
-아난¹ [연결어미]	(표준어) -았던 ᄌᆞ주 타난 ᄆᆞᆯ은 ᄆᆞ음 낭 타도 뒌다. ¶자주 탔던 말은 마음 놓고 타도 된다.
-아난² [종결어미]	(표준어) -았었소 난 것도 하영 보아난. ¶나는 그것도 많이 보았었소.
-아낫주 [종결어미]	(표준어) -았었지 밤의 성창의서 몸 ᄀᆞᆷ으멍 놀아낫주. ¶밤에 선창에서 미역감으면서 놀았었지.
-아노니, -아노니까 [연결어미]	(표준어) -았으니, -았으니까 술 열 사발쯤 들이싸노니 온전ᄒᆞᆯ 거라? ¶술을 열 사발쯤 들이켰으니 온전하겠니?
-아단 [연결어미]	(표준어) -아다가 바당의서 궤기 나까단 지젼 먹엇저. ¶바다에서 고기 낚아다가 지져서 먹었다.
아주망 [명사]	남자가 제수(弟嫂)를 부르거나 남자가 동기(同氣) 이외의 손아래 여자를 부르는 말.
안티, 한티 [조사]	(표준어) 한테

-암수다 [종결어미]	(표준어) -고 있습니다, -고 계십니다 난 이듸서 놀암수다. ¶난 여기서 놀고 있습니다.
어떵 [부사]	(표준어) 어떻게
-어사 [연결어미]	(표준어) -어야 보리 고고리 ᄒ나라도 더 주워사 헌다. ¶보리 이삭 하나라도 더 주워야 한다.
-언¹ [연결어미]	(표준어) -어서 밥 하영 먹언 베불엇저. ¶밥 많이 먹어서 배불렀다.
-언² [연결어미]	(표준어) -고서 ᄀ사 밥 먹언 흑교에 가라. ¶아까 밥 먹고서 학교에 가더라.
엇다 [형용사]	(표준어) 없다
영 [조사]	(표준어) 하고 화리영 숫이영 ᄀ져오라. ¶화로하고 숯하고 가져오너라.
-우다 [종결어미]	(표준어) -ㅂ니다 저건 우리 쉐우다. ¶저건 우리 소입니다.
-으명 [연결어미]	(표준어) -으면서 자의 밥 먹으명 첵 보아라. ¶저 아이 밥 먹으면서 책 보더라.
-으믄, -으민 [연결어미]	(표준어) -으면 그 말 골으믄 욕 듣나. ¶그 말 이야기하면 욕 듣는다.
이듸 [대명사, 부사]	(표준어) 여기, 이곳
이레 [부사]	(표준어) 이리, 이곳으로
-이옌, -이엥 [연결어미]	(표준어) -이라고 저 사름이 강벨감이옌 ᄒ여라. ¶저 사람이 강별감이라고 하더라.
잇다, 싯다 [형용사]	(표준어) 있다
-저¹ [종결어미]	(표준어) -겠다 이레 도라, 내 ᄒ저. ¶이리 다오, 내 하겠다.

-저² [종어미]	(표준어) -다
	비 하영 오람쩌.
	¶비 많이 오고 있다.
저듸 [대명사, 부사]	(표준어) 저기, 저곳
-젠¹ [연결어미]	(표준어) -려고
	걷젠 ᄒ난 다리 아프곡, 차 타젠 ᄒ난 돈 읏곡.
	¶걸으려고 하니 다리 아프고, 차 타려고 하니 돈 없고.
-젠² [연결어미]	(표준어) -다고
	그 사름 밥 먹엇젠 골아라.
	¶그 사람 밥 먹었다고 하더라.
-주¹ [연결어미]	(표준어) -지
	가의난 거주 딴 아의민 경 아니ᄒ다.
	¶그 아이니까 그렇지 딴 아이면 그렇지 아니한다.
-주² [종결어미]	(표준어) -지
	비 하영 오람주.
	¶비 많이 오고 있지.
-주게 [연결어미]	(표준어) -지
	저런 건 우리 집의도 싯주게.
	¶저런 것은 우리 집에도 있지.
-카부덴 [연결어미]	(표준어) -ㄹ까 보다고, -ㄹ까 싶다고
	간밤의 비 오카부덴 ᄒ난 아니 오라라.
	¶간밤에 비 올까 보다고 하니까 아니 오더라.
-쿠다 [종결어미]	(표준어) -겠습니다.
	오널 난 밧듸 가쿠다.
	¶오늘 나는 밭에 가겠습니다.

자료: 현평효·강영봉 엮음, 『제주어 조사·어미 사전』(제주: 도서출판 각, 2011)
현평효 외, 『개정증보 제주어사전』(제주: 제주특별자치도, 2009)

찾아보기

주제어

〔ㄱ〕
각기병 145
검은개 171
경찰 곤봉 164
계엄령 61, 71, 251
고산중학교 241
고시락통 175
공민증 61
공출 197
공회당 177
과거사 정리위원회 102
관덕정 52, 116, 127, 165, 194, 232
광령간이학교 123
광령서당 126
광주형무소 129
구엄국민학교 123
귀덕국민학교 56
귀순 58
귀일중학교 241
금악국민학교 252
김천형무소 120

〔ㄴ〕
남로당 72, 111
납골당 96
납읍국민학교 241, 255
노랑개 171, 175
농업학교 31, 78,
　농림학교 172, 180
　제주농업학교 58

〔ㄷ〕
대구형무소 92, 130
대동청년단 117, 162, 170
　대동청년대 57
　대청원 138
대한청년단 236
도령마루 195
도로 차단 69
도민연대 94
도솔산전투 63
동척회사 32
　주정공장 33
등사판 237, 255

〔ㅁ〕
마포형무소 63
망루대 238
모슬포 제1훈련소 127
목포형무소 91, 93, 117
물애기구덕 191
민단 106
민보단 19, 21, 71, 81, 106, 202, 213
민애청 19, 72

〔ㅂ〕
방위대 192
방직 208
백두학원 건국학교 112
봉성국민학교 255
북국민학교 52
빌렛학교 196
빗개 56
빙의 108
삐라 237

찾아보기 283

[ㅅ]
사립 일신학교 126
산사람 46, 83, 91, 114, 127, 129, 179
　　폭도 90, 206, 224
삼육원병원 145
상가리 위령제단 198
서북청년단 62, 79, 171, 185, 204, 232,
　　236, 255
선무공작 58
성담 60, 75, 85, 90, 133, 191, 226, 242
소개 19, 38, 71, 130, 140
소년원 79
수장 63, 92, 107
시체배분 사건 94
신엄지서 162, 234
신촌국민학교 255
신탁통치 215

[ㅇ]
애월 오일장터 62
애월국민학교 38, 60, 106, 110, 157, 232,
　　241, 250
애월면사무소 80
애월중학교 38, 56, 78, 99, 111, 209, 218
애월지서 54, 67, 79, 106
양민증 177, 251
어도국민학교 57
여청 166
연좌제 100, 121
예비검속 33, 73, 80, 106, 129
오현중학교 74, 78
외도국민학교 82, 132
요시찰 인물 106
인민군 80
인민위원회 242
인천상륙작전 63

[ㅈ]
자운당 학살사건 85

적색가 234
전기고문 73, 164
전염병 133
정감록 39
제주경찰서 55, 79, 129
제주상고 80
제주신보사 111
제주중학교 78, 118, 195, 250
제주항교 196
조천중학교 256
중정 240

[ㅊ]
철도경찰 17
청년방위대 237
청년방위학교 237
추진위원회 246

[ㅌ]
탈옥 사건 92, 93, 94
토벌대 55, 128, 245
통행금지 142
통행증 79
특공대 43, 131, 144

[ㅎ]
하가리 학살사건 81
하귀 비석거리 동산 176
하귀 임시출장소 141
학도병 62
학도호국단 57
학련 57
한국반공연맹 240
한림국민학교 251
한림주둔소 252
한청 71
함바 44, 175, 254
해병대 62
해상 조난자 위령공원 98

현대극장 117

〔기타〕
2연대 30, 83
3·1운동 67
3·1절 기념식 52, 127, 230
4·3 위령제 123
4·3 유족회 100, 106
5·10선거 55, 119, 180, 185
6·25 33, 80
9연대 46, 83

인명

〔ㄱ〕
강규남 24, 27, 29
강조행 161, 163
강중규 심방 99
강창용 55
강한규 65
강희 48
고석돈 169
고승협 77
김도현 55, 75
김영자 149
김영찬 146
김영현 146
김옥향 135
김인선 117

〔ㅂ〕
변용옥 48
변진규 216
변태민 201

〔ㅅ〕
송시영 27
송요찬 46

〔ㅇ〕
안노상 57
양계국 128
양계생 184
양기선 221
양능용 51, 56
양상돈 225
양영호 89
양재수 125
양창열 221
양치수 99
양태병 15, 45, 59
이경수 80
이만수 219
이승만 73, 119, 187

〔ㅈ〕
장정훈 105
조승옥 231, 240
조재환 245
진운경 37
진찬민 113

〔ㅎ〕
함병선 83
현경호 194
현신생 183
현용승 48
현택근 45
홍문수 249

찾아보기 285

지명

[ㄱ]
개물 142, 223
건입동 74
검은데기 132
고내 151
고내리 239
고내뫼굴 90
고성리 164
곽지 39, 154
광령 121, 170
광평 114
구몰동 25
구엄 75, 162
금덕리 162

[ㄴ]
답읍 19, 38, 85, 239, 250
너산밧 52
노루오름 53
노형 월랑 184

[ㄷ]
대마도 97
도두리 194
동귀 166
드리송당 123

[ㅁ]
머진궤 179
모슬포 34, 63
무수천 129, 173, 180

[ㅂ]
바리메 30, 53
봉개 118, 198

빌레못굴 16, 40, 59, 70, 253
빌렛가름 185

[ㅅ]
사라봉 117
사장밧 44
상가리 90, 205
상귀 162
서광 195
서문통 194
수산봉 45
신엄 81, 126

[ㅇ]
애월 21
어음1리 16
어음2리 16, 52
원동 150, 157
유수암 162

[ㅈ]
자종이 132, 175
정뜨르 108, 198
제주부두 126
제주읍 79, 114
중화동 66
진드르 123
진해 63

[ㅊ]
추자면 241

[ㅎ]
하가리 78, 190
하귀 134, 136, 159, 175, 223
한라산 55, 189
한림 220

엮은이
제주4·3연구소

사단법인 제주4·3연구소는 민간연구단체로, 제주4·3사건을 전문적으로 조사·연구해 4·3의 역사적 진실과 진상을 규명하고, 이에 대한 정당한 평가를 통해 한국 역사의 올곧은 발전에 기여하고자 1989년 5월 개소했다. 이후 제주 공동체를 폐허로 만든 제주4·3의 진상규명과 명예회복운동에 앞장서왔다. 제주4·3연구소는 각종 국내외 학술대회와 토론회, 역사교실 등을 통해 4·3 관련 연구논문 및 자료집을 발간하고 있으며, 국내외 관련 자료 수집, 4·3 경험자들에 대한 증언채록 사업, 4·3유적 및 유물 조사 사업, 암매장·학살지 조사 및 유해 발굴 사업 등을 벌이고 있다.

구술 정리
허영선(시인, 제주4·3연구소 이사)

채록
김은희(팀장), 김명주, 송지은, 이은영, 장윤식, 현진호

제주어 감수
권미소(제주대학교 국어국문학과 박사과정)

한울아카데미 1539
제주4·3 구술자료 총서 06

빌레못굴, 그 끝없는 어둠 속에서

제주4·3연구소 ⓒ 2013

엮은이 | 제주4·3연구소
펴낸이 | 김종수
펴낸곳 | 도서출판 한울
편집책임 | 배유진
편집 | 백민선

초판 1쇄 인쇄 | 2013년 3월 18일
초판 1쇄 발행 | 2013년 4월 3일

주소 | 413-756 경기도 파주시 파주출판도시 광인사길 153(문발동 507-14) 한울시소빌딩 3층
전화 | 031-955-0655
팩스 | 031-955-0656
홈페이지 | www.hanulbooks.co.kr
등록번호 | 제406-2003-000051호

Printed in Korea
ISBN 978-89-460-5539-1 93910(양장)
     978-89-460-4709-9 93910(학생판)

* 책값은 겉표지에 표시되어 있습니다.
* 이 도서는 강의를 위한 학생판 교재를 따로 준비했습니다.
  강의 교재로 사용하실 때에는 본사로 연락 해주십시오.